Para a Frente!

General Editors
LinguaText, Ltd.

Eduardo M. Dias
University of California, Los Angeles
Thomas A. Lathrop
University of Delaware

Para a frente!

An intermediate course in Portuguese

Second Edition

Larry D. King
University of North Carolina, Chapel Hill

Margarita Suñer
Cornell University

LinguaText, Ltd.
NEWARK, DELAWARE

On the cover:

1. Panorama of Lisbon from a *miradouro* near the Castelo de São Jorge.
2. Looking at the walls of Óbidos.
3. The cloister of Monastery of Batalha.
4. The Torre de Belém in Lisbon.
5. Casks of Port wine aging.
6. The Roman temple at Évora.
7. Lisbon's Monument to the Discoveries.
8. Modern architecture in Lisbon.
9. Lunch at the Café Paris in Sintra.
10. The Elevador da Glória in Lisbon.
11. The Elevador de Santa Justa in Lisbon.
12. Famous window at the Monastery of Tomar.
13. Iguaçu Falls in Brazil.
14. Early morning view of Pão de Açúcar in Rio.
15. Man entertaining with a soccer ball at Ipanema Beach.
16. Waiting for the second *bondinho* to go to the top of Pão de Açúcar.
17. & 18. A toucan and parrot near Iguaçu Falls.
19. O Cristo Redentor atop Corcovado in Rio.
20. Brasília's Praça dos Três Poderes.
21. The cathedral in Brasília.
22. Statue of Brazil's famous composer, Carlos Gomes, in Campinas.
23. Maracanã Stadium in Rio.
24. View from Brasília's radio tower.
25. View from Corcovado.
26. Shopping street for pedestrians in São Paulo.

All photographs by Tom Lathrop
Cover layout and design by Michael Bolan

Drawings by **Hal Barnell**

Copyright © 1981 by The Cabrilho Press
Copyright © 1991 by LinguaText, Ltd.
Copyright © 2004 by LinguaText, Ltd.
270 Indian Road
Newark, Delaware
19711-5204 USA

302-453-8695

LinguaText@juno.com
www.LinguaTextLtd.com

(Original ISBN: 0-942566-00-9)

Second Edition.

ISBN: 0-942566-41-6

PRINTED IN THE UNITED STATES OF AMERICA

Índice de matérias

To the Reader

PARA A FRENTE! **An Intermediate Course in Portuguese** is a conversational review grammar designed for use in courses which presuppose a basic knowledge of Portuguese. Since this knowledge is not always acquired through formal study of the language, an attempt has been made to provide a thorough exposure to the grammatical structure of Portuguese. Although devised for use in a two semester sequence with additional Luso-Brazilian readings, it could also be completed in one semester with little extra material.

Each of the twelve units conforms approximately to the following format:

1. **Tábua de recapitulação.** A summary table in each unit presents some basic grammatical forms and/or patterns of language.

2. **Vocabulário temático.** A list of useful vocabulary is given for the specific topic of the unit, which centers around a relevant situation of societal contact.

3. **Diálogo.** Most units contain a conversational exchange which serves as an example of speech as well as a stimulus for classroom interaction. Questions are provided based on the dialogue, the thematic vocabulary, and the general theme of the unit. These questions are intended (a) to provide the student with a means of testing his or her understanding of and overall command of the given material and (b) to serve as examples for the type of questioning the teacher might pursue in class. The imagination and creativity of the teacher should enhance the meaningfulness of this kind of activity.

4. **Gramática.** Each unit treats one or more aspects of Portuguese grammar. These explanations are comprehensive and are given in English with the hope that the student (who has been exposed to the basic elements of Portuguese) will study them at home and thus limit the time spent on grammar in class.

5. **Exercícios de verificação.** These drills are self-help exercises which allow the student to test his or her knowledge of the material studied in the summary tables and grammar explanations. Answers are provided so that, having worked through the grammar, the student can practice forms by covering the answers and arrive at class with a good working knowledge of the material.

6. **Exercícios orais.** Numerous exercises are provided to use in class for oral practice with the grammatical forms and patterns. The majority are meant to be used with books closed since students are expected to have prepared them before

coming to class. The teacher should take every opportunity to personalize these drills by substituting names familiar to the class, relating the situation of the exercise to the students' experience, etc. A few of the more complicated exercises could be conducted with books open or with a model on the blackboard.

7. **Leitura.** Selections from contemporary Brazilian authors are included for reading practice, enrichment of vocabulary and idiomatic expressions, and conversational stimuli. The reading is supplemented with a list of useful expressions and suggestions for questions and/or exercises.

8. **Exercício escrito.** Each unit contains one or more written exercises (translations or sentence completions) which are meant for homework. At times a dictionary will be needed for translations.

9. **Temas para conversação ou redação.** Themes are suggested for class discussion, debates, reports, or compositions.

The twelve units of the text are supplemented by a **Lição preliminar** which reviews very basic forms not treated elsewhere, an appendix on Portuguese orthography, and a **Vocabulário**. The glossary is not intended to replace a dictionary, which is an essential tool for expository writing at the second-year level.

Although this text stresses Brazilian Portuguese, we have attempted to make it accessible to as wide an audience as possible by including both Brazilian and Portuguese vocabulary, as well as relevant comments concerning the structural differences between these two major dialects of Portuguese. (The dialogue of Unit III, «Num banco de Lisboa,» is based on the speech of Portugal.) Phonology, which also varies significantly from dialect to dialect, is not treated.

We have avoided any systematic presentation of culture in order to allow the teacher, by means of class presentations and extra readings, to deal with the language community(-ies) that he or she chooses. Advertisements and articles from magazines are included which treat society in general and may serve to complement the cultural content of the course presented by the teacher.

With very few adjustments, we feel that **Para a frente!** may be used successfully regardless of the particular language and cultural orientation of the teacher.

This text was written, classroom tested, and revised over a period of four years while both authors were teaching at Cornell University. The financial end of the preparation there was covered mainly by Harry Levin, former Dean of the College of Arts and Sciences, who provided an Interdisciplinary Course Development Grant in 1977. We are also grateful for Faculty Research Grants awarded by the Latin American Studies Program, as well as assistance and encouragement provided by Richard Leed, chairperson of the Department of Modern Languages and Linguistics. The publication of this book was also generously supported by the Hull Publication Fund of Cornell University.

The completion of this book would never have been possible without the precious aid of a small army of helpers. A special *muito obrigado* goes to our Brazilian friends who meticulously read the manuscript, Sônia Moreira, Deborah Ravinowich, and Ivana Versiani, and to Marcelo Gattas and Regina Buchweitz who worked with us on the final version of the dialogues and other editing matters. Equal thanks are owed to our Portuguese friends, Ana Maria Henriques and Marília Vilas-Boas, who helped us with the continental content of the text. We also wish to extend our appreciation to Tom Lathrop and Eduardo Dias for making many valuable suggestions to the text, and for helping, along with Douglas Shaw, in the onerous task of proofreading. And finally, the completion of this project was underwritten in large by the efficient clerical work provided by Stephanie Doucett and Janet Sternberg.

L. D. K.

M. S.

We gratefully acknowledge the permission given by the following to include material in this text:

Carlos Drummond de Andrade for «Liquidação» and «Horóscopo.»

Rubem Braga for «Eu, Lúcio de Santo Graal,» «O Senhor,» «Banda branca,» and «Carta ao prefeito.»

Vieira Couto for «Uma história pré-histórica.»

Editora Brasiliense for Monteiro Lobato's «O fígado indiscreto.»

Millôr Fernandes for «O telefone,» «Antes de viajar,» and «Poeminha.»

Dirce Porto for Sérgio Porto's «Máquina de fazer doido» and «Brasil, 2063.»

Rachel de Queiroz for «O ateu,» «Nacionalidade,» «O objeto voador não-identificado,» «Medida de tempo,» and «Automóveis.»

Luís Martins for «Um cão na noite» and «O telefone.»

Fernando Sabino for «Festa de aniversário.»

Editora Visão for «O esporto da pessoa bem sucedida» and the piece on page 170.

Editora Abril for the advertisements from *Veja* (on pages 28, 42, 52, 60, 72, 106, 147, 162, 171, 184, 189, 207, 233, 240, 257, 271, 274, 281, 295, 298 and 299), and for M. A. de Rezende's review of *Civilização e pecado.*

Bloch Editores for «Tempo bom, com nebulosidade» and «A revolução dos animais já alcançou o Brasil» from *Manchete,* and the advertisement from *Desfile* (on page 171).

Lição preliminar

1. Definite and indefinite articles/nouns and adjectives ending in a vowel.

		Masculine Sing.			Masculine Plural	
	art.	noun	adj.	art.	noun	adj.
Definite 'the'	o	carro	branco	os	carros	brancos
Indefinite 'a'/'some'	um	carro	branco	uns	carros	brancos

		Feminine Sing.			Feminine Plural	
Definite 'the'	a	casa	branca	as	casas	brancas
Indefinite 'a'/'some'	uma	casa	branca	umas	casas	brancas

Nouns ending in a vowel form their plurals by adding **-s**. Nouns and adjectives ending in **-m** form their plurals by changing the **-m** to **-n** and adding an **-s** (**um homem jovem** becomes **uns homens jovens** in the plural).

2. Nouns and adjectives ending in a consonant other than **-m** or **-l**.

art.	noun	adj.	art.	noun	adj.
o, um	senhor	trabalhador	os, uns	senhores	trabalhadores
o, um	rapaz	feliz	os, uns	rapazes	felizes
o, um	mês		os, uns	meses	

Nouns and adjectives ending in the consonants **-r**, **-z**, and **-s** form their plurals by adding **-es**. However, those ending in **-s** preceded by an *unstressed* vowel do not change form for the plural (**o lápis** becomes **os lápis**; the adjective **simples** is both singular and plural).

3. Nouns and adjectives ending in **-l**.

a. Words ending in **-al** and **-ul** form the plural by deleting the **-l** and adding **-is**:

o hospital	a capital	moral	azul
os hospitais	as capitais	morais	azuis

1

b. Words ending in stressed **-el** and **-ol** are pluralized by deleting the **-l**, adding **-is**, and placing a written accent (´) on the stressed vowel:

o hotel	infiel	o farol	espanhol
os hotéis	infiéis	os faróis	espanhóis

c. Words ending in stressed **-il** form the plural by deleting the **-l** and adding **-s**:

o fuzil	civil	hostil
os fuzis	civis	hostis

d. Words ending in unstressed **-el** and **-il** are pluralized by deleting the **-el** or **-il** and adding **-eis**:

possível	variável	fácil	portátil	ágil	fértil
possíveis	variáveis	fáceis	portáteis	ágeis	férteis

4. Nouns and adjectives ending in **-ã** and **ão**:

a. Words ending in **-ã** form the plural by adding **-s**:

a irmã	a lã	sã	alemã
as irmãs	as lãs	sãs	alemãs

b. Some words ending in **-ão** form the plural by adding **-s**:

o irmão	a mão	são
os irmãos	as mãos	sãos

Other words ending in **-ão** form the plural by changing the **-ão** to **-ãe** and adding **-s**:

o capitão	o cão	o pão	alemão
os capitães	os cães	os pães	alemães

And still others form the plural by changing the **-ão** to **-õe** and adding **-s**:

a lição	o verão	o leão	o avião
as lições	os verões	os leões	os aviões

Since these forms are not predictable, it is necessary to learn the plural form of a word ending in **-ão** with its singular form.

2. Subject pronouns in Portuguese

	Brazil	*Portugal*
I / we	**eu / nós**	**eu / nós**
you (familiar, with peers and inferiors)	**você / vocês**	**tu / [vós]**

	Brazil	Portugal
you (polite, with superiors)	o senhor/os senhores	você/vocês*
he/they	ele/eles	ele/eles
she/they	ela/elas	ela/elas

* O senhor/os senhores and a senhora/as senhoras are used in Portugal as forms of address which are even more polite than você/vocês.

As shown above, both Brazilian and Continental Portuguese use the same forms for first and third persons. However, they part company in the pronouns of direct address, i.e., the ones used to translate 'you'.

Nowadays, the second person plural vós is very seldom used in the spoken language of Portugal (vocês is used in its stead). Consequently, the verb forms which correspond to vós will be enclosed in brackets throughout this book.

Moreover, remember that although você and o senhor/a senhora (together with their plural forms) are pronouns of direct address (i.e., second person), they take the third person form of the verb.

3. Present tense of regular verbs

	a		e		i	
	falar		comer		partir	
1st	fal o	fal amos	com o	com emos	part o	part imos
2nd	fal as	[fal ais]	com es	[com eis]	part es	[part is]
3rd	fal a	fal am	com e	com em	part e	part em

4. Interrogative words

Quanto?	How much/many?	Quanto custa?
		Quantas pessoas há na sala?
Quem?	Who?	Quem é ele?
Que? (O que?)	What?	O que é isto?
Qual? Quais?	Which?	Qual é o melhor? Quais são os melhores?
Quando?	When?	Quando ele volta?
Por que?	Why?	Por que vamos lá?
Onde?	Where?	Onde fica o correio?

a) Prepositions may precede the interrogative:

> **De onde** são?
> **A quem** falo primeiro?

b) Many of these interrogatives may be followed by **ser que**:

> Quando **é que** eles chegam?
> O que **é que** você procura?
> Quanto **foi que** esse disco custou?

5. Possessives

	Masculine		_Feminine_	
1st	**meu**	**nosso**	**minha**	**nossa**
2nd	**teu**	[**vosso**]	**tua**	[**vossa**]
3rd	**seu**	**seu**	**sua**	**sua**

Possessives agree in gender and number with the nouns they modify; they are made plural by adding **-s** to the singular form.

6. Demonstratives

	Masculine	_Feminine_	_Neuter (used only as pronoun)_
this	**este**	**esta**	**isto**
that	**esse**	**essa**	**isso**
that _(over there)_	**aquele**	**aquela**	**aquilo**

Demonstratives agree in gender and number with the nouns they modify; they are made plural by adding **-s** to the singular form. The neuter forms are invariable.

7. Prepositions

1. The prepositions **a**, **de**, **em**, and **por** must contract with the following definite article:

a:	ao, aos, à, às	Vou **ao** banco.
de:	do, dos, da, das	São **das** meninas.
em:	no, nos, na, nas	Estamos **na** aula.
por:	pelo, pelos, pela, pelas	Correm **pela** praia.

2. **De** and **em** contract with all demonstratives; **a** contracts with **aquele/a(s)**, **aquilo**

deste, destes, etc.	**neste, nestes,** etc.	
desse, desses, etc.	**nesse, nesses,** etc.	
daquele, daqueles, etc.	**naquele, naqueles,** etc.	**àquele, àqueles,** etc.
disto, disso, daquele	**nisto, nisso, naquele**	**àquilo**

3. The prepositions **de** and **um** may optionally contract with indefinite articles:

de: **dum, duns, duma, dumas** *or* **de um, de uns, de uma, de umas**
em: **num, nuns, numa, numas** *or* **em um, em uns, em uma, em umas**

4. The preposition **de** and **em** contract with the prepositional objects **ele(s)** and **ela(s)**:

dele(s), dela(s)   **nele(s), nela(s)**

8. Positive and negative words

sim yes	**não** no
ou or	**nem** not either
ou...ou either...or	**nem...nem** neither...nor
algo, alguma coisa something	**nada, nenhuma coisa** nothing
sempre always	**nunca** never
alguém someone	**ninguém** no one
algum, alguma some(one)	**nenhum, nenhuma** not any(one)
de algum modo some way	**de nenhum modo** no way
em todo lugar everywhere	**em lugar nenhum** nowhere
também also	**também não** not either

Sentences which contain a negative word after the verb must also have **não** before the verb:

Eles **não** conhecem **nenhum** português.
Não fazemos **nada** para eles.

Such "double negation" does not occur if the negative word precedes the verb:

Ninguém sabe isso.
Eu **nunca** trabalho.
De **nenhum** modo posso dizer-lhe isso.

9. Some adverbs and prepositions

Advérbio	*Preposição*	
atrás behind	**atrás de**	*atrás da* parede
diante (adiante) ahead, in front	**diante de**	*diante da* igreja
em frente ahead, in front	**em frente de, a**	*em frente à* casa
em baixo below	**embaixo de**	*em baixo da* mesa
ao lado beside	**ao lado de**	*ao lado da* porta
dentro inside	**dentro de**	*dentro da* caixa
fora outside	**fora de**	*fora do* parque
longe far	**longe de**	*longe da* cidade

Advérbio

perto near
antes before
depois after

Preposição

perto de   *perto da* cidade
antes de   *antes das* seis
depois de   *depois de* partir

Outras preposições:

junto a/de next to, beside
ao longo de along
em torno (volta, redor) de around
através de through
em busca de in search of
a partir de starting with
ao invés de/em lugar de
     instead of

além de besides, beyond
a ponto de on the verge of
apesar de in spite of
cerca de near(ly)
acerca de concerning
(per)ante before (location)
conforme/segundo
     according to

Primeira Unidade

O telefone

Recapitulação

The Preterit Tense/O pretérito perfeito

1. Regular preterits have endings based on the vowel of the infinitive (see Section V of the APPENDIX ON ORTHOGRAPHY for spelling changes):

A		**E**		**I**	
amar		comer		partir	
am **ei**	am **amos**	com **i**	com **emos**	part **i**	part **imos**
am **aste**	[am **astes**]	com **este**	[com **estes**]	part **iste**	[part **istes**]
am **ou**	am **aram**	com **eu**	com **eram**	part **iu**	part **iram**

2. Most preterits with irregular stems share a common set of endings:

a) Some verbs have a single irregular stem in the preterit:

dizer

diss e	**diss** emos
diss este	[**diss** estes]
diss e	**diss** eram

saber: soub- (soube, etc.)
trazer: troux- (trouxe, etc.)
caber: coub- (coube, etc.)
haver: houv- (houve, etc.)

b) Some verbs have a varied third person singular stem:

ter

tiv e	tiv emos
tiv este	[tiv estes]
tev e	tiv eram

estar: estive, estiveste, esteve,
estivemos, [estivestes], estiveram

7

poder: pude, pudeste, pôde,
pudemos, [pudestes], puderam

c) Some verbs have irregular stems and/or irregular endings:

fazer		pôr		ser/ir	
fiz	fiz emos	pus	pus emos	fui	fomos
fiz este	[fiz estes]	pus este	[pus estes]	foste	[fostes]
fez	fiz eram	pôs	pus eram	foi	foram

dar		ver		vir	
d ei	d emos	v i	v imos	v im	vi emos
d este	[d estes]	v iste	[v istes]	vi este	[vi estes]
d eu	d eram	v iu	v iram	ve io	vi eram

querer	
quis	quis emos
quis este	[quis estes]
quis	quis eram

One basic use of the preterit is to report an event *completed* in the past:

Eu saí para a escola às oito.
I left for school at eight o'clock.

Nós vimos muita gente na praia ontem.
We saw a lot of people on the beach yesterday.

Quem fechou a porta?
Who closed the door?

Vocabulário Temático

O telefone

	Brasil e Portugal	Brasil	Portugal
telephone	o telefone		
— set	o aparelho de telefone		
public —	o telefone público		
— book	a lista telefônica	o catálogo telefônico	— telefónico
— call	o telefonema, a chamada		
— receiver		o fone	o auscultador
— booth	a cabine (telefônica)		
— operator	o/a telefonista		
— bill	a conta do telefone		
cell —		o telefone celular	o tele(movel)
cordless —	o telefone sem fio		
— card		o cartão telefônico	— telefónico

	Brasil e Portugal	Brasil	Portugal
address	o endereço		a direcção
message	o recado		
digit	o algarismo		
dial	o disco		
signal ("tone")	o sinal		
line	a linha		
connection	a ligação		
slot	a ranhura		
token	a ficha		
long distance	interurbano		
international	internacional		
to dial		discar	marcar
to pick up		pegar	levantar
to hang up	desligar		
to connect	ligar		
to telephone	telefonar		
to answer (phone)	atender		
Hello!		Alô!	Está?
It's busy.		Está ocupado.	Está impedido.
This is he/she.		É ele mesmo.	É o próprio.
		É ela mesma.	É a própria.
It's ringing.		Está tocando.	Está a chamar (tocar).
Wrong number.	É engano.		
To get the wrong number.	Ligar o número errado./Enganar-se no número.		
To ask for a line.	Pedir uma linha		
To make (ask for) a long distance call.	Pedir uma ligação interurbana/ internacional		
Connect me with...	Podia ligar-me para...?		
Deposit...	Deposite...		Meta...
May I...?	Posso...?		
You may...	Pode...		

Diálogo
Conversando pelo telefone

José encontrou o número do telefone da Helena na lista telefônica. Pegou o fone e discou o número algarismo por algarismo, mas como a linha estava ocupada não pôde fazer a chamada. Desligou e esperou um pouco. Quando tornou a ligar desta vez o telefone demorou a atender. Ele ficou esperando. Valeu a pena ter paciência porque finalmente ela atendeu o telefone.

HELENA   Alô!

JOSÉ   Quem está falando?

HELENA   Maria Helena. Quem está falando?

JOSÉ   Aqui é o Zé.

HELENA   Quem?

JOSÉ   José Roberto, o amigo do Gilberto que você conheceu na praia.

HELENA   Ah, *Zé!* Como vai? Que é que há de novo?

JOSÉ   Tudo bem... Estou ligando para lhe perguntar como foi o seu encontro.

HELENA   Qual encontro?

JOSÉ   Com Gilberto. Você saiu com ele no sábado, não foi?

HELENA   Saí, sim. Ele me levous ao cinema e depois fomos àquela boite que foi inaugurada naquele dia.

JOSÉ   Você gosta de cinema?

HELENA   Gosto muito. Você viu algum filme novo recentemente?

JOSÉ   Não, faz muito tempo que eu fui ao cinema...A verdade é que queria convidar você para ir comigo ao cinema hoje à noite...

HELENA   Eu tenho um exame de inglês amanhã... sei que você é bom em Inglês. Será que não dá pra vocé me ajudar?

JOSÉ   *With pleasure!* Agora?

HELENA   Como? Oh, não! Você está sendo amável demais! Não precisa ser agora. Vou à biblioteca hoje... Podemos nos encontrar lá?

JOSÉ   Claro, e que tal a gente[1] ir depois jantar naquele lugarzinho de que você me falou na praia?

HELENA   Tá[2] legal. Que tal às sete na biblioteca?

JOSÉ   Está bem. Até lá.

HELENA   Tchau!

[1] *A gente = nós.*
[2] *Tá = está.*

Perguntas sobre o diálogo

1. Onde o José procurou o número da Helena?
2. Por que ele não pôde completar a chamada na primeira tentativa?
3. Por que valeu a pena esperar um pouco?
4. Quem atendeu o telefone?
5. Como é que o Zé conheceu Maria?
6. Para que o Zé telefonou para ela?
7. Como foi o encontro que Helena teve com Gilberto? O que fizeram?
8. O que o Zé quis fazer naquela noite?

9. Helena concordou? O que ela sugeriu?
10. Por que o Zé respondeu em inglês?
11. Onde é que ela vai encontrá-lo?
12. O que eles pensam fazer depois de estudar na biblioteca?

Perguntas várias

1. Qual é seu número de telefone?
2. Onde você pode encontrar os números de seus amigos? O que mais se pode encontrar na lista?
3. O que se espera ouvir antes de discar o número?
4. Quantos algarismos há num número de telefone nos Estados Unidos? E no Brasil?
5. Quanto custa uma chamada local?
6. Quando é que a gente fala com o/a telefonista?
7. Onde se paga a conta telefônica?
8. O que se pode fazer quando a pessoa que você chama não está em casa?
9. Como é que se telefona duma cabine telefônica?
10. Quando foi a última vez que você fez uma chamada interurbana?
11. Quem inventou o telefone? Quando?
12. Você acha que o serviço telefônico custa demais? Em que a companhia telefônica gasta dinheiro?
13. Para que se usam as páginas amarelas? São úteis?
14. Você gosta de cinema? Quais são alguns diretores e filmes famosos do cinema brasileiro?

Exercícios de verificação: o pretérito perfeito

Mude as seguintes orações segundo o modelo.

MODELO:	Eu parti ao meio-dia.
nós	Nós partimos ao meio-dia.

1.	Ele pediu uma linha à telefonista.
eu	Eu pedi uma linha à telefonista.
você	Você pediu uma linha à telefonista.
o médico	O médico pediu uma linha à telefonista.
nós	Nós pedimos uma linha à telefonista.

2.	Você disse o número para o João?
ela	Ela disse o número para o João?
eles	Eles disseram o número para o João?
nós	Nós dissemos o número para o João?
eu	Eu disse o número para o João?
a Maria	A Maria disse o número para o João?

3.

	A minha irmã não trouxe o catálogo.
nós	Nós não trouxemos o catálogo.
ele	Ele não trouxe o catálogo.
eu	Eu não trouxe o catálogo.
elas	Elas não trouxeram o catálogo.
Filipe e seu irmão	Filipe e seu irmão não trouxeram o catálogo.

4.

	Eu estive na cabine.
ele	Ele esteve na cabine.
nós	Nós estivemos na cabine.
eu	Eu estive na cabine.
elas	Elas estiveram na cabine.
o senhor	O senhor esteve na cabine.
ninguém	Ninguém esteve na cabine.

5.

	Elas nem puderam dormir.
ela	Ela nem pôde dormir.
nós	Nós nem pudemos dormir.
vocês	Vocês nem puderam dormir.
elas	Elas nem puderam dormir.

6.

	Eu dei um recado para a Helena.
o Zé	O Zé deu um recado para a Helena.
nós	Nós demos um recado para a Helena.
eu	Eu dei um recado para a Helena.
você	Você deu um recado para a Helena.
elas	Elas deram um recado para a Helena.

7.

	Ele fez o que quis.
vocês	Vocês fizeram o que quiseram.
o Roberto	O Roberto fez o que quis.
eu	Eu fiz o que quis.
nós	Nós fizemos o que quisemos.

8.

	Nós tivemos que pagar a conta.
eu	Eu tive que pagar a conta.
José	José teve que pagar a conta.
nós	Nós tivemos que pagar a conta.
elas	Elas tiveram que pagar a conta.
os senhores	Os senhores tiveram que pagar a conta.

9.
           Nós consultamos a lista e discamos.
a moça   A moça consultou a lista e discou.
ele   Ele consultou a lista e discou.
eu   Eu consultei a lista e disquei.
Joaquim   Joaquim consultou a lista e discou.
o homem   O homem consultou a lista e discou.

10.
           A mamãe já foi e voltou.
eu   Eu já fui e voltei.
vocês   Vocês já foram e voltaram.
Luís   Luís já foi e voltou.
nós   Nós já fomos e voltamos.
o doutor   O doutor já foi e voltou.

Exercícios orais

1. Responda às seguintes perguntas segundo o modelo.

MODELO: Ontem nós fomos ao cinema. E você?
    Eu fui ao cinema também.

1. Ontem nós tivemos um exame. E você? TIVE
2. Ontem nós chegamos tarde. E a professora? CHEGOU
3. Ontem ele quis vir. E você? QUIS
4. Ontem eu telefonei para o Rio. E a secretária? TELEFONOU
5. Ontem eu não pude dormir. E Joaquim? PÔDE
6. Ontem nós vimos um filme. E os senhores? VIRAM
7. Ontem eu estive na praia. E você? ESTEVE
8. Ontem nós comemos arroz e gostamos. E eles? COMERAM
9. Ontem seu pai disse para você sair. E sua mãe? DISSE
10. Ontem eu recebi um telefonema. E o Alberto? RECEBEU

2. Responda às seguintes perguntas segundo o modelo.

MODELO: O João vai ao supermercado agora?
    Não, já foi.

1. O aluno está preparando a lição agora?
2. Eles estão na biblioteca agora?
3. Devemos fazer o pedido agora?
4. Vocês vão trazer o pão agora?
5. Maria está comendo agora?
6. Você vai telefonar para ele agora?
7. O senhor vai pedir uma ligação agora?
8. Elas vão pôr a mesa agora?

9. Ele escreve a carta agora?
10. Você vai estudar agora?

3. Siga o modelo com a participação de vários alunos da classe.

MODELO:

PROFESSOR Carlos, pregunte ao Gilberto se ele já viu esse novo filme.
CARLOS Gilberto, mudando de assunto, você já viu esse novo filme?
GILBERTO Não vi, não. E você, Ângela?
ÂNGELA Eu também não vi esse novo filme.

1. ...se ele teve que vir cedo hoje.
2. ...se ele deu um presente de aniversário para o José.
3. ...se ele soube as notícias da Ana Maria.
4. ...se ele esteve na festa no sábado passado.
5. ...se ele veio para estudar.
6. ...se ele pagou a conta do telefone.
7. ...se ele encontrou o catálogo telefônico.
8. ...se ele gostou dessa pequena leitura.

4. Siga o modelo.

MODELO:

PROFESSOR Ontem você chamou os seus tios, não foi?
1º ALUNO Chamei, sim.
2º ALUNO Não chamou, não. Eu sei que ele (ela) não chamou.

PROFESSOR Ontem os seus tios telefonaram, não foi?
1º ALUNO Telefonaram, sim.
2º ALUNO Não telefonaram, não. Eu sei que eles não telefonaram.

1. Ontem você fez toda a lição, não foi?
2. Ontem Juca pagou a conta do telefone, não foi?
3. Ontem vocês deixaram um recado para mim, não foi?
4. Ontem ela ligou o número errado, não foi?
5. Ontem você pediu uma ligação interurbana, não foi?
6. Ontem vocês trouxeram vinho para todos, não foi?
7. Ontem eles tiveram uma boa festa, não foi?
8. Ontem você pôs a mesa para mamãe, não foi?

ANDRADE/ANDREUCHI

ANDRADE (Cont)
" Ruth M r 687 C Viana................852-8452
" Ruth S r 1143 av 9 Jul..............258-7287
" Ruy A 40 L Val......................261-5569
" Ruy L r 50 Japão....................282-5520
" Ruy L adv 120 R Simonsen.............37-2937
" Ruy N adv 21 av Lib..................37-1648
" Ruy N dr r 93 Tabat..................32-8621
" Ruy O r 1844 av Imir................266-7831
" S J méd 47 pç A Amar................287-4347
" Salustino S r 272 Cel A Carv........299-4007
" Salvador contab 1460 av Sta Catar....241-7959
" Samuel A r 68 pç J Mesq.............221-1171
ANDRADE, SAMUEL SILENCIO r
45 al Br Lim..221-2316
ANDRADE
" Sandra E T r 910 al Arap............543-6881
" Santuza B r 467 al Franca...........288-5255
" Santuza B r 718 M E Lôbo............852-6014
" Saulo r 308 av Sta Catar............543-7775
" Sebastião J 720 G Cerq..............279-4704
" Sebastião S N r 642 Austr...........280-8642
" Sebastião V dent 222 Cons...........256-7924
" Sebastião V B r 325 Pl Morais........65-8839
" Sebatião S r 256 F Cruz..............70-3829
" Sergio r 608 S C Pinh...............289-0539
" Sérgio A r 531 Sen C L Verg...........65-7559
" Severino R r 12 rua 36..............271-3415
" Sidnei B r 1102 Cel O Porto..........70-4678
" Sidnei O dr 188 Cns P Luis..........241-1833
" Sidnei O r 184 av Macuco............543-3254
" Sidnei O r 514 P Mota...............279-9654
" Silva, D r 165 D Fern...............241-2081
" Silva, E O r 1287 Cns Brot............67-6515
" Silva F D r 121 Tabap...............282-9807
" Silva, J B r 184 Cel I Sand..........286-9102
" Silva Jr J dr r 129 Itabaq............65-4573
" Silva M r 996 al Imar................240-9189
" Silva, M E 671 av Paul...............287-7042
" Silva, M O r 223 F Farrel.............65-5635
" Silva R adv r 1188 al Franca.........852-1899
" Silvio C tte cel r 51 Apora..........278-0597
" Silvio C gen r 347 av Paul...........287-2221
" Silvio L r 2995 av 9 Jul.............287-2157
" Só, H r 476 Guarará..................288-0006
" Sob° A máq cost 304 Dr J Rib.........295-4919
" Sob°, Augusto r 165 rua B............294-4238
" Sob°, J dr r 50 Mt Coelho............852-0236
" Sob°, Manoel r 470 Backer.............70-8041
" Sonia A V r 654 C Alves..............289-7842
" Sonia X S C r 175 pç Gen G Falcão....542-1145
" Souza, P r 80c2 J Pais...............241-1575
" Souza, R r 185 C Viana...............853-1622
" Stella F r 74 Cac....................287-9427
" Stella Magro 826 av D Pedro I.........63-4178
" Suad H r 57 av Pd Bueno..............275-2797
" Sumaia S r 462 Petrop................263-5050
" Sydeak r 868 Min G Mesq..............262-6428
" Sydney P r 193 P Avelar..............299-4414
" Sylvio r 102 Banc.....................93-5998
" Synesio C r 28 G Bueno...............279-1491
" Tarcisio A adv 50 Carmo..............297-6276
" Teofilo R r 88 E Rodr................211-6857
" Tercio r 290 Cb Verde................543-0079
" Tercio r 14 M Carv...................285-6728
" Tercio X 1757 D Morais................70-0161
" Tercio Z r 844 Camél.................276-0129
" Thales C r 1855 av Brg L Ant.........289-3341
" Theodolindo R r 44 Inocentes.........246-2129
" Theophilo O r 430 Guarai.............241-1956
" Thereza r 52 Paracuê..................65-9287
" Thereza L r 79 Prf O Penteado Jr.....276-8577
" Thereza O L r 108 Costa Barb..........71-6142
" Therezinha r 1222 al Franca..........852-5317
" Therezinha r 440 Maj Sert............257-1817
" Therezinha A r 957 av A Pinh.........247-2659

ANDRADE
" Y M r 581 al Santos..................287-9526
" Yara R r 79 M Grou...................853-7217
" Yolanda r 26B Orind...................93-0424
ANDRADE, YVONE FELICISSIMA r 74 Cac..288-3924
ANDRADE
" Yvonne F r 86 al Rib Preto...........288-7772
" Zaterka C Ltda 243 Cac...............289-0631
" Zeneide M r 278 V Eman...............279-5583
" Zilah M r 383 Cpo Verde..............211-9463
Andralta, Roberto r 746 prq Res.........261-8418
Andranezes Distribuidora Produtos
Macrobióticos Ltda 1086 G Carv......241-3252
ANDRAS
" Nagy r 446 al Aicas..................241-4592
" Nagy mec 176 Q Boc....................35-8644
Andrasi, Janos 235 Dr J Elias...........260-3707
Andrasy, Nilton r 89 B Campanha.........266-4157
ANDRATELL
" SA Construções Metálicas 321 av Carin..240-2922
240-6559
" SA Construções Montagens
321 av Carin..240-6559
Andraus, Alberto r 125 Jaguan...........211-0982

Andraus, André adm bens
Creci 1489
16 Ramais 109 B Rib.............★ 257-7722

ANDRAUS
" André r 893 B Cintra.................256-3007
" André 109 B Rib......................257-4628
" Clara P r 526 Suéc...................852-3297
" Estela r 114 P Mir....................853-2586
" Fauzi K r 1274 al Min R Azev..........852-4532
" Jorge E 40 Cns Crisp...................36-1728
" M Petrella r 262 Cns Carrão...........288-7328
" Raul incorp 450 Bahia.................256-6193
" Raul r 39 Colib........................70-8610
" Raul dr r 114 P Mir...................853-2586
" Rene dr r 369 Mar Bittenc.............853-3589
" René 32 P Am...........................35-7081
" Roberto r 794 Gen M Barr..............852-8153
" Rosa r 21 av Paul.....................287-8813
" Transportes Ltda 55 Tocant............220-2712
" Willian 52 M Grosso...................256-6308
257-1028
ANDRÉ
" Adhemar r 464 Princ Leop..............260-7166
" Adhemar r 83 Traj......................65-2860
" Aida A r 525 Tamandaré................278-6602
" Alvaro r 92 Caraib.....................65-9288
" Américo A r 112 rua 12................246-5194
" Andraus Imóveis Administração Ltda
109 B Rib..257-4628
" Angelina V P r 289 Cônego Lad.........298-3435
" Antonio r 227 Cauc....................577-0316
" Antonio r 97 D Mari...................295-1400
" Antônio J r 918 Maj Diogo..............37-8359
ANDRÉ, ANTONIO JOAQUIM r
918 Maj Diogo..33-9048
André, Antonio S r 606 al Franca.........287-5746
ANDRÉ, ARTHUR BERNARDES TAVARES r
1315 al Arap..61-3893
ANDRÉ
" Ary r 108 R Almas.....................266-2347
" Brosselin L r 619 av Sta Catar........240-6547
" Calil r 212 Tte G Rib..................70-5697
" Carlos r 80 A Mag.....................298-5021
" Carlos M M r 41 Eng T Soares..........211-3243
" Celso r 213 Dr Esdras.................282-3444
852-6580
" Celso 26 L Coelho.....................285-4505
" Celso 105 7 Abr...................★ 239-1948
" Cesario r 680 av Cel P D Campos.......296-0240
" Clóvis r 83 Doraci....................220-4321
" Desiderio J G r 371 Cel G Sant........296-9484
" Diamantino r 150 Eng F Azev............65-7810
" Eduardo M r 663 al Santos.............288-6702
" Elias 130 tv Br Tri...................296-3528
" Eurico A P r 438 B Neto...............210-8144
" Farid r 334 av Acac...................211-7248
" Fauze Lenço 1245 av H Ford.............63-5628

ANDRÉ (Cont)
" Selma r 194 Chilon....................210-0348
" Sérgio r 214 M Guedes.................852-5005
" Sindelar B r 2 Locarno................298-9188
" Valverde A 227 Am Bras................228-6847
" Vinicio r 336 av Prf A Bove...........261-9165
" Virgilio Fernandes 800 M Viana........290-0424
ANDREA
" Ana L F r 1166 Dr D Faria..............70-8408
" Ayrton méd r 1172 al Jaú..............287-1157
" Bonagura 541 al Guim..................853-3655
" Comercio Calçados Ltda
306 av E Marengo..294-3963
" Decorações Ltda 211 av N Cant.........290-5729
" Decorações Ltda 7428 Verg.............274-3842
" Estevam r 523c6 G Nog.................274-5954
" & Fernandes 1319 V Pátria.............299-6873
" F°, A r 353 D I Uch....................71-2247
" Léa C r 506 av Com A Bonfigl..........211-0610
" Melo G r 22 B Caet.....................70-1362
" Orlando S r 418 A Samarone............274-2763
" Rosina r 135 Cns Brot..................66-4351
" SA Importação Exportação
336 Am Bras..★ 227-2785
227-8556 / 228-0868 / 228-4164
" SA Importação Exportação
71/81 Flora..292-3971
" Sob°, Arthur 155 Sinimbú..............278-7030
" Waldir D r 799 M Sousa................279-9877
Andreacchi, Fioravante 98 rua 1..........247-1092
Andreakis, Athanase r 235 B Vista........246-8025
Andreali, Lodovina R r 321 M Palh........262-4702
ANDREANI
" Douglas r 603c1 av A B Veiga..........295-9606
" Emma r 40 D Fern......................241-2063
" Oswaldo eng r 482 al Jaú..............287-1557
" Oswaldo dr r 14 Record.................70-1844
" Renato r 66 av Paul...................287-1674
" Rina A R r 470 Franc...................284-3875
" Rodolpho 1071 av Ipir..................32-6280
" Rodolpho r 135 Prf V Abreu.............61-2014
Andreão, Julia C r 90 Dr M Prado.........220-5842
ANDREASEN
" Christian B r 24 B Veiga..............543-4244
543-4255
" Christian B r 806 S José..............247-6562
" Christian Bjodstrup 122 Cns Zac.......280-1926
Andreasi, Fernando dr r 55 L Delfino......71-5361

andreasi

Andreasi Industrial Ltda
Móveis p/ refeitórios
Vendas 893 Humb I.......................70-2021
70-2850

ANDREASI
" Odette r 230 L Carvalho...............288-3065
" Orlando r 1174 D Pedro II.............543-2249
" Orlando r 2491 av Itacira.............276-5428
" Tosca R r 722 av Dr A Arantes.........275-7497
ANDREASSA
" Arlindo calç 260 CEL A Marcelo.........92-2040
" Arlindo r 244c12 Mq Abr...............291-0070
" Jose r 102 Matupiri...................271-3769
" Orpheu r 151 A Bras...................271-2084
" Waldir r 374 Mar Malet................274-1727
ANDREASSI
" Luiz C r 297 Dr Tm Carvalhal...........71-8996
" Romeu r 478 Pirit.....................276-5913
Andreati, Maria Aparecida 1854 av 9 Jul..284-2641
ANDREATINI
" Amelia N r 8 F Dias...................211-0656
" Gianfranco 48 Ad Alves................241-0636
" Luiz P V r 370........................211-0675
" Luiz P V r 42 Sen P Sales..............66-1123

ANDREI
" & C Ltda 1071 Cns Néb.................220-7246
" Dan r 1392 T Sousa....................260-5969
" Edmondo r 772/4 A Lins.................67-5159
" Edmondo 676 al Ed Prado................67-9522
" Lazar r 200 av Ipir....................37-2696
" Mihai r 459 Baron Itu..................67-6063
" Petre V r 1769 P Gom..................280-4304
Andreieff, Tatiana r 42 Ct Silva...........63-6598
Andreini, Dora C r 594 BR TATUI...........67-6926
ANDREIS
" Lirio C r 18 Part 2...................299-3536
" Milos r 308 av B Campos...............287-2757
" Odorico r 229 Santarém.................65-7830
" Odorico r 233 Santarém.................65-7857
" Olga r 733 av Brg L Ant................36-2835
" Pinto, D A r 515 Alag..................66-7908
" Pinto, D A 622 Cns T Hom..............282-9036
Andrejczuk, Colombina C r 457 Tabor......274-2838
Andrelino Castro, M I r 150 C Valente....852-2310
ANDRELLO
" Americo P r 794 J Marra...............295-8336
" Bruno r 455 A Malfatti................266-5400
" Bruno r 943 Sta Eudóx.................266-9578
Andreni Jr, Bruno r 105 Itaici...........290-8061
ANDREO
" José r 1992 av A Ramos.................92-1689
" Jr, Jose 77 B Const....................32-6009
" Laura T r 375 Prf R N Sá..............265-2080
" Luiz r 6 G Mendonça...................271-4497
" Luiz 13333 av Sapop...................271-9156
" Newton r 406 Sta Frca.................261-2948
ANDREOLI
" Alice r 368c7 H Peix..................278-8825
" Angelo r 211 I Sousa..................278-8363
" Angelo adv 5 P Col.....................35-0937
" Antônio C r 336 T Tasso................63-4371
" Armando 1191 Sta Cruz..................70-9985
" Arnaldo r 267 Dr N S Queirós...........70-2305
" Attilio r 179 av Gen O Silv............67-3230
" Carlos R 1269 T Barr..................292-4794
" Delcio 147 J Parada...................292-9911
" Edmundo J r 547 al Tacaún.............577-0438
" Edna D r 71 lg Paiss...................37-6694
" Edna D r 72 lg Paiss...................37-6694
" Eraldo r 1789 Tur.....................262-9535
" Ivone P r 459 av Ipan.................246-0827
" J T r 805 av D Pedro I.................63-4824
" Janete A r 893 av D Pedro I...........273-1601
" João B r 1209A av E T Leite...........266-8419
" Josephina R r 180 A Maranh............278-7623
" Luiz r 134 D Fern......................61-8660
" Luiz M méd r 63 Galileu...............852-6364
" Maria P A r 1047 F Falcão..............93-7671
" Maria R r 172 Cap Cav.................279-3302
" Marisa r 99 av 11 Jun.................549-2837
" Matheus C r 1184 al Br Lim.............67-3207
221-6961
" Miguel r 280 F Miquel..................36-7881
" Myrian B prof r 33 J Bonif............276-5222
" Octaviano A r 33 J Bonif..............276-5222
" Saverio r 2308 estr Cupecê............247-9499
" Sérgio 73 M A Alvarenga...............246-6416
" Suzana r 1934 av Brg L Ant............287-5355
" Walter A r 556 al Piratinis...........276-0578
ANDREOLLI
" Antonio r 651 C T Pereira.............275-8462
" Antonio M r 775 Sag...................265-2182
" Irene r 232 Sto Amaro..................35-2994
" Q Camargo Ltda 1282 estr Guaiau.......296-4719
ANDREOLO, JOSÉ MARCO r 128 W Speers..262-3949
ANDREONI
" Alcides r 331 A Leão..................279-5330
" Aldo r 1284 av Ipir...................228-6055
" Alfredo r 594 BR TATUI.................67-0637
" Alvaro A r 135 S Samp.................241-1263
" Archimedes r 36 T Piza................296-9238
" Arciso r 49 M Silva....................65-3248
" Armando A r 113 J Holland..............66-3967
" Arthur r 87 al Franca.................287-1364
" Delfino r 2601 av Ang.................256-5120
" Dino A dr r 210/40 av A Azev...........65-4620

1. Qual é o endereço de Álvaro André? E o de Yolanda Andrade?
2. Qual é o número de telefone de Luiz Andreo? E o de Olga Andreis?
3. Qual é a profissão de Oswaldo Andreani? E a de Olga Andreis?
4. Esta lista telefônica é duma cidade brasileira. Por que é que ela tem nomes de origem italiana? Você pode encontrar nomes de outras origens? Encontre um nome na lista que você ache «bem português.»
5. Há diferenças entre esta lista telefônica e aquela que tem onde você mora?

Chegou o Plano Ligue DDI[1] 21 da Embratel[2]. As melhores tarifas DDI em qualquer horário para os quatro cantos do mundo

Com o Ligue DDI 21 sua empresa paga menos para os países que ela liga mais. Além das Tarifas Flat você ganha um desconto adicional para até seis países que você elege dentre um total de 120.

Grupos de países	Tarifa Flat (independente de horário ou dia da semana)	Tarifas Países eleitos (Tarifa Flat + 21% de desconto)
I – EUA e Canadá	0,88	0,695
II – Demais Américas e Antilhas	1,20	0,948
III – Europa, Oriente Médio, Austrália e Japão	1,30	1,027
IV – Demais páises	2,50	2,50

Tarifa já com desconto, sem impostos.

www.embratel.com.br

Inscreva-se já no novo plano. Ligue DDI 21 da Embratel.

---

[1]DDI = Sistema de Discagem Direta Internacional
[2] Embratel = Empresa Brasileira de Telecomunicações

1. Em quantos grupos de países o Ligue DDI 21 dividiu o mundo? Quais são?
2. Qual é a diferença entre a Tarifa Flat e as Tarifas Países eleitos?
3. Quantos países podem ser escolhidos para o desconto adicional?
4. Qual é o grupo mais econômico? E o menos econômico? Qual é o grupo que não tem desconto para Tarifas Países eleitos?
5. Quais serão alguns dos países que não podem ser escolhidos?
6. As tarifas indicadas incluem os impostos?
7. Por quê as empresas de telecomunicações oferecem tantos planos e descontos?

Exercícios escritos

1. Preencha os espaços abaixo com a forma correta do **pretérito perfeito** do verbo em parênteses.

  1. Elas (procurar) PROCURARAM_____ um novo apartamento mas não (achar) ACHARAM_____ nenhum que lhes agradasse.
  2. Nós (fazer) FIZEMOS_____ a lição ontem à noite.
  3. Ele não me (dizer) DISSE_____ a verdade.
  4. Quando (ser) FOI_____ que os senhores (partir) PARTIRAM_____ para lá?
  5. Eu (vir) VIM_____ aqui para estudar.
  6. Ontem não (haver) HOUVE_____ aulas na universidade.
  7. Nós (ter) TIVEMOS_____ êxito na prova?
  8. O professor (dar) DEU_____ licença?
  9. Eu (pôr) PUS_____ tudo no lixo.
  10. De onde seus pais (chegar) CHEGARAM_____ a semana passada?
  11. A que horas vocês (estar) ESTIVERAM_____ aqui ontem?
  12. João e sua colega não (querer) QUISERAM_____ ficar depois das sete.
  13. Onde eles (ir) FORAM_____ ontem?
  14. Nós não (trazer) TROUXEMOS_____ nada para a festa.
  15. A conferência do mês passado (ser) FOI_____ boa.

2. Escreva as seguintes frases em português.

  1. He picked up the receiver and dialed the number.
  2. When I made the call no one answered.
  3. John asked the telephone operator for a line.
  4. We found his address in the telephone book.
  5. He put the money in the slot before hearing the dial tone.
  6. The telephone is ringing. Is anyone going to answer?
  7. Hello! May I speak with Mrs. Ferreira? This is she.
  8. Is this 53-60-66? No, you have the wrong number.

Gramática

1. Adjective Position / A colocação do adjetivo

In Portuguese there are two different types of adjectives: **descriptive** (those which describe a physical or inherent quality of the noun, such as _bonito_ or _inteligente_) and **non-descriptive** (those which in some way measure or specify the noun numerically, like _vários, algum,_ etc.).

1. Descriptive Adjectives

Descriptive adjectives usually follow the noun and contrast that noun with otherwise equivalent persons or things which lack the quality denoted by the adjective:

> os livros **interessantes** (as opposed to books which are not interesting)
> o homem **alto** (as opposed to men who are not tall)
> a mesa **redonda** (as opposed to tables which are not round)

However, there are cases in which the noun need not be viewed in contrast to another noun, and therefore the adjective will precede it:

a) Since proper nouns represent a single, unique entity or person, no contrast with another noun is necessary and the adjective precedes it:

> o **espetacular** Pão de Açúcar (there is only one Pão de Açúcar, therefore no contrast is necessary)
> o **fabuloso** Hotel Rio-Sheraton (only one such hotel)
> o **intrépido** Vasco da Gama (only one such person)

b) If a common noun refers to a _specific_ person or thing, the adjective may precede the noun since that person or thing is "unique" in the speaker's mind:

> Li um romance desse **famoso** escritor. (I know the writer's name and could use it if need be, i.e., o famoso Mark Twain)
> É uma **fascinante** cidade. (I could supply the name of the city)

c) If all members of the "group" represented by a plural common noun have the quality described by the adjective, then the adjective may precede the noun because no contrast is implied:

> os **altos** preços de hoje em dia (if all prices today are considered high there is no contrast with other prices)
> as **vibrantes** cidades da Costa do Sol (if all cities of the Sun Coast are considered lively)
> os **inesquecíveis** filmes de Alfred Hitchcock (if all are unforgettable)

But even in these cases where the adjective may precede the noun when the speaker does not wish to express the contrastive function of the adjective, it may follow the noun *if* the speaker wishes to state a contrast. In

> a Lisboa **moderna**

a contrast with another part of Lisbon or with the Lisbon of the past is implied, whereas

> a **moderna** Lisboa

simply describes Lisbon without making such a contrast. Similarly, the speaker may wish to give weight to ("emphasize") the adjective as in

> Ele é um escritor **famoso.** (emphasis on *famous* even though
> we know who it is)

> O Rio **maravilhoso** (emphasis on *marvelous*)

Notice that in English this distinction is often conveyed by stressing the emphasized word:

Portuguese	*English*
Ele é um famoso escritor.	He is a famous **writer.**
escritor famoso.	**famous** writer.
o maravilhoso Rio	marvelous **Rio**
o Rio maravilhoso	**marvelous** Rio

To sum up, it is not possible to predict in all cases when the adjective will be placed before or after the noun because many times position depends on the speaker's subjective opinion of the noun being described. Basically, the adjective will be placed after the noun unless the speaker has no reason to express a contrast, in which case the adjective will precede the noun.

Note: Adjectives of nationality will always follow the noun regardless of whether the noun is considered unique or the adjective describes all of a group:

> O governo **português**
> Os Volkswagens **alemães** (even though all VW's are basically German)

Exercício

For the following examples, justify the position of the adjectives in italics:

1. Não gosto dos carros *pretos*; prefiro os brancos.
2. Em Paris vimos a *impressionante* Torre Eiffel e o *maravilhoso* Museu do Louvre.
3. Quem foi o primeiro a circunavegar o *temido* Cabo da Boa Esperança?
4. Onde está a sua *linda* noiva? Ela está com meu amigo *grego*.

5. Eles querem comprar uma casa *amarela*.
6. Os animais *ferozes* são muito perigosos.
7. Vou mudar para o Rio de Janeiro porque não agüento os *severos* invernos / invernos *severos* daqui.
8. Há água *quente* na chaleira.

II. Some Special Adjectives

Seven descriptive adjectives in Portuguese show a contrast in meaning depending on its position:

	After noun	*Before noun*
pobre	o homem **pobre** the poor (*not rich*) man	o **pobre** homem the poor (*pitiful*) man
grande	uma cidade **grande** a *big* city	uma **grande** cidade a *great* city
velho	meu amigo **velho** my old (*not young*) friend	meu **velho** amigo my old (*longstanding*) friend
antigo	o laboratório **antigo** the old (*not new*) laboratory	o **antigo** laboratório the old (*former*) laboratory
simples	uma criada **simples** a simple (*plain*) servant	uma **simples** criada a *mere* servant
alto	o funcionário **alto** the *tall* official	o **alto** funcionário the *high* official
novo	uma casa **nova** a new (*not old*) house	uma **nova** casa a new (*different*, not necessarily brand new) house

But keep in mind that we have already said that any descriptive adjective may be placed *before* a noun if the modified noun is considered "unique" (**a moderna Lisboa, a linda irmã do João** if João only has one sister or if we know definitely which sister is referred to). Since this is true of descriptive adjectives in general, even those shown above with a change of meaning depending on position may be placed before the noun on the basis of "uniqueness:"

a **grande** cidade de Nova Iorque (the *great* city of New York, *or* the *big* city since the noun modified is a proper noun and therefore unique)

os **pobres** homens daquele sindicato (the *pitiful* men of that union, *or* the *poor* (*penniless*) men if all the men of that union are poor)

Siga o modelo colocando o adjetivo no lugar adequado (claro que às vezes há mais duma possibilidade).

Os *abacaxis* daquela loja são gostosos. (maduros)
Os abacaxis maduros... (*contrast*)
Os maduros abacaxis... (*if all are ripe*).

1. As *casas* desta cidade são elegantes. (velhas)
2. Por que é que eles suspenderam o *trabalho?* (noturno)
3. Ontem, passamos pelo *centro* de Copacabana. (comercial)
4. Não usam a *biblioteca.* (antiga)
5. O *dicionário* que você pediu está lá na mesa. (alemão)
6. Um *ator* vem nos visitar amanhã. (famoso)
7. Os seus *comentários* me chateiam. (jocosos)
8. O *tio* dela pagou por tudo. (pobre)
9. Você viu as *plantas* naquele parque? (raras)
10. Ontem eu tinha saudades daquele *povoado* onde nasci. (pequeno)
11. Os *edifícios* de Nova Iorque são todos enormes. (modernos)
12. Os *custos* desse projeto são altos. (operacionais)
13. Nós queremos comprar uma dessas *máquinas* de escrever. (maravilhosas)
14. Ele não tem *cabelo.* (comprido) LONG
15. Como é o nome do nosso *professor* de português? (velho)
16. O Rio é uma *cidade.* (grande)
17. Vocês demitiram a sua *empregada?* (competente)
18. Ontem fomos visitar o *apartamento* de Ricardo. (novo)
19. As *frutas* são boas para a saúde. (tropicais)
20. Meu pai é *funcionário* do governo brasileiro. (alto)
21. Nós compramos *carne* naquele açougue. (fresca)
22. Em Lisboa você vai ver a *Avenida* de Liberdade. (bela)
23. E também há muitos *pontos* que deve ver. (turísticos)
24. A casa deles não tem *água!* (quente)

III. Non-Descriptive Adjectives

Some non-descriptive adjectives will always precede the modified noun:

cada	cada livro, cada casa
outro	outro lugar, outras coisas
muito	muitos homens, muita preocupação
tanto	tanto dinheiro, tantas casas
pouco	pouco tempo, pouca cerveja
ambos os	ambos os carros, ambas as pessoas

Other non-descriptive adjectives may either precede or follow the noun with no difference in meaning, although it should be noted that the position exemplified by the first example for each of these adjectives is more common in speech:

seguinte	a página seguinte, a seguinte página
suficiente	dinheiro suficiente, suficiente dinheiro
próximo	no próximo mês, no mês próximo
bastante	bastante confusão, confusão bastante

Some adjectives will be placed before the noun if the meaning is non-descriptive, but after the noun if the meaning is more descriptive:

	Before	*After*
diferente	as **diferentes** casas the different (*not the same*) houses	as casas **diferentes** the different houses (*different* as compared to an expected norm)
vários	**várias** perguntas *several* questions	perguntas **várias** *miscellaneous* questions
certo	**certas** coisas certain (*particular*) things	coisas **certas** certain (*correct, for sure*) things
único	o **único** carro the *only* car	o carro **único** the singular (*one-of-a-kind*) car
mesmo	o **mesmo** livro the *same* book	o livro **mesmo** the book *itself*
próprio	o seu **próprio** livro his *own* book	o livro **próprio** the proper (*adequate, appropriate*) book

Some other non-descriptive adjectives:

1) **Cardinal numbers** (one, two, etc.) will precede the noun if used for counting and follow the noun if used for numbering:

uma página (*one* page)	**dois** capítulos (*two* chapters)
página **um** (page *one*)	capítulo **dois** (chapter *two*)

2) **Ordinal numbers** (first, second, etc.) will generally precede the noun:

as **primeiras** lições	the *first* lessons
a **quinta** parte	the *fifth* part

but follow the names of kings, popes, etc. (D. João II, o Papa João Paulo II)

3) **Algum** ("some/any") and **nenhum** ("none/not any") are generally placed before the noun:

Você tem **algum** dinheiro?   Do you have some/any money?
Não tenho **nenhum** dinheiro.   I don't have any money.

However, **nenhum** or **algum** may be placed after the noun in a negative sentence for emphasis:

Ele não tem dinheiro **nenhum/algum**.
He doesn't have any money whatsoever.

4) **Demais** is placed after the noun with the meaning "too/too many/too much":

Ele parece preguiçoso **demais**.   He seems *too* lazy.
Você sabe coisas **demais**.   You know *too many* things.
Quem tem dinheiro **demais**?   Who has *too much* money?

Os/as demais is placed before a noun for the meaning "the other/the rest":

As demais casas são todas caras.
The rest of the houses are all expensive.

5) **Todo** may precede or follow the noun to mean "entire/all":

todo o livro
o livro **todo**   the entire book

To express "every one", **todos os/todas as** is used with a plural noun, or **todo/a** may be used by itself with a singular noun (no article):

todos os anos
todo ano   *every* year

6) **Mais** ("more") and **menos** ("less") precede a noun *not* modified by another adjective:

mais café (*more* coffee)
menos trabalho (*less* work)

But if the noun is modified by a quantitative adjective, **mais** and **menos** may either precede the other adjective or follow the noun:

mais duas coisas
duas coisas **mais**   two more things

menos alguns livros
alguns livros **menos**   some fewer books

Exercícios

1. Diga em português:

1. Some pitiful millionaires. ALGUNS POBRES MILLIONARIOS
2. Too many books. MUINTO LIVROS DEMAIS
3. A long last chapter. O ULTIMO CAPITULO É LONGO
4. More sugar and a little milk, please. MAIS
5. At the same instant. MAIS AÇUCAR E MENOS LEITE PORFAVOR
6. A few miscellaneous exercises. ALGUNS EXERCÍCIOS VÁRIADOS
7. Enough money for a new house. SUFICIENTE DINHEIRO PRA UMA C. N.
8. The men themselves. OS HOMENS MESMO
9. There is no problem whatsoever. NÃO HA PROBLEMA NEHUM
10. Every former student. TODOS OS ANTIGOS ALUNOS

2. Coloque os adjetivos no lugar adequado:

O (fabuloso) FABULOSO telefone _____ é um (preto) _____ aparelho PRETO _____ que quando a gente disca o (errado) _____ número ERRADO atende quem a gente não conhece. Isso do (outro) OUTRO lado _____. Deste, o número nunca é errado porque a gente é quem diz. Quando não tem ninguém do (oposto) _____ lado OPOSTO para atender então tem uma pessoa que fica fazendo tã-tã-tã o (todo) _____ tempo TODO e não adianta a gente gritar que ele não sai disso. O (moderno) Mor... telefone MODERO serve para (muitas) MUITAS coisas _____ mas eu não sei quais são, isso é a (interessante) INTERESSANTE coisa _____ que ouvi dizer. Lá em (nossa) NOSSA casa _____, o (pobre) POBRE papai _____ não gosta de telefone, mamãe não gosta e (minha) MINHA irmã _____ não gosta, mas quando toca saem todos correndo para atender. O melhor do telefone é a (cruzada) _____ linha CRUZADA e é nessa (oportuna) O _____ ocasião _____ que a gente ouve o que não deve.

Adaptado de «O telefone»
Millôr Fernandes

THERE IS NO POINT.

De *Trinta Anos de Mim Mesmo*

1. Como é que o Click Banking funciona?
2. Quais são as vantagens do Click Banking?
3. Quais são as empresas patro cinadoras destes quatro cartões do Unibanco?
4. Quais são outros avisos que se pode receber pelo celular?
5. Você tem um telefone celular? O celular é um luxo ou uma necessidade?

Leitura

O telefone

—Alô, como vai? Você está boa? E o marido? E os filhos? Não, estou apenas telefonando para saber de vocês. Que calor que tem feito, não? Ontem estava tão quente que eu nem pude dormir. O Alfredo, depois do jantar, quis ficar ouvindo rádio, mas não conseguiu; de repente, propôs:

—«Vamos sair para tomar um sorvete?»

Tomamos sorvete, mas qual! Quem é que agüenta? Eu nem durmo! E vocês aí, têm sofrido muito? Eu penso é nas crianças. Bem, o seu bairro é mais fresco do que o nosso... Mudando de assunto: você tem sabido do pessoal do *seu* Juca? Outro dia me disseram que a Julietinha vai casar, é verdade? Eu nem acreditei.... Ainda não faz um ano que ela desmanchou o noivado com o Magalhães...

Isto é apenas o começo de uma conversinha telefônica de meia hora, entre duas senhoras. Como se vê, os temas da instrutiva palestra são os mais importantes e inadiáveis; se uma das amigas não comunicar à outra, com toda a urgência, que está fazendo muito calor, a pobre senhora é capaz de pensar que estamos no inverno, e sair à rua de vestido de lã e casaco de pele. É também imprescindível que ambas mutuamente se informem com minúcias sobre as respectivas saúdes, e a de todas as demais pessoas das duas casas; não há ninguém doente, nem numa família, nem na outra; e ainda ontem, pelo telefone, essa tranqüilizadora certeza ficou definitivamente estabelecida. Mas faz parte do ritual telefônico feminino essa troca de informações secretas.

O telefone é, certamente, um dos objetos mais úteis do nosso tempo; a mulher encontrou maneira de transformá-lo num dos mais importunos, mais cacetes e mais ociosos da civilização contemporânea. E que instinto maravilhoso, que extraordinário tato tem uma gentil filha de Eva, para telefonar nos instantes mais fora de propósito, mais inoportunos, mais incômodos: às horas em que ainda estamos na cama, no momento preciso em que nos sentamos à mesa para almoçar, justo nos minutos reservados ao banho, ou quando já vamos sair, e temos um táxi à porta esperando por nós!

Não conheço um só homem que seja capaz de telefonar a outro homem (a não ser em caso de doença) simplesmente para saber como ele vai passando. Os homens telefonam para tratar de negócios, para dar um recado, para fazer um pedido, ou para obter uma informação; as mulheres inventaram essa coisa deliciosa e vazia que é a conversa fiada. E o telefone, docilmente, presta-se a tudo...

LUÍS MARTINS
De *Futebol da Madrugada*

Expressões úteis

1. nem	Eu **nem** pude dormir. I couldn't *even* sleep. Não há ninguém doente, **nem** numa família, **nem** na outra. There's no one sick, *neither* in the one family, *nor* in the other.
2. apenas	Estou **apenas** telefonando para saber de vocês. I'm *just* calling to find out about you guys. Isto é **apenas** o começo. This is *only* the beginning.
3. ainda	E **ainda** ontem... And *only* yesterday... O desconto de 40% é melhor **ainda**. The 40% discount is better *yet* (*even* better). E às horas em que **ainda** estamos na cama... And when we're *still* in bed... **Ainda** não faz um ano que ela desmanchou... It hasn't been a year *yet* since she broke off...
4. justo	...**justo** nos momentos reservados ao banho. ...*exactly* at the time reserved for taking a bath.
5. ser capaz de	A pobre senhora **é capaz de** pensar que estamos no inverno. The poor woman *is apt to* think that it's winter. Não conheço um só homem que **seja capaz de** telefonar... I don't know a single man who's *capable of* calling...
6. fazer parte de	Mas **faz parte do** ritual telefônico. But *it's a part of* the telephone ritual.
7. a não ser em caso de	...**a não ser em caso de** doença. ...*except in case of* sickness.

Exercício

Certo ou errado?

1. No começo do conto um menino está falando no telefone.
2. A ação do conto se passa no verão.
3. O Alfredo é o filho mais velho da família.
4. O Alfredo esteve ouvindo rádio depois do jantar.
5. A família não saiu para tomar um sorvete porque não pôde agüentar o calor de fora.
6. Julieta é a esposa do Magalhães.
7. A conversa telefônica durou uns trinta minutos.
8. É com ironia que o autor informa que os temas de conversa entre duas mulheres são importantes.
9. Mas o autor admite que um tema imprescindível dessa conversa é a política do país.
10. Segundo o autor é claro que uma mulher inventou o telefone.
11. O autor diz que é costume da mulher telefonar em horas inoportunas.
12. A conversa fiada é uma coisa só dos homens.

Perguntas orais

1. A quem é que a esposa do Alfredo fala no começo do conto?
2. Qual é o problema deles?
3. Por causa do calor, em que a esposa está pensando?
4. Qual é o negócio entre Julietinha e o Magalhães? Quem é *seu* Juca?
5. Na opinião do autor, quais são os temas de conversa de mulher? E a de homem? Você concorda?
6. O que a mulher inventou? Que é a «conversa fiada»?
7. Por que o autor diz que o telefone se presta a tudo?
8. O autor deste conto tem razão quanto a sua opinião sobre a mulher e o telefone? Ele está falando a sério?
9. Descreva uma ocasião em que você fez uma coisa «mais fora de propósito».

Exercício escrito

Escreva em português.

1. Changing the subject, what did José do yesterday?
2. They never called me except in case of emergency.
3. He is apt to spend the whole day talking on the phone with his girlfriend.
4. He didn't even leave a message; he just hung up.

5. I barely arrived home when my parents called me.
6. Suddenly, exactly at six, the children came in.

Temas para conversação ou redação

1. Ligando o número errado.
2. Recebendo a conta do telefone.
3. Pedindo uma ligação interurbana.
4. Telefone para um amigo (uma amiga) perguntando...
    a. sobre seu programa de estudos para este semestre.
    b. sobre seus planos para o fim de semana.
    c. sobre uma festa a que ele (ela) foi.
    d. se ele (ela) viu um filme que você viu recentemente.
    e. se ele (ela) já ouviu as notícias que se contam sobre outro (outra) colega.

5. O telefone: luxo ou necessidade?
6. O telefone e os computadores.

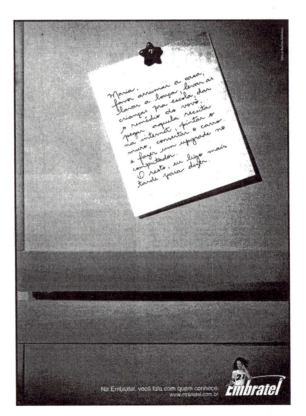

Segunda Unidade

O hotel

Recapitulação

The Imperfect Tense/O pretérito imperfeito

1. Most verbs have regular stems and endings:

a		e & i		ir (no stem)	
amar		**comer**			
am ava	am ávamos	com ia	com íamos	ia	íamos
am avas	[am áveis]	com ias	[com íeis]	ias	[íeis]
am ava	am avam	com ia	com iam	ia	iam

These verbs have irregular stems but share the *same* set of irregular endings:

ter		**vir**		**pôr**	
tinh a	tính amos	vinh a	vính amos	punh a	púnh amos
tinh as	[tính eis]	vinh as	[vính eis]	punh as	[púnh eis]
tinh a	tinh am	vinh a	vinh am	punh a	punh am

ser	
er a	ér amos
er as	[ér eis]
er a	er am

One basic use of the imperfect is to mean "used to" when referring to an event in the past:

> Eu sempre **lia** o jornal antes do jantar.
> I always *used to read* the newspaper before dinner.

It is also the equivalent of English "was/were ...-ing:"

> Todo mundo **pensava** nas férias.
> Everyone *was thinking* about vacation.

31

Vocabulário Temático

O hotel

	Brasil e Portugal	Brasil	Portugal
hotel	o hotel, a pensão		a pousada, a estalagem, o aldeamento turístico (na praia)
luxury—	—de luxo		
1st class —	— de primeira classe		
2nd class —	— de segunda classe		
—keeper	o proprietário do —		
room	o quarto		
single —	— individual		
double —	— de casal		
with double bed	com cama de casal		
with twin beds	com duas camas		
with bath		com banheiro	com casa de banho
with shower	com chuveiro		
room and board	a pensão (refeição) completa		
daily rate	a diária		
guest	o hóspede		
doorman	o porteiro		
receptionist	o/a recepcionista		
maid		a camareira	a criada de quarto
elevator	o elevador		
— operator	o ascensorista		
room service	o serviço de quarto		
lobby	o vestíbulo, o hall		
floor	o andar		
reservation	a reserva		a marcação
baggage	a bagagem		
suitcase	a mala		
hall	o corredor		
key	a chave		
tip	a gorjeta		
to reserve	reservar		marcar
to be lodged	ficar hospedado, hospedar-se		ficar alojado, alojar-se
to register	registrar-se		registar-se
to check out	pagar a conta e sair		

Diálogo

A respeito de hotéis

Uma conversa entre dois colegas, Fernando e Bentinho:

FERNANDO   Por falar nisso...você, que já esteve em Paris, podia me recomendar um hotel bom e barato?

BENTINHO   O ano passado eu fiquei hospedado no ano passado fiquei hospedado no *Normandie*. É pequeno mas fica no centro. Bom hotel, bastante limpo...mas na verdade houve muita confusão.

FERNANDO   O que aconteceu?

BENTINHO   Viajei com uma colega e quando chegamos ao hotel ele já estava fechado. E aí começou a confusão. O porteiro demorou a abrir e enquanto nós nos registrávamos o recepcionista fazia uma porção de perguntas: quarto com ou sem banheiro— com cama de casal ou duas de solteiro, só uma noite ou mais de uma. Como eu não entendia bem o idioma—sabe que ainda não cheguei a dominar o francês—a todas as perguntas respondia que sim. O resultado foi que acabamos ficando num quarto de casal com uma só cama. Minha colega não achou graça na brincadeira...tive muito trabalho tentando explicar-lhe que tudo não tinha passado de um mal-entendido provocado pela minha ignorância do idioma.

FERNANDO   Como resolveram o problema?

BENTINHO   Foi com muita dificuldade! Por fim conseguimos dois quartos individuais, bem simples... mas o meu sem banheiro privado, de modo que eu tinha que usar o do outro lado do corredor. Também não tinha telefone e o barulho da rua para onde o quarto dava era espantoso...

FERNANDO   Você gostou de Paris?

BENTINHO   A cidade é uma maravilha!   Mas o fim foi um tanto quanto confuso.[1] Quando fui pagar a conta o gerente me entregou a de ambos os quartos. Como faltava pouco para o avião decolar decidi pagá-las, mas naquele momento aconteceu outra surpresa—não aceitavam cartões de crédito! A minha colega, que ainda tinha algum dinheiro sobrando, acabou pagando tudo. E eu fiquei com uma vergonha danada...

FERNANDO   Chega! É para *amigos* que você recomenda esse hotel?

[1] *Um tanto quanto confuso* = confusing enough.

Perguntas sobre o diálogo

1. Onde o Bentinho esteve o ano passado?
2. Com quem viajou?
3. Em que tipo de hotel eles se hospedaram?
4. Quando chegaram ao hotel?
5. Qual foi o primeiro «problema»?
6. E a reação da colega?
7. O Bento chegou a resolver a situação?
8. Como era o quarto do Bentinho?
9. Quem é que pagou a conta?
10. Você acha que Fernando (o amigo com quem Bentinho fala) vai se hospedar no mesmo hotel?

Perguntas diversas

1. Quando você viaja pelos E.U.A., você gosta de ficar hospedado num hotel ou num motel?
2. Qual é a diferença entre um hotel e uma pensão? O que é uma pousada em Portugal?
3. A você aconteceu alguma experiência engraçada num hotel?
4. Por que é que o Bentinho teve tantos problemas?
5. Ponha-se no lugar do gerente de um grande hotel. Que serviços você ofereceria?
6. Quando você viaja, leva dinheiro ou usa o cartão de um banco?

7. Qual é o melhor hotel em que você já se hospedou? Por que foi o melhor?
   E o pior?
8. Num hotel, quem é que leva as malas ao quarto? O que é que a gente lhe
   dá?
9. Quais são os diversos tipos de quartos?
10. Por que é que às vezes é preciso fazer uma reserva de antemão?

Exercício

Complete as seguintes frases com uma palavra (ou mais de uma) em português.

1. Um quarto _____ é melhor do que um quarto sem banheiro.
2. Quando o _____ nos leva as _____ ao quarto é preciso dar-
   lhe _____.
3. Antes de sair do hotel a gente tem que pagar _____.
4. Um conjunto de malas forma a _____.
5. A pessoa que limpa o quarto é a _____.
6. Quando um homem e a sua esposa viajam pedem _____ no hotel.
7. A pessoa que fica hospedada num hotel é o/a _____.
8. Sempre se entrega a chave na _____.

Exercícios de verificação: o pretérito imperfeito

Mude as seguintes orações segundo o modelo.

Modelo:	Eu sempre comia às sete.
eles	Eles sempre comiam às sete.

1.	A gente nunca tinha uma reserva de quarto.
vocês	Vocês nunca tinham uma reserva de quarto.
meu pai	Meu pai nunca tinha uma reserva de quarto.
eu	Eu nunca tinha uma reserva de quarto.
nós	Nós nunca tínhamos uma reserva de quarto.
o coitado	O coitado nunca tinha uma reserva de quarto.

2.	Nós íamos aos domingos.
eu	Eu ia aos domingos.
você	Você ia aos domingos.
nós	Nós íamos aos domingos.
as senhoras	As senhoras iam aos domingos.
ele	Ele ia aos domingos.

3.
	Júlio ficava hospedado naquele hotel.
você	Você ficava hospedado naquele hotel.
eles	Eles ficavam hospedados naquele hotel.
eu	Eu ficava hospedado naquele hotel.
os senhores	Os senhores ficavam hospedados naquele hotel.
meu irmão	Meu irmão ficava hospedado naquele hotel.

4.
	O quarto era grande.
as camas	As camas eram grandes.
o hotel	O hotel era grande.
o banheiro	O banheiro era grande.
os quartos	Os quartos eram grandes.

5.
	Ela punha a mesa.
nós	Nós púnhamos a mesa.
eles	Eles punham a mesa.
eu	Eu punha a mesa.
você	Você punha a mesa.
mamãe	Mamãe punha a mesa.

6.
	Enquanto dormia ele falava.
eu	Enquanto dormia eu falava.
vocês	Enquanto dormiam vocês falavam.
o senhor	Enquanto dormia o senhor falava.
elas	Enquanto dormiam elas falavam.
nós	Enquanto dormíamos nós falávamos.

7.
	Nós morávamos e trabalhávamos numa pensão.
eu	Eu morava e trabalhava numa pensão.
elas	Elas moravam e trabalhavam numa pensão.
meu amigo	Meu amigo morava e trabalhava numa pensão.
João	João morava e trabalhava numa pensão.
nós	Nós morávamos e trabalhávamos numa pensão.

8.
	Eles conversavam enquanto vinham.
Zé	Zé conversava enquanto vinha.
nós	Nós conversávamos enquanto vínhamos.
eu	Eu conversava enquanto vinha.
os senhores	Os senhores conversavam enquanto vinham.
os pais dela	Os pais dela conversavam enquanto vinham.

Exercícios orais

1. Responda às seguintes perguntas segundo o modelo.

MODELO: Antes eu ia ao cinema aos sábados. E você?
Antes eu ia ao cinema aos sábados também.

1. Antes você lia apenas romances policiais. E seus irmãos?
2. Antes eles compravam seus livros na livraria da universidade. E você?
3. Antes vocês almoçavam às duas horas. E os outros?
4. Antes eu era hoteleiro. E eles?
5. Antes recusávamos os convites deles. E os seus pais?
6. Antes eu costumava ir a esse hotel. E o José e a Maria?
7. Antes vocês vinham todos os dias. E seus amigos?
8. Antes eles recebiam mais gorjetas. E você?
9. Antes nós íamos a todas as festas. E os senhores?
10. Antes recomendávamos o _Normandie_. E aquele senhor?

2. Responda segundo o modelo.

PROFESSOR A sua família costumava ir lá durante
as férias de verão?
1º ALUNO Sim, íamos lá durante as férias de verão.
2º ALUNO Mas o irmão dele (dela) disse que vocês nunca iam lá.

PROFESSOR Eles comiam nesse restaurante todas as semanas?
1º ALUNO Sim, comiam nesse restaurante toda semana.
2º ALUNO Mas o irmão deles disse que eles nunca comiam lá.

1. Vocês pagavam a conta a tempo?
2. Você e a sua família veraneavam nesse hotel todos os verões?
3. Eles usavam as mesmas malas para todas as viagens?
4. Vocês se hospedavam lá nos fins de semana?
5. Elas tomavam parte no desfile do carnaval todos os anos?
6. Ele preferia um quarto sem banheiro?
7. Você recomendava esse hotel?
8. Eles dormiam oito horas por dia?
9. Vocês vinham passear aqui todos os dias?
10. Eles sempre tinham cerveja na geladeira?

Exercício escrito e leitura

O ateu

Preencha os espaços do seguinte parágrafo com a forma correta do imperfeito do verbo em parênteses.

Era uma vez, já faz muito tempo, havia um homem que _____ (ser) ateu. Naquele pequeno povoado onde _____ (morar) não existia nenhum outro ateu igual a ele, de forma que o coitado _____ (viver) em grande isolamento. Mas _____ (ser) orgulhoso e não se _____ (queixar), mesmo quando se _____ (sentir) mais solitário, por exemplo nos dias de domingo em que todo o povo da terra _____ (ir) ouvir missa e ele _____ (ficar) vagando entre as árvores da praça; ou na véspera de Natal, quando as pessoas só se _____ (preocupar) com o Presépio e com a Missa do Galo. Tocavam os foguetes, os sinos _____ (repicar), todo o mundo se _____ (alegrar) e ia cear, mas o ateu declinava os convites que lhe _____ (fazer); não tendo rezado não se achava com direito à ceia, pois ele com ser ateu não deixava de ser honesto; _____ (trancar)-se em casa e _____ (ficar) de vela acesa, lendo um dos seus livros de ateísmo. E, se alguma das pessoas vindas de longe para assistir às festas naquele povoado, _____ (estranhar) a silhueta do homem solitário a ler junto à fresca da janela e perguntava por que não estava ele na missa ou na ceia, o povo da terra _____ (explicar):

—Ele não pode, coitado. É o nosso ateu.

(Continue lendo o resto desta história)

No mais, o ateu vivia como os outros. Trabalhava no seu ofício, plantava couve e orégão no quintal, criava dois cachorros perdigueiros e, à boca da noite, tomava parte na roda dos conterrâneos que conversavam sentados nos degraus do chafariz. E quando a conversa tocava em assunto de religião sempre havia um a observar:

—Você, que é ateu...

Não era para ofender que eles diziam isso, mas só porque era verdade; realmente todos na terra o estimavam, pois sendo ateu, era um bom ateu.

Mas então chegou um ano em que o nosso ateu, por diversas razões, parece que deu para se sentir ainda mais só. Esqueci de contar que ele era solteiro. Embora a cidade alimentasse um certo orgulho em possuir aquela singularidade—um ateu público—, as moças não sentiam coragem de casar com um homem assim marcado e que, mal expirasse, iria decretando para o inferno.

Veio uma peste canina e matou os dois cachorros perdigueiros; parecia castigo para mais agravar a solidão do pobre ateu. E os livros dele, de tão lidos e relidos, já não lhe contavam mais nada. De dia, o trabalho ajudava a fazer companhia; e de tarde tinha os amigos. Mas nessas eras antigas os homens eram muito religiosos e grande parte do tempo levavam na igreja: de manhã era a missa, de tarde o terço, de noite a novena, e a qualquer pequena festa, as procissões. E nessas horas numerosas em que toda a gente se metia na igreja, o ateu saía de casa, sentava à sombra do cruzeiro, sentia o cheiro bom do incenso queimando nos turíbulos, e lhe dava certa vontade de entrar, de ver o dourado nas vestes dos santos, e escutar o belo latim do padre. Mas continha-se; que diria o povo se o visse lá dentro?

Outras ocasiões de inveja tinha-as nos dias de procissão, quando todos os seus amigos vestiam uma opa de seda colorida e iam carregar o andor, as varas do pálio ou os tocheiros acesos, e ele ficava nas esquinas, as mãos penduradas dos cotovelos, na sua roupa velha do diário. Então voltava a trabalhar, embora fosse dia de festa, e ninguém se escandalizava com isso pois todos compreendiam a sua condição de ateu, embora lhe lamentassem a desventura.

E foi aí, na altura do fim desse ano, apareceu uma moça—por sinal sobrinha do padre—que se apaixonou pelo ateu. Como começou ninguém sabe, mas o amor tem disso: vai passando uma moça pela rua, vê um homem que toda a vida viu, e de repente sente um baque no peito e está amando aquele homem.

Ele a princípio ficou enternecido ante os olhos que ela lhe punha, tão doces e amigos; mas depois, descobrindo-se amado—ele, a quem ninguém amava—, começou a amá-la também.

E todas as pessoas do lugarejo lamentavam os namorados, sabendo que não podiam pensar em casamento, que o padre não iria entregar a sua ovelhinha inocente às mãos de um ateu confesso.

Assim chegou o Natal e foi arrumado o Presépio e começou a romaria dos visitantes que iam beijar o pé do Menino. E a namorada do ateu deu de teimar para que ele a acompanhasse nessa visita obrigatória. Ele dizia que não e só com muito custo consentiria em entrar na sala e ficar a um canto, enquanto ela fizesse a sua devoção. Mas assim a rapariga não aceitava:

—Que é que custa um beijo? Você não me beija?

Ele sorria:

—Mas você é gente, é de carne e eu lhe quero bem. O Menino, como vocês chamam, é um bonequinho de louça.

A moça argumentou que de louça também era a xícara que ele levava aos lábios e não lhe fazia mal nenhum. Ele então alegou o seu amor-próprio. Afinal era o ateu dali, o único. A moça nesse ponto começou a chorar, a dizer que se ele tinha mais amor-próprio do que amor a ela estava tudo acabado. O ateu se assustou com a ameaça e consentiu, embora constrangido. Acompa-nhou a moça triunfante; entrou na fila atrás dela, enfrentou os olhares de espanto. De um em um os devotos paravam diante da manjedoura, dobravam o joelho, rezavam uma jaculatória e beijavam o pé do Menino. Chegou a vez da namorada que, feita a sua reverência e dado o beijo, virou-se e sorriu para o seu bom ateu, a fim de o animar. Ele correu o olhar em torno e viu em todos o mesmo ar de animação e esperança. Resolveu-se: dobrou o joelho áspero, curvou a cabeça sobre os pezinhos do santo. E sentiu debaixo dos lábios, não o frio da porcelana, mas o calor da carne, o movimento, a pulsação da carne. Ergueu os olhos assombrado. Encarou o Menino e viu que Ele lhe sorria radioso, e dos olhos lhe saía uma luz que jamais olhos de louça teriam.

Dizem que o ateu caiu no chão, com os braços em cruz, chorando e adorando. E naquela noite de Natal acabou-se o único ateu do povoado.

Mas dizem também que ele não se casou com a namorada. Não podia, pois largou tudo e foi ser frade.

RACHEL DE QUEIROZ
De _O Brasileiro Perplexo_

Expressões úteis

1. no mais	...**no mais**, o ateu vivia como os outros.
	..._for the rest_, the atheist lived like the others.
2. mesmo quando	...**mesmo quando** se sentia mais solitário.
	..._even when_ he felt more alone.
3. com direito a	...não se achava **com direito à** ceia.
	...he didn't think he had _the right to_ supper.
4. igual a	...não existia nenhum ateu **igual a** ele.
	...there was no other atheist _equal to_ him.
5. tocar em assunto de	...quando a conversa **tocava em assunto de** religião.
	...when the conversation _touched upon_ religion.
6. mal	...um homem que **mal** expirasse, iria para o inferno.
	...a man who, _scarcely_ dead, would go to hell.
7. com muito custo	Só **com muito custo** consentiria em entrar na igreja.
	Only _with great difficulty (at high cost)_ would he consent to enter the church.
8. fazer mal	Não lhe **fazia mal** nenhum.
	It _was no bother_ to him.
	Não faz mal.
	No bother (harm).

9. meter-se em	E nessas horas numerosas em que toda a gente **se metia** na igreja.
	And during the bountiful time when everyone **was** in church.
10. não...mas	**Não** o frio de porcelana, **mas** o calor da carne.
	Not the...*but rather*...
11. dar	...lhe **dava** uma certa **vontade de**...
	...it *made* him *want to*...
	...**deu para** se sentir ainda mais só...
	...it *made* him feel even lonelier...
	...e a namorada do ateu **deu de** teimar para que...
	...and the atheist's girlfriend *began to* insist that...

Exercícios

1. Faça um resumo do conto completando as seguintes frases.

   1. O ateu se sentia mais solitário quando...
   2. Ele recusava os convites para cear porque...
   3. Enquanto todos os outros iam à missa o ateu...
   4. Sabe-se que o ateu se distinguia da outra gente só pela religião porque...
   5. O ateu era solteiro porque...
   6. Ele chegou a viver completamente sozinho quando...
   7. O ateu tinha amigos, mas passava a maior parte do tempo solitário porque...
   8. Nos dias de procissão o ateu...
   9. O ateu e a sobrinha do padre se enamoraram, mas um casamento entre eles não seria possível porque...
   10. O ateu não queria ir à igreja com a menina porque...
   11. Ao beijar o pé do Menino o ateu ficou surpreendido porque...
   12. No final de contas o ateu não pôde se casar com a menina porque...

2. Faça dez perguntas sobre esta leitura para seus colegas responderem na aula.

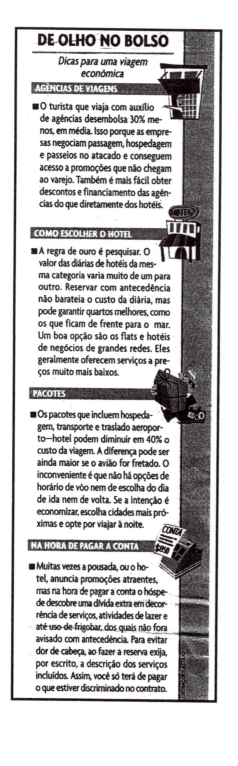

DE OLHO NO BOLSO

Dicas para uma viagem econômica

AGÊNCIAS DE VIAGENS

■ O turista que viaja com auxílio de agências desembolsa 30% menos, em média. Isso porque as empresas negociam passagem, hospedagem e passeios no atacado e conseguem acesso a promoções que não chegam ao varejo. Também é mais fácil obter descontos e financiamento das agências do que diretamente dos hotéis.

COMO ESCOLHER O HOTEL

■ A regra de ouro é pesquisar. O valor das diárias de hotéis da mesma categoria varia muito de um para outro. Reservar com antecedência não barateia o custo da diária, mas pode garantir quartos melhores, como os que ficam de frente para o mar. Um boa opção são os flats e hotéis de negócios de grandes redes. Eles geralmente oferecem serviços a preços muito mais baixos.

PACOTES

■ Os pacotes que incluem hospedagem, transporte e traslado aeroporto—hotel podem diminuir em 40% o custo da viagem. A diferença pode ser ainda maior se o avião for fretado. O inconveniente é que não há opções de horário de vôo nem de escolha do dia de ida nem de volta. Se a intenção é economizar, escolha cidades mais próximas e opte por viajar à noite.

NA HORA DE PAGAR A CONTA

■ Muitas vezes a pousada, ou o hotel, anuncia promoções atraentes, mas na hora de pagar a conta o hóspede descobre uma dívida extra em decorrência de serviços, atividades de lazer e até uso de frigobar, dos quais não fora avisado com antecedência. Para evitar dor de cabeça, ao fazer a reserva exija, por escrito, a descrição dos serviços incluídos. Assim, você só terá de pagar o que estiver discriminado no contrato.

Faça uma lista de recomendações que se deve ter em conta para planejar uma viagem econômica.

Gramática

1. Preterit vs. Imperfect/Pretérito Perfeito vs. Pretérito Imperfeito

There are two simple (one-word) past tenses in Portuguese: the preterit and the imperfect. These two forms represent the way the native speaker looks at and reports past reality. Consequently, a change in form necessarily implies a change in meaning, i.e., these two forms are not interchangeable.

To understand fully the uses of these forms, we need to look at the nature of events. Every event (i.e., happening) can be said to have three **aspects**:

1. a beginning or 'initiative' aspect:

   Suddenly I **felt** sick. ("began to feel sick")
   At 6 p.m. I **listened** to the news. ("began to listen")

2. a middle or 'imperfective' (non-finished) aspect:

   John **was reading** when Mary arrived. (was in the middle of reading)
   We **were drinking** when the explosion occurred. (in the middle of drinking)

3. an end or 'terminative' aspect:

   The vase **broke**. (process of breaking is reported as completed)
   She **landed** the plane with no problems. (landing is completed and reported as such)

Graphically, the event may be represented by the following line:

BEGINNING	MIDDLE	END
(Initiative)	(Imperfective)	(Terminative)

This division of an event into a beginning, a middle, and an end is used to explain the differences between the uses of the preterit and the imperfect in Portuguese.

A. The **preterit** is used in Portuguese to signal:

1. that the whole event (regardless of how long it lasted) is reported as having happened before the moment of speaking:

Viveu setenta anos.	He lived for seventy years.
Eu **saí** às onze.	I left at eleven o'clock.
Nós **dormimos** oito horas.	We slept for eight hours.
João **esteve** lá quinze anos.	John was there for fifteen years.

2. that an event is reported as having begun (initiative aspect) at a particular moment in the past:

Ele a **amou** desde o primeiro instante.	He loved her at first sight.
Ele **conheceu** Maria numa festa.	He met (began to know) Mary at a party.
Caminhou aos oito meses.	He walked when he was eight months old.

3. that an event is reported as having ended (terminative aspect) at a particular moment in the past.

Meu amigo **morreu** ao meio-dia.	My friend died at noon.
Despertamos às sete.	We woke up at seven o'clock.
Chegamos a tempo.	We arrived on time.
Quando **deram** as quatro eu parti.	When it was ("struck") four I left.

B. The **imperfect** is used in Portuguese to signal:

1. that an event was going on at some point in the past:

Nevava enquanto eu **estudava**.	It was snowing while I was studying.
Todos o **apreciavam**.	Everyone liked him.
Fazia calor.	It was warm.
Ele **fechava** a porta quando eu entrei.	He was closing the door when I came in.

2. a customary past action in contrast with another action in the present, i.e., an opposition between what used to happen in the past and what happens in the extended present (English signals habitual actions in the past by 'used to' or 'would' [in the sense of 'used to']):

Marta é electricista; antes **era** secretária.	Martha is an electrician,* before she was a secretary.
Eu **caminhava** três milhas por dia.	I used to walk three miles a day.
Antes **morávamos** num apartamento, mas agora temos casa.	Before we lived in an apartment, but now we live in a house.

3. a planned event which has yet to be executed (that was anticipated at some point in the past). This use of the imperfect, as well as 2 above, is a backshift of the present tense. For example, at the present moment of speaking, one would state:

Maria diz que partem hoje à noite. Mary says that they are leaving tonight.

When we "backshift" the above statement, the imperfect is used:

Maria disse que **partiam** essa noite. Mary said that they were leaving that night.

Similarly:

Eles dizem que vão ao cinema.	They say that they are going to the movies.
Eles disseram que **iam** ao cinema.	They said that they were going to the movies.

4. the reporting of time in the past:

Eram sete horas.	It was seven o'clock.
Era uma hora.	It was one o'clock.

Returning to the graphic, we can represent the uses of the preterit and the imperfect in the following manner:

BEGINNING   MIDDLE   END

(Imperfect)

Since the imperfect is used *only* to talk about the middle of an event (with total disregard as to when the event began or ended), while the preterit is used to focus our attention on the beginning or on the end of an event as well as to encompass the whole event, the following rule-of-thumb applies to the uses of the preterit and imperfect in Portuguese:

Use the preterit to report an event in the past

except

when reporting the middle ("imperfective aspect")

Exercício

1. Se for preciso, mude o tempo dos verbos das seguintes frases segundo a sugestão:

MODELO: Eu ia ao cinema **todos os dias**. (*três vezes no mês passado*)
Eu fui ao cinema três vezes no mês passado.

1. Minha família vinha **aos sábados**. (*nos verões*)
2. **Ontem** meu amigo e eu passeamos pelo parque. (*constantemente*)
3. **Sempre** me dava boas tardes. (*nunca*)
4. **No ano passado** nós fomos a Porto Rico. (*geralmente nos invernos*)
5. Eu caí **ontem**. (*sempre*)
6. **Todos os domingos** comíamos juntos e íamos ao cinema. (*uma vez*)

7. **Muitas vezes** eles se reuniam. (*às segundas-feiras*)
8. **Antigamente** havia muitas festas. (*a semana passada*)
9. João ficava doente **freqüentemente**. (*ontem à noite*)
10. **De manhã** a gente entrava na fila para esperar. (*durante o dia*)

2. Ponha-se nas seguintes situações e complete as frases de maneira apropriada.

1. Quando o telefone tocou eu...
2. Enquanto eu pagava a conta, o moço do hotel...
3. Quando tinha dezoito anos eu...
4. Quando o elevador parou entre dois andares eu...
5. Quando eu chamei o serviço de quarto, o telefonista...
6. Eu entrava no quarto e a empregada...
7. Decidimos ir ao cinema mas nossos pais... NÃO
8. Enquanto papai se registrava no hotel eu...
9. Quando eu liguei o número errado...
10. Depois de esperar oito meses por fim obtive um telefone e...

3. Notícia policial. Complete os espaços em branco com a forma correta de cada verbo.

Lisboa, 14 de Janeiro. Cerca das onze horas da noite, dois indivíduos _____ (conseguir) penetrar na casa da família X em Cascais, apoderando-se de algumas peças de prata que se _____ (encontrar) numa vitrina. Os larápios _____ (entrar) por uma janela e depois de partirem os vidros _____ (amarrar) a empregada da casa que _____ (intervir) ao ouvir o ruído.

Os sujeitos _____ (revistar) a casa metodicamente mas só _____ (levar) algumas peças de prata antigas e um casaco de pele porque _____ (ter) que saír precipitadamente do prédio quando _____ (ouvir) os donos da casa abrirem a porta dos fundos. Fora _____ (ser) aguardados por um carro que se _____ (pôr) em fuga na direção norte. Segundo uma fonte de informação as peças _____ (ser) valiosas.

A empregada não _____ (poder) dar uma descrição dos dois ladrões porque eles _____ (usar) máscaras que lhes _____ (ocultar) o rosto. Entretanto, os Senhores X _____ (fornecer) fotografias das peças roubadas para que elas fossem identificadas caso os assaltantes pretendessem negociá-las.

2. Repeated events in the past/A repetição de ações no passado

The guideline for the use of the preterit and the imperfect with repeated events is the same as for single events, but the focus is not on whether single events are imperfective or perfective, but rather whether or not the entire _series_ is. Consequently, the _preterit_ describes a series which began or ended, or a series that is complete:

> Até ontem ele **veio** aqui todos os dias.
> Until yesterday he came here every day.

> Ele sempre **foi** trabalhar à mesma hora até que se aposentou.
> He always went to work at the same time until he retired.

The imperfect, on the other hand, describes a series in progress(middle):

> Eu sempre **almoçava** à mesma hora.
> I always ate at the same time.

> Todas as tardes **nadávamos** no mar.
> Every afternoon we swam (used to swim) in the ocean.

Notice also that the preterit and the imperfect may be used to report the same event, although the speaker's _view_ of the event is different:

> (a) A fábrica **produzia** cem carros por ano.
> The factory produced a hundred cars per year.
> IMPLICATION: Whether it continues to do so or not is not signaled.

> (b) A fábrica **produziu** cem carros por ano.
> IMPLICATION: It is no longer producing a hundred cars per year.

Sentence (b) could be continued by saying:

> ...até 1977.
> ...até 1980 quando a produção aumentou para duzentos carros.

Similarly, for the pair:

> (a) José **contava** seu dinheiro todas as noites.

> IMPLICATION: Whether he still does or not is not relevant.

> (b) José **contou** seu dinheiro todas as noites.

> IMPLICATION: He no longer does so.

Possible continuations of (b) could be:

> ...até depositá-lo no banco.
> ...até que ele morreu.

However, notice that *mas agora ele se curou de sua mania* would be a correct continuation for both (a) and (b).

3. **Five special verbs**/Cinco verbos especiais

We have already seen that the preterit is used in Portuguese to view the beginning or the end of an event in the past. Notice that for **saber** and **conhecer** English uses "found out" and "met" to express the initiative aspect (beginning) of "knowing," whereas Portuguese simply uses the preterit of the particular verb:

Sabíamos a resposta	We knew the answer.	*(middle of knowing)*
Soubemos a resposta.	We *found out* the answer.	*(beginning of knowing)*
Conhecíamos esse artista.	We knew that artist.	*(middle of knowing)*
Conhecemos esse artista.	We *met* that artist.	*(beginning of knowing)*

The verbs **poder** *and* **ter** have a similar "change in meaning" in the preterit:

Podíamos ir.	We could go.	*(middle of being able)*
Pudemos ir.	We *managed to* go.	*(end of event: we were able to go and did)*
Tínhamos que arrumar a casa.	We had to clean the house.	*(middle of having to)*
Tivemos que arrumar a casa.	We *had to (and did)* clean the house.	*(end of event: had to and did)*

And note the following translations of the preterit of **querer**, for which the presence or absence of **não** makes a difference:

Queríamos chamar o serviço de quarto.	We wanted to call room service.	*(middle of wanting)*
Quisemos chamar o serviço de quarto.	We *tried* to call room service.	*(end of wanting: we wanted to but did not succeed.)*
Não queríamos chamar o serviço de quarto.	We didn't want to call room service.	*(middle of not wanting)*
Não quisemos chamar o serviço de quarto.	We *refused* to call room service.	*(end of event: we didn't even want to and therefore didn't try)*

Exercícios escritos

1. Preencha os espaços em branco com o pretérito ou o imperfeito do verbo entre parênteses.

Ontem eu ——————— (visitar) pela primeira vez uns velhos amigos que agora moram perto de um lago do interior deste país, o que me ———————— (trazer) à memória algumas boas lembranças da minha juventude. Quando eu ——————— (ser) jovem, minha família ——————— (estar) acostumada a passar uns quinze dias na praia da Pedra Velha. Nós ——————— (ir) para lá nos fins de agosto e ——————— (ficar) hospedados num hotelzinho que se ——————— (encontrar) perto da praia, mas não longe do "centro" da cidade, que ——————— (constar) de duas lojas, um restaurante-bar, e ao mais um par de dúzias de casas pequenas que ——————— (formar) uma fita que se ——————— (estender) desde o cume de uma colina até à beira mar. Não ——————— (ser) esse um hotel de luxo, mas ——————— (ter) todas as comodidades: quartos bastante simples mas com banheiros privados, tapetes e boas vistas do mar. Todos os empregados ——————— (ser) amáveis e o restaurante ——————— (ser) limpo e se ——————— (servir) nele boas comidas que sempre nos ——————— (apetecer), refeições tão boas que papai sempre ——————— (pedir) a pensão completa para nós.

Lembro-me agora da última vez que nós ——————— (ir) a esse lugar. Eu ——————— (ter) quinze anos e naquela altura ——————— (estudar) no Liceu São Francisco. Nessa sexta-feira de verão nós ——————— (partir) de casa à tarde e ——————— (chegar) ao hotel cerca da hora do jantar. O porteiro de sempre nos ——————— (saudar) e ——————— (levar) nossas malas para o vestíbulo. O hoteleiro, um homem simpaticíssimo que se ——————— (tornar) amigo do meu pai no primeiro instante em que ele o ——————— (conhecer), ——————— (dar) um grande abraço de amizade a seu camarada e lhe ——————— (dar) todas as notícias que ———————— (faltar) ao outro. Depois que nosso pai se ——————— (registrar), ele nos ——————— (levar) ao nosso quarto no terceiro andar—só ———————— (haver) três andares—e logo nos ——————— (chamar) para jantar. ———————— (Ser) então que ——————— (começar) as férias: quinze días ao sol que por nós poderiam durar a vida inteira!

HOTEL EMBAIXADOR

100 QUARTOS, TODOS COM CASA DE BANHO PRIVATIVA, RÁDIO E TELEFONE

**COCKTAIL BAR ◆ SNACK-BAR
BAR ◆ CABELEIREIRO
MIRADOURO ◆ AR CONDICIONADO**

2. Escreva as seguintes frases em português.

1. I found out only yesterday that you had his address.
2. He tried to open the door but couldn't.
3. How did you find out that I wanted to stay at home?
4. They refused to go with us.
5. We went to a party with a boy Mary knew.
6. I knew him while I was in Portugal. Where did you meet him?
7. He knew that we could go, but he didn't invite us.
8. They succeeded in making the reservation.
9. I had to call the operator three times and then I managed to complete the call.

Porto Seguro

A PARTIR DE 520 REAIS

É um dos destinos turísticos mais concorridos – e baratos – da região. A cidade está cercada de belas praias, onde sempre há festas e muita animação.

Passeios incluídos no preço
Pelas praias de Lençóis, Mutá e Coroa Vermelha, com visita a atrações históricas, como o Marco do Descobrimento do Brasil.

Atrativos não incluídos nos pacotes
● Visita a Arraial d'Ajuda e Trancoso, a 25 quilômetros de Porto Seguro.
● Passeio ao Parque Marítimo dos Recifes de Fora, uma imensa barreira de corais no meio do oceano. Acesso por escunas ou lanchas. Custa 50 reais.

O que as agências não vão lhe dizer
● Na Passarela do Álcool, principal centro de agito da cidade, é comum a ação de batedores de carteira.
● Por segurança, prefira passeios de agências credenciadas pela Marinha.

Aracaju

A PARTIR DE 868 REAIS

A capital de Sergipe possui dezenas de praias pouco movimentadas e mantém em seu centro histórico uma bela imagem da arquitetura do século XIX.

Passeios incluídos no preço
Praia de Atalaia e Colina de Santo Antônio, centro histórico de Aracaju.

Atrativos não incluídos nos pacotes
● Passeio de escuna até a foz do Rio São Francisco, na divisa com Alagoas. Custa 50 reais e dura o dia inteiro.
● Excursão pelos cânions de Xingó, no Rio São Francisco. O passeio dura doze horas e custa 70 reais.

O que as agências não vão lhe dizer
● A Rua 24 Horas, onde se vende artesanato durante o dia, transforma-se numa área perigosa à noite.
● Muitos táxis não possuem taxímetro e cobram preços exorbitantes. Peça a referência de uma empresa no hotel.

Num mapa do Brasil localize as cidades de Aracaju e Porto Seguro e leia a informação sobre estes dois lugares turísticos. Qual você escoheria para passar um fim de semana? Por quê?

Exercício

1. Telefone para o Hotel Gaivota para verificar os "ótimos preços."
2. Você prefere nadar numa piscina ou no mar? Por quê?
3. Escolha um dos hotéis mencionados, e escreva uma carta para reservar um quarto para o próximo fim de semana. Indique o tipo de quarto que você deseja reservar.
4. Descreva em forma de anúncio o hotel de seus sonhos.

Temas para conversação ou redação

1. Registrando-se num hotel.
2. Chamando o serviço de quarto.
3. Queixando-se ao gerente.
4. Pagando a conta e saindo.
5. Lembranças das férias passadas.
6. Uma notícia policial.
7. Experiências de uma empregada em um hotel de luxo.
8. Ponha-se no lugar de um / a empregado / a de um grande hotel. Explique a sua teoria sobre a relação entre as personalidades dos vários hóspedes e as gorjetas que eles lhe dão.

O Arte do Furto

Seja por fetiche, cleptomania ou mesmo vingança, há gente que pratica a milenar arte do furto. Quais serão os produtos mais furtados dos seguintes lugares dentro do hotel?

Quarto	Bar	Restaurante	Lojas

Questionário de Avaliação de Hotéis

Escreva perguntas para o seguinte questionário de avaliação de hotéis:

O atendimiento do pessoal	1. Check-in e check-out são rápidos? 2. As explicações são claras? 3. 4. 5.
Equipamentos	1. Tem ar condicionado? 2. Tem frigobar? 3. 4. 5.
Serviços	1. Tem restaurante? 2. A comida é boa? 3. 4. 5.
Saúde e segurança	1. Há atendimento médico de urgência? 2. Tem estacionamento seguro? 3. 4. 5.
Área social	1. Há atividades esportivas e recreativas? 2. Se há piscina, tem salva-vidas? 3. 4. 5.
Outras perguntas	1. 2. 3. 4. 5.

FOLHA => HOJA DE PAPEL

Terceira Unidade

O banco

Recapitulação

Object pronouns/Os pronomes oblíquos

1. Direct, Indirect and Reflexive Pronouns

	Direct Pronouns		*Indirect Pronouns*		*Reflexive Pronouns*	
1st person	**me**	**nos**	me	**nos**	me	**nos**
2nd person	**te**	**[vos]**	te	**[vos]**	te	**[vos]**
3rd person	**o, a**	**os, as**	**lhe**	**lhes**	**se**	**se**

2. Object of preposition pronouns

para **mim**   para **nós**
para **ti**   [para **vós**]
para **você, ele, ela** para **vocês, eles, elas**

Except with preposition **com**:

comigo   conosco*    *CON NOSOTROS*
contigo   [convosco]
com você, ele, ela com vocês, eles, elas

* Written **connosco** in European Portuguese.

(Para) si and **consigo** are reflexive objects of preposition pronoun in both singular and plural.

53

Vocabulário Temático

O banco

	Brasil e Portugal	Brasil	Portugal
bank	o banco		
— employee	o (empregado) bancário		
— "owner"	o proprietário do —, o banqueiro		
— branch	a sucursal		
check	o cheque		
traveler's —	o — de viagem		
—book	o livro/talão/ caderno de cheques		
account	a conta		
checking —	a conta corrente		a conta à ordem
savings —	o depósito a prazo, a cardeneta de poupança		
— balance	o saldo		
interest	os juros		
schedule	o horário		
cashier	o caixa		
teller's window		o guichê	o guichet
vault	a caixa-forte, o cofre		
ATM	caixa automática		
vault	a caixa-forte, o cofre		
bill (currency)	a nota		
coin	a moeda		
change	o troco		
cents		os centavos	os céntimos
loan	o empréstimo		
mortgage	a hipoteca		
stock market	a bolsa de valores		
— shares		as ações	as acções
receipt	o recibo		
to fill out	preencher (o impresso)	encher	
to invest	investir, fazer investimentos		
to borrow	pedir emprestado		
to lend	emprestar		
to cash (a check)	descontar um cheque		levantar um cheque
to deposit	depositar		
to withdraw	retirar		

	Brasil e Portugal	Brasil	Portugal
to change (money)	trocar dinheiro		
money exchange	o câmbio		
monetary units	unidades monetárias		
	o dólar		
	o euro		
	o real		
	o peso		
	a libra		
	o iene		
	a coroa		

Diálogo

Num banco de Lisboa

Luís dos Santos é americano, filho de pais portugueses. Está a passar as férias em Lisboa com uns primos seus. Entra num banco na Avenida da Liberdade e se dirige a um empregado.

Luís Boa tarde.
EMPREGADO Boa tarde. Em que posso servi-lo?

CHECKINGS ACCOUNT = CONTA CORRENTE

Descontar

Luís	Queria levantar uns cheques de viagem. A quanto está o dólar?
Empregado	A 0,856[1] euros e não há taxa de serviço.
Luís	Está bem. Tenho quatro cheques de vinte dólares cada um.
Empregado	Já assinou todos?
Luís	Assinei-os enquanto esperava.
Empregado	Muito bem. O seu passaporte, se faz favor. A sua morada?
Luís	Estou no Hotel Internacional. É ali perto dos Restauradores.[2] Não sei a direcção.
Empregado	Conheço…fica no Rossio.[3] Não tem importância o número—só é necessário quando é residência particular. Assine o recibo aqui, se faz favor. Aqui está a sua ficha—pode passar à caixa a receber o dinheiro quando o caixa chamar o seu número.
Luís	Obrigado.

Uns momentos depois o caixa diz em voz alta:

Caixa	Sessenta e oito!
Luís	É o meu.
Caixa	Aqui tem…cinqüenta, sessenta, setenta, oitenta, oitenta e seis, mais quarenta e oito céntimos.
Luís	Faz favor, prefiro que me troque a nota de cinquenta. Pode me arranjar duas notas de vinte euros e uma de dez euros?
Caixa	Com certeza. Vinte, quarenta, cinqüenta.
Luís	Chega…muito obrigado. Qual é o horário do banco?
Caixa	Está aberto todos os dias úteis das nove da manhã às duas da tarde. Ao sábado somente até meio-dia.
Luís	Obrigado, até à próxima.
Caixa	De nada. Boa tarde…Sessenta e nove!

[1] At the time of printing.
[2] A Praça dos Restauradores fica no extremo sul da Avenida da Liberdade.
[3] No centro comercial, ao sul da Praça dos Restauradores.

Perguntas sobre o diálogo

1. Por que Luís foi ao banco? O que ele perguntou ao empregado?
2. Quantos cheques tinha Luís?
3. Assinou os cheques perante o empregado?
4. O que é que o empregado pediu?
5. Onde é que Luís estava hospedado?
6. Para que o empregado deu uma ficha ao Luís?
7. Quanto dinheiro recebeu Luís?
8. Por que é que Luís pediu o horário do banco?

Perguntas diversas

1. Qual é o horário bancário em Lisboa? No Brasil? Nos Estados Unidos?
2. Quais são as vantagens de ter uma conta corrente?
3. Onde se pode pedir emprestado? Qual é a diferença entre **pagar à vista** e **pagar a prazo?** — LARGO PLAZO
4. Onde é que o banco guarda o dinheiro à noite?
5. Há diferenças entre um banco português e um americano? Quais?
6. É fácil conseguir uma hipoteca neste país?
7. Quais são outras maneiras de trocar dinheiro no estrangeiro além de levar dinheiro ou cheques de viagens?
8. Onde se pode descontar cheques numa universidade?
9. É melhor fazer investimentos ou guardar o dinheiro num banco?
10. Qual é a unidade monetária de cada um dos seguintes países?

(os) Estados Unidos _____

o Japão_____

a Alemanha _____

a Bélgica _____

(a) Inglaterra _____

o Canadá_____

(a) França _____

a Argentina _____

(a) Itália_____

a Dinamarca_____

o Brasil _____

a Suíça_____

Portugal _____

a Rússia_____

o México_____

a China _____

(a) Espanha_____

Gramática

1. 1st and 2nd person object pronouns /
Pronomes oblíquos das 1ª e 2ª pessoas

A direct object answers the question **what?** or **whom?** about the verb:

Eu comprei **o livro**.	O que você comprou? (**O livro**)
Ela conhece **o João**.	Quem é que ela conhece? (**O João**)

An indirect object answers the question **to whom?** or **for whom?** about the verb.

Eu falei **ao José**.	A quem você falou? (**Ao José**)
Eu comprei tudo **para ela**.	Para quem comprou tudo? (**Para ela**)

As seen in the last example above, it is possible for a sentence in Portuguese to have both a direct object and an indirect object. The role of each object in relation to the verb is marked by the fact that direct objects are never preceded by a preposition, whereas nouns functioning as indirect objects are *always* preceded either by the preposition **a** or **para**. Although **a** is usually used to express 'to' and **para** to express 'for', in spoken Brazilian Portuguese either **a** or **para** may be used to mean 'to':

Falou ao Pedro?	
Falou para o Pedro?	Did you speak to Peter?

First and second person object pronouns are the same in Portuguese for both direct and indirect objects:

1st	**me**	**nos**
2nd	**te**	[**vos**]

In Brazilian Portuguese these pronouns are generally placed before the verb whereas in Portugal they are generally placed after the verb (and attached to it by a written hyphen):

Brazil		*Portugal*	
Direct Object	*Indirect Object*	*Direct Object*	*Indirect Object*
Ele **me** conhece.	Ele **me** fala.	Ele conhece-**me**.	Ele fala-**me**.
Elas **nos** saudaram.	O professor **nos** ensinou muito.	Elas saudaram-**nos**.	O professor ensinou--**nos** muito.
		Eu vi-**te** ontem.	O João escreveu--**te** uma carta.

Note: in European Portuguese the pronoun will not follow the verb in the following cases:

1. When a negative word comes before the verb:

> Ele não me conhece.
> Os alunos nunca me falam.
> Nenhum nos escreve com freqüência.

2. In interrogative sentences:

> Quem me chamou?
> Quando nos deu isso?

3. In subordinate clauses:

> Saí da aula porque me ofendeu.
> Ele disse que nos falou ontem.

4. If the verb would otherwise be preceded by one of several adverbs (**aqui, assim, ainda, bem, já, logo, mal, pouco, também**) or **tudo, bastante, outro, ambos** or **todo:**

> Sempre te digo a verdade.
> Todos os alunos me chamaram.
> Aqui os têm, senhores.
> Bastantes pessoas me enviam cartões.

Exercício oral

1. Mude as seguintes frases segundo os modelos.

MODELO: Foi João que me chamou. Não foi Helena que nos deu isso.
O João me chamou. Helena não nos deu isso.
Chamou-me. Não nos deu isso.

1. É ele que me visita freqüentemente.
2. Foi ela que nos falou ontem.
3. Não foi aquele que me abriu a conta.
4. Foi ela que te descontou o cheque.
5. Não foram eles que me pagaram a prazo.
6. Foi papai que nos reservou o quarto.
7. Foi Maria que me pediu uma linha.
8. É o irmão que nos deposita o dinheiro.

Abra uma conta no Banco do Brasil. Você vai sacar muita coisa.

Vai sacar, por exemplo, as vantagens de ser cliente da maior rede bancária da América Latina.
Verá o que quase 1.000 agências distribuídas por todo o País (e 28 dependências no exterior) podem transar por você.
E mais: Cheque-Ouro, cheque de viagem, todos os serviços bancários; com rapidez e eficiência.
Você vai poder viajar sem grito. Em todo lugar existe uma agência do Banco do Brasil.
Aqui e nos principais centros financeiros do mundo, pare na nossa. Use o Banco do Brasil.

BANCO DO BRASIL S. A.

1. Segundo este anúncio, por que você deve abrir uma conta no Banco de Brasil?
2. Pense em cinco perguntas sobre as pessoas da foto para fazer a seus colegas.

2. Third person object pronouns/
Pronomes oblíquos da 3ª pessoa

As seen in the _Recapitulação,_ third person direct and indirect object pronouns do not share the same forms:

Direct Object	Indirect Object
o(s), a(s)	**lhe(s)**

Therefore, in order to use the pronouns correctly you must distinguish between the roles played in the sentence by the direct and the indirect objects. For verbs which accept both a direct and an indirect object the distinction is clear:

A filha comprou **uma dúzia de rosas** _(direct)_ para **sua mãe** _(indirect)._
A filha **as** _(direct replacement)_ comprou para sua mãe.
A filha **lhe** _(indirect replacement)_ comprou uma dúzia de rosas.

For verbs which accept only a single object or for sentences which include only one object, rewriting the sentence with a stated object will nearly always reveal the role of that object in the sentence, since the stated indirect objects must be preceded by a preposition ("to, for"):

João a conhece.
O professor lhe fala.

João conhece Maria. _(direct)_
O professor fala a (para) Maria. _(indirect)_

Eu os vejo todos os dias.
O Pedro lhes pediu
um favor.

Eu vejo os pais todos os dias. _(direct)_
O Pedro pediu um favor
aos seus irmãos. _(indirect)_

The placement of direct object pronouns **o, os, a, as** and indirect object pronouns **lhe, lhes** is the same as **me, te, nos.** In spoken Brazilian Portuguese placement of the pronoun before the verb is preferred; European Portuguese prefers to place the pronoun after the verb.

Brazil

O João os conhece.
Eu lhe pedi um favor.
Ele a viu na praia.
O Roberto lhe falou ontem.

Portugal

O João conhece-os.
Eu pedi-lhe um favor.
Ele viu-a na praia.
O Roberto falou-lhe ontem.

Note: The same restrictions noted in section 1 above for placement of 1st and 2nd person object pronouns in European Portuguese are also valid for 3rd person object pronouns:

Ele não o conhece.
Quem lhe disse isso?

Ele disse que lhe falou ontem.
Sempre lhes digo a verdade.

When **o, os, a,** or **as** is attached to a verb form ending in **-m** or **-ão**, the pronoun becomes **-no, -nos, -na, -nas**:

Aceitaram-no. *(o cheque)*	They accepted it.
Compraram-nas. *(as laranjas)*	They bought them.
Dão-nos ao José. *(os jornais)*	They give them to José.

When **o, os, a,** or **as** is attached to a verb form ending in **-s** or **-z**, the **-s** or **-z** changes to **-l** and is attached to the beginning of the pronoun:

Vimo-lo.	We saw him (it).
Fê-lo ontem.	She did it yesterday.
Fá-lo à tarde.	He does it in the afternoon.
Fí-lo ontem.	I did it yesterday.

Notice that if the resulting final vowel of the verb is **e**, it is written with a circumflex (ˆ); final **a** and **i** are written with an acute accent (´).

Exercícios de verificação: os pronomes

Substitua os pronomes das seguintes frases.

1.

	Não os vimos.
o gerente	Não o vimos.
as revistas	Não as vimos.
as moças	Não as vimos.
a conta	Não a vimos.
os pais	Não os vimos.
o Joaquim	Não o vimos.
você e meu irmão	Não os vimos.

2.

	Não lhe pedi troco.
ao caixa	Não lhe pedi troco.
aos pais	Não lhes pedi troco.
a ela	Não lhe pedi troco.
ao empregado	Não lhe pedi troco.
aos empregados	Não lhes pedi troco.
ao tio Zé	Não lhe pedi troco.

Exercícios orais

1. Responda às seguintes perguntas segundo o modelo.

MODELO: Onde você comprou o livro?
Eu o comprei (na livraria).
Comprei-o (na livraria).

1. Onde o **José** descontou o cheque?

  2. Quando vocês depositaram o dinheiro?
  3. Onde você levou sua noiva ontem?
  4. Onde ele pôs as moedas?
  5. Quando você abriu a porta?
  6. Onde é que vocês viram o meu irmão?
  7. Por que eles venderam essa carteira de madeira?
  8. Onde você conheceu esses rapazes?
  9. Quando é que você recebe o seu ordenado?
10. Onde eles investiram o seu capital?

2. Responda às seguintes perguntas _negativemante_ segundo o modelo.

Modelo: Você comprou os jornais?
          Não, não os comprei.
  1. Você tem o recibo?
  2. Eles retiraram o dinheiro?
  3. O Zé já pagou a hipoteca?
  4. A criada limpou o quarto?
  5. Vocês reservaram os quartos?
  6. Ele pagou a conta?
  7. Vocês preencheram os impressos?
  8. Você pagou a importância total da conta?
  9. Ele assinou o documento sem ler?
10. Ela trocou a nota de mil?

3. Responda às seguintes perguntas segundo o modelo.

Modelo: Quando você falou ao professor?
          Eu lhe falei (ontem).
          Falei-lhe (ontem).
  1. Quando você deu o livro ao João?
  2. Quando ela escreveu a carta ao Antônio?
  3. Por que ele disse tudo ao gerente?
  4. O que você entregou ao caixa?
  5. Onde você me comprou esse café?
  6. Quando foi que a sua mãe fez a comida para os seus irmãos?
  7. Por que você não preparou a lição para a Maria?
  8. Quando vocês explicaram isso ao Alfredo?

4. Responda às seguintes perguntas _negativamente_ segundo o modelo.

Modelo: Você falou ao professor?
          Não, não lhe falei.
  1. Você leu o livro à criança?

 2. Ele mandou o pacote ao avô dela?
 3. Já pediste uma linha à telefonista?
 4. O novo carro agrada ao João?
 5. Vocês venderam a casa para a sua mãe?
 6. Já descontaste o cheque para a Luísa?
 7. Eles mostraram o catálogo ao homem?
 8. Você explicou o negócio aos seus pais?

5. Responda segundo o modelo.

MODELO: Onde é que você comprou esse carro?
            Eu o comprei (em São Paulo).
    OU: Comprei-o (em Lisboa).

 1. Onde é que você comprou esse livro?
 2. Quantas vezes você escreve a seus pais?
 3. Por quanto tempo vocês falaram com o professor?
 4. Quando é que vocês pagam o aluguel?
 5. Com que freqüência vocês lêem *Veja*?
 6. Onde foi que você conseguiu essas flores?
 7. Quando foi a última vez que vocês fizeram as contas?
 8. Quando foi que você telefonou para seu amigo em Cuiabá?
 9. Quando foi que ele disse que comprava os ingressos?
10. Com que freqüência você recebe seu ordenado?

3. Variation in the use of object pronouns/
Variação no uso dos pronomes oblíquos

When answering yes/no questions (and in general when the pronoun reference is clear from context), direct and indirect object pronouns are often not used.

Você conhece esse rapaz?   Conheço. *or* Conheço, sim.
Você falou ao chefe?   Falei. *or* Falei, sim.
Vocês não viram esse filme?   Não vimos. *or* Não vimos, não.

In colloquial Brazilian Portuguese:

1. Third person direct objects referring to human beings may be replaced by a subject pronoun corresponding to the direct object, in which case the pronoun follows the verb:

Conheço ele há muito tempo.
Vimos você na praia ontem.

2. An indirect object may be replaced by an object of preposition pronoun, in which case the preposition is retained:

> Você está falando para mim?
> O chefe mandou os livros para ele.
> Digo tudo a você.

3. Both a direct *and* an indirect object cannot be replaced in a given sentence unless the indirect is replaced by a prepositional object pronoun:

> Eu dei o livro para a Maria.　　Eu o dei para a Maria.
> 　　　　　　　　　　　　　　　Eu lhe dei o livro.
> 　　　　　　　　　　　　　　　Eu o dei para ela.

In European Portuguese, such double substitution is possible, and the following contracted forms of direct object and indirect object pronouns are used:

me + o = mo (mos, ma, mas)　　Ele deu-mo.　　He gave it to me.
te + o = to (tos, ta, tas)　　　Disse-to?　　　Did she tell it to you?
nos + o = no-lo (no-los, no-la, no-las)
lhe + o = lho (lhos, lha, lhas)

Exercícios

1. Responda segundo o modelo.

MODELO:　　PROFESSOR　Você comprou esse livro para o João?
　　　　　　1º ALUNO　Não o comprei para ele. Comprei para mim.
　　　　　　2º ALUNO　Mas você nunca faz nada para ele.

1. Você reservou esse quarto para seus pais?
2. Você pediu essa ligação internacional para a Sônia?
3. Você abriu essa conta para sua filha?
4. Você trocou o dinheiro para essa estrangeira?
5. Você fez essa caipirinha para mim?
6. Você preparou as frutas para Papai?
7. Você marcou a hora para sua irmã?
8. Você arranjou esse empréstimo para seu tio?
9. Você comprou essa aliança para sua futura esposa?
10. Você trouxe os bombons para nós?

2. Diga e escreva em português.

1. I gave the book to John. You gave it to him?
2. We cashed the checks for them. You cashed them for them?
3. He bought me a cup of coffee. He bought it for you?

4. She loaned me the money. She loaned it to you?
5. The cashier changed the bill for me. He changed it for you?
6. I reserved the room for him. You reserved it for him?
7. Did he pay the telephone bill for you? Yes, he paid it for me.
8. Did Mary introduce you to the new teacher? Yes, she introduced me to her.
9. He signed the checks for me and I cashed them at the bank.
10. I called (*telephoned*) you yesterday but the maid told me you weren't at home.

4. Reflexive constructions/Construções reflexivas

If the verbal object of a sentence restates (is the same person or thing as) the subject of the sentence, a reflexive pronoun is used. First and second person reflexive pronouns have the same form as direct and indirect object pronouns (**me, te, nos**); the third person reflexive pronoun is **se** in both the singular and the plural:

Non-Reflexive	*Reflexive*
Ele vê os quadros.	Ele se vê no espelho.
He sees the paintings.	He sees himself in the mirror.
Você serviu a sobremesa aos convidados?	Você se serviu de sobremesa?
Did you serve dessert to the guests?	Did you serve yourself dessert?
Acho o Pedro inteligente.	O Pedro se acha inteligente.
I find (*consider*) Pedro intelligent.	Pedro finds (*considers*) himself intelligent.

The reflexive may also be used for a reciprocal meaning, i.e., when two or more persons do the same action to each other:

Eu e meu amigo nos escrevemos.
My friend and I write to each other.

Esses dois sempre se olham.
Those two always look at each other.

Todo mundo se conhece?
Does everyone know each other?

But notice that these sentences are ambiguous, since **nos vemos** both means "we see ourselves" as well as "we see each other." The reciprocal meaning may be made clear by using **um ao outro (uma à outra)** or **uns aos outros (umas às outras)**:

> Essas duas moças sempre se ajudam uma à outra.
> Eu e meu amigo nos escrevemos um ao outro.

The preposition **para** may also be used in the reciprocal construction:

> Eles se olham uns para os outros.
> Eu e o José nos escrevemos um para o outro.

(In colloquial Brazilian Portuguese the reflexive pronoun is deleted if reciprocal **um ao outro** is used.)

Prepositional object pronouns may also be used reflexively and optionally followed by the intensifier **mesmo**:

Non-Reflexive

O João compra tudo
  para mim.
John buys everything
  for me.

Ela fala muito com os gatos.
She talks to the cats a lot.

Reflexive

O João compra tudo
  para si (mesmo).
John buys everything
  for himself.

Ela fala muito consigo (mesma).
She talks to herself a lot.

The placement of reflexive pronouns is the same as other verbal object pronouns.

Note: In very informal Brazilian speech the reflexive pronoun is often deleted (**Já vestiu?** 'Have you already dressed [yourself]'). Since this usage is considered nonstandard by many speakers, it is better to avoid the deletion of the reflexive pronoun.

Exercício de verificação: construções reflexivas

Faça as seguintes substituições:

1.   As crianças se olham no espelho.
   o senhor   O senhor se olha no espelho.
   nós   Nós nos olhamos no espelho.
   eles   Eles se olham no espelho.
   a Iara   A Iara se olha no espelho.
   eu   Eu me olho no espelho.

2.

	Os meninos se batiam violentamente.
nós	Nós nos batíamos violentamente.
as irmãs	As irmãs se batiam violentamente.
todos	Todos se batiam violentamente.
vocês	Vocês se batiam violentamente.
eu e ela	Eu e ela nos batíamos violentamente.

3.

	Eles compravam isso para si mesmos.
o doutor	O doutor comprava isso para si mesmo.
você	Você comprava isso para si mesmo/a.
elas	Elas compravam isso para si mesmas.
eu	Eu comprava isso para mim mesmo/a.

Exercícios orais

1. E o que aconteceu ontem?

1. Todos os dias o despertador toca às sete. E ontem?
2. Eu me espreguiço imediatamente. E ontem?
3. Eu me levanto logo. E ontem?
4. Sempre me lavo e me penteio antes de comer. E ontem?
5. Eu me visto rapidamente. E ontem?
6. Depois preparo o café da manhã E ontem?
7. Enquanto o tomo escuto as notícias. E ontem?
8. Logo escovo os dentes. E ontem?
9. E finalmente vou para a escola. E ontem?

2. Mude as frases 2-9 do exercício anterior para **nós**; para **meu irmão**.

3. Responda às seguintes perguntas.

1. O que você fez ontem à noite antes de se deitar?
2. Por que a professora se acha trabalhadora?
3. Quando é que você se tranca em casa?
4. Os alunos se preocupam com as notas?
5. Como é que você se sente depois duma boa refeição?
6. Com o que você se assusta facilmente?
7. Quando é que as pessoas se entreolham?
8. Você se deprime freqüentemente?

FILA DE RECLAMAÇÕES

Desde a criação do Código de Defesa do Consumidor no Brasil, os bancos estão entre as empresas com maior número de queixas registradas cada ano. Você experimentou alguma vez um ou mais dos seguintes problemas?

	SIM	NÃO
1. Cobrança de taxas consideradas exageradas		
2. Cobrança de taxas indevidas		
3. Inclusão do nome do correntista no Serviço de proteção		
4. Falha na compensação de cheques e ordens de pagamento		
5. Erros em transações eletrônicas		
6. Contratos redigidos de forma imprecisa ou contendo cláusulas abusivas		

Faça um questionário para as reclamações mais frequentes da companhia de telefones ou dos hotéis.

5. Numbers/Os números

1 um / uma	20 vinte	21 vinte e um, etc.
2 dois / duas	30 trinta	
3 três	40 quarenta	
4 quatro	50 cinqüenta	
5 cinco	60 sessenta	
6 seis	70 setenta	
7 sete	80 oitenta	
8 oito	90 noventa	
9 nove	100 cem	
10 dez	200 duzentos(-as)	
11 onze	300 trezentos (-as)	
12 doze	400 quatrocentos (-as)	
13 treze	500 quinhentos (-as)	
14 catorze	600 seiscentos (-as)	
15 quinze	700 setecentos (-as)	
16 dezesseis*	800 oitocentos (-as)	
17 dezessete*	900 novecentos (-as)	
18 dezoito	1000 mil	
19 dezenove*	1.000.000 um milhão (dois milhões, etc.)	

* **Dezasseis, dezassete** and **dezanove** in European Portuguese.

1. Compound numbers above 20 are formed by placing **e** between all the elements (millions, hundreds, tens, and the units 1-9) _except_ between millions and thousands and between thousands and hundreds:

millions	thousands	hundreds		tens		units	
cento e dez milhões	duzentos e vinte mil	novecentos	e	oitenta	e	um	escudos
cento e dez milhões	duzentas e vinte mil	novecentas	e	oitenta	e	uma	pesetas

Note: Place **e** between thousands and hundreds when no other number follows the hundreds: **mil e quinhentos.**

2. If a number is followed by a noun, the numbers 1 **(um/uma)**, 2 **(dois/duas)**, and hundreds must agree with the noun, except that before **milhão/ões** where only the masculine form is used.

3. **Cem** becomes **cento** (serving for masculine and feminine) from 101 to 199; **mil** is never made plural.

4. **De** is placed after **um milhão (dois milhões,** etc.) if a noun _follows directly_ after the millions number (**dois milhões de moças,** but **três milhões duzentos e noventa moços**).

5. Note the different conventions for number writing:

English	Portuguese
10,000	10.000 (= ten thousand)
41.5	41,5 (= forty-one and five tenths)

Exercícios

1. Conte em português...

1. de cinco em cinco até ao número cento e cinco.
2. de dez em dez de cento e dez a duzentos e vinte.
3. de cem em cem até mil e quinhentos.

2. Diga e escreva em português:

1. 9	8. 591	15. 1.009.372
2. 42	9. 19	16. 29
3. 123	10. 63	17. 86
4. 64	11. 849	18. 1.322
5. 687	12. 236.461	19. 37
6. 63	13. 77	20. 99
7. 1.001	14. 17.800	21. 525.823.013

3. Diga e escreva segundo o modelo:

MODELO: $2 + 3 = 5$ Dois e (mais) três são cinco.
         $8 - 4 = 4$ Oito menos quatro são quatro.
         $4 \times 2 = 8$ Quatro vezes dois são oito.
        $10 \div 5 = 2$ Dez dividido por cinco são dois.

1. $10 + 5$	11. 5×5
2. $30 + 50$	12. 40×3
3. $80 + 50$	13. 200×5
4. $1.000 + 413$	14. 150×4
5. $50.000 + 3.211$	15. 275×10
6. $100 - 3$	16. $49 \div 7$
7. $800 - 400$	17. $50 \div 5$
8. $47 - 9$	18. $15 \div 3$
9. $1.010 - 95$	19. $100 \div 10$
10. $20.230 - 5.200$	20. $10.000 \div 100$

4. Perguntas.

1. Quantos anos você tem?
2. Quanto é a matrícula nesta universidade?
3. Quantos dias há num ano?
4. Pergunte a seu (sua) colega quanto dinheiro tem.
5. Quanto dinheiro você tem na sua conta corrente?
6. Quantos centavos há num dólar?
7. Quantos euros vale um dólar? E quantos reais?
8. Em que ano estamos? Qual é a data?

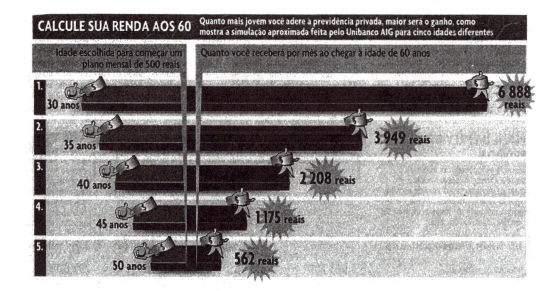

CALCULE SUA RENDA AOS 60 Quanto mais jovem você adere à previdência privada, maior será o ganho, como mostra a simulação aproximada feita pelo Unibanco AIG para cinco idades diferentes

Idade escolhida para começar um plano mensal de 500 reais

Quanto você receberá por mês ao chegar à idade de 60 anos

1. 30 anos — **6 888** reais

2. 35 anos — **3 949** reais

3. 40 anos — **2 208** reais

4. 45 anos — **1 175** reais

5. 50 anos — **562** reais

Leitura
Liquidação

A X lhe disseram que devia guardar seu dinheirinho no banco. É simples, cômodo, garantido. Ele não tinha propriamente o que guardar, mas ordenado não se gasta de pancada; depositá-lo, assinar alguns pequenos cheques, deixar um saldo bruxuleante para o mês seguinte: isso lhe dava um certo prazer bancário, que X ia cultivando. Resultado: no fim de algum tempo, tal o poder germinativo do capital, tinha o que se chama «dinheiro no banco». Não muito, o bastante para viver quinze dias de barriga para o ar, contando nuvens. Cloud s

Indo para o trabalho, contemplava o banco, sem volúpia de avarento, mas satisfeito: ali estava seu cobrinho, para qualquer emergência: viagem de pobre, operação, uma dessas máquinas americanas que a mulher sempre julga imprescindível adquirir, e que vão secando o rio Paraíba.

Surpreso, certa manhã viu uma fila agitada em frente ao banco que cerrara as portas. No dia seguinte, uma sigla qualquer do Banco do Brasil, pelos jornais, anunciava a liquidação do estabelecimento e esclarecia que, pelo decreto tal, de tantos de tantos, os depositantes de menos de cem mil cruzeiros receberiam imediatamente seu dinheiro. Magnânimo decreto! X viu que a casa se reabrira, entrou.

—Dentro de sete dias o senhor será atendido.

Bem, não há prazo de funcionamento para os advérbios. Imediatamente, em linguagem bancária oficial, quer dizer: daqui a uma semana. Finda esta, imediatamente passou a significar quinze dias. E converteu-se em um mês, dois, regressou a 15 dias, oscilou algum tempo na zona indeterminada de "a qualquer momento" e estabilizou-se na acepção nebulosa de "não podemos informar." O banquinho assumira feição kafkiana. Abria-se todos os dias, para nada. Os ex-empregados (dispensados e readmitidos a título precário) ocupavam suas carteiras, ficavam esperando. O quê? Não havia negócios, o cofre estava lacrado, os clientes queriam apenas receber, mas isso só se faria imediatamente, isso é, quando Deus fosse servido.

Como é difícil liquidar um banco! Quanto mais um país, meditava ele, e isso lhe dava conforto cívico, em outra sorte de preocupações.

Veio a «emergência» e X, com dinheiro no banco, teve de pedi-lo emprestado a outro. Um dia, a sigla chamou-o pelo jornal. Foi, assinou um documento em que declarava tudo aquilo que o banco estava farto de saber: nome, endereço, saldo da conta corrente, etc., e outras coisas que não lhe haviam perguntado ao abrir-lhe a conta: se era casado, em que regime, etc.

—Agora vou receber?

—Daqui a 10 dias.

O advérbio se esticou de novo, de novo chamaram X, deram-lhe uma ficha que o habilitava a reaparecer dentro de cinco dias e assinar sete papéis com testemunhas e firmas reconhecidas. Carimbaram tudo e mandaram X ao Banco do Brasil.

No B.B., deram-lhe um papelinho e um caderno de cheques.

—Que é isso?

—É a sua conta corrente no B.B.

—Mas eu não tenho conta aqui.

—O senhor assinou um instrumento de cessão de direitos em quatro vias, e não se lembra disso?

Como toda gente, em todo o mundo, X assinara sem ler, e agora estava preso ao B.B., engrenagem que sempre lhe inspirara majestoso pavor. Perguntou timidamente se podia sacar quanto quisesse. Sorrindo, disseram-lhe que sim. Pela dúvida, X encheu logo um cheque na importância total do saldo, rasgou os demais, recebeu o cobre e saiu correndo, com duas noções adquiridas: lugar de dinheiro é debaixo do colchão, e decreto de governo é brincadeira com dicionário.

CARLOS DRUMMOND DE ANDRADE
De *Obra Completa*

Expressões úteis

1. julgar _____	...que a mulher sempre **julga** imprescindível... ...that women always *judge* (think to be) necessary...
2. quanto mais	**Quanto mais** um país. *Even more* a country. **Quanto mais** estuda, **mais** aprende. *The more* he studies, *the more* he learns.
3. de pancada	...mas ordenado não se gasta **de pancada.** ...but a salary isn't spent *in a single blow.*
4. como ser	**Como é** difícil liquidar um banco! *How* difficult *it is* to liquidate a bank!

Exercício escrito

1. Escolha a resposta correta.

1. Disseram a X que devia guardar o dinheiro no banco porque
   ☐ a. tinha demais para guardar em casa.
   ☐ b. podia aproveitar os juros.
   ☒ c. era mais fácil assim.

2. O resultado foi que
   ☒ a. tinha o suficiente para ir de férias quando quisesse.
   ☐ b. decidiu tornar-se banqueiro.
   ☐ c. gastava em cheques mais do que depositava.

3. O X se sentia satisfeito porque
   ☐ a. as férias foram ótimas.
   ☐ b. achava-se preparado para qualquer necessidade.
   ☒ c. o seu dinheiro ia crescendo.

4. Um dia X soube que
   ☒ a. por causa da liquidação do banco perdera todo o depositado.
   ☐ b. uma lei oficial lhe protegia o dinheiro.
   ☐ c. perderia ao menos a metade do dinheiro.

5. X queria saber
   ☐ a. o que aconteceu aos agitadores.
   ☐ b. se ia perder todos os juros.
   ☒ c. quando era que receberia o dinheiro.

6. Em todo caso a atividade normal do banco
   ☒ a. continuava como antes.
   ☐ b. foi suspensa.
   ☐ c. realizava-se somente durante as horas das refeições.

7. X pediu emprestado porque
   ☐ a. queria comprar uma dessas máquinas americanas.
   ☐ b. decidiu passar uns dias na praia.
   ☒ c. precisava de dinheiro e ainda não recebera o dinheiro do banco.

8. Depois de assinar uma porção de impressos soube que
   ☐ a. ia receber o dinheiro a prazo.
   ☒ b. na verdade abrira outra conta.
   ☐ c. a sigla do jornal o chamava.

9. O pecado de X foi que
   ☒ a. assinara tudo sem ler.
   ☐ b. perdera a ficha.
   ☐ c. não guardara os papéis imprescindíveis.

10. X concluiu que
   □ a. era inútil insistir em obter o dinheiro.
   ☑ b. a cama é o melhor cofre.
   □ c. é melhor ser pobre e não ter que preocupar-se.

2. Sublinhe os pronomes obliquos em "Liquidação," analise-os e diga quais são as frases nominais que os pronomes substituem.

Exercício escrito

Escreva em português, prestando atenção à colocação dos adjetivos.

1. He was carrying two blue suitcases.
2. At that time they had a couple of ferocious dogs in front of the bank. *[handwritten: NAQUELE MOMENTO/HORA]*
3. John does not have any money of his own, but he always stays at the best hotels. *[handwritten: MAS]*
4. Now I work more but they pay me 2,000 dollars less than my previous salary. *[handwritten: ORDENA DINER A MENOS DO]*
5. Do you have enough money to invest in a one-of-a-kind car? *[handwritten: ESCLUSIVO]*
6. For tomorrow everyone should read the entire first chapter. *[handwritten: TODO O PRIMERO CAPITULO]*
7. After a while she sold her whole collection of baroque music to several unknown buyers. *[handwritten: VARIOS COMPRADORES DESCONHECIDOS]*
8. Both telephone operators told me the same thing: to write a letter in triplicate.
9. I already told you that you should always leave a small balance in your account.
10. They took all their money out of the bank in order to take an exotic trip to cold Alaska.

Temas para conversação ou redação

1. Os serviços que os bancos oferecem.
2. Ficando sem fundos suficientes.
3. Eu estava lá quando roubaram o banco.
4. As minhas experiências bancárias no estrangeiro.
5. Os bancos servem ou exploram?
6. O cartão de crédito.

Quarta Unidade

A família

Recapitulação

Irregular present tense forms/ Verbos irregulares no presente

1. Verbs with irregular **eu** form only:

   a. Irregular stem for **eu** form

   > **saber:** eu **sei** (tu sabes...)
   > **poder:** eu **posso** (tu podes...)
   > **perder:** eu **perco** (tu perdes...)
   > **caber:** eu **caibo** (tu cabes...)
   > **valer:** eu **valho** (tu vales...)
   > **pedir:** eu **peço** (tu pedes...)
   > **medir:** eu **meço** (tu medes...)
   > **despedir:** eu **despeço** (tu despedes...)
   > **ouvir:** eu **ouço** (tu ouves...)

   b. Vowel change in **eu** stem:

   > **dormir:** eu **durmo** (tu dormes...)
   > **tossir:** eu **tusso** (tu tosses...)
   > **engolir:** eu **engulo** (tu engoles...)
   >
   > **cobrir:** eu **cubro** (tu cobres...)
   > and other verbs derived from **cobrir.**
   >
   > **seguir:** eu **sigo** (tu segues...)
   > and other verbs derived from **seguir.**
   >
   > **sentir:** eu **sinto** (tu sentes...)
   > and other verbs derived from **sentir.**
   >
   > **mentir:** eu **minto** (tu mentes...)
   > and other verbs derived from **mentir.**

2. Verbs with irregular **eu** form and deletion of final vowel in 3rd person singular:

> **fazer:** eu **faço**, tu fazes, ele/a **faz**, nós fazemos, [vós fazeis], eles/as fazem
> **dizer:** eu **digo**, tu dizes, ele/a **diz**, nós dizemos, [vós dizeis], eles/as dizem
> **trazer:** eu **trago**, tu trazes, ele/a **traz**, nós trazemos, [vós trazeis], eles/as trazem

3. Verbs with deletion of final vowel in 3rd person singular:

> **querer:** ele/a **quer**
> **jazer:** ele/a **jaz**
> **aduzir:** ele/a **aduz**, and other **-uzir** verbs.

4. Verbs with irregular **eu** stem and irregular 3rd person plural (and **vós**) stem:

> **crer:** eu **creio**, tu crês, ele/a crê, nós cremos, [vós **credes**], eles/as **crêem**
> **ler:** eu **leio**, tu lês, ele/a lê, nós lemos, [vós **ledes**], eles/as **lêem**
> **ver:** eu **vejo**, tu vês, ele/a vê, nós vemos, [vós **vedes**], eles/as **vêem**

5. Verbs ending in **-oer** and **-uir** have an irregular vowel in the 2nd and 3rd person singular:

> **doer:** eu dôo, tu **dóis**, ele/a **dói**, nós doemos, [vós doeis], eles/as doem
> **concluir:** eu concluo, tu **concluis**, ele/a **conclui**, nós concluímos, [vós concluís], eles/as concluem

6. Verbs with irregular **eu** form and irregular vowel in 2nd and 3rd person singular:

> **cair:** eu **caio**, tu **cais**, ele/a **cai**, nós caímos, [vós caís], eles/as caem
> **sair:** eu **saio**, tu **sais**, ele/a **sai**, nós saímos, [vós saís], eles/as saem

7. Verbs with two stems:

> subir: eu **subo**, tu sobes, ele/a sobe, nós **subimos**, [vós **subís**], eles/as sobem
> Also **fugir (fujo, foges...)**, and **sacudir**.

See Section v of the Appendix on Orthography and Spelling for spelling changes.

8. Other irregular verbs:

ir		dar		vir	
vou	vamos	dou	damos	venho	vimos
vais	[ides]	dás	[dais]	vens	[vindes]
vai	vão	dá	dão	vem	vêm

pôr		ser		estar	
ponho	pomos	sou	somos	estou	estamos
pões	[pondes]	és	[sois]	estás	[estais]
põe	põem	é	são	está	estão

rir

rio	rimos
ris	[rides]
ri	riem

The present Participle/O particípio presente

1. The present participle is formed in Portuguese by deleting the **-r** of the infinitive of the verb and adding **-ndo**:

A falar: fal**ando**
E comer: com**endo**
I partir: part**indo**

The present participle is used:

a. In gerund phrases

Tendo muito que fazer não pudemos ir com eles.
Having a lot to do, we couldn't go with them.

b. With the verb **estar** to form the progressive tenses

present	Eu **estou estudando.**	I am studying.
imperfect	Eu **estava estudando.**	I was studying.
preterit	Eu **estive estudando.**	I was studying.

In conversational European Portuguese, the progressive tenses are formed by using **a** followed by the infinitive instead of the present participle:

Eu **estou a estudar.**
Eu **estava a estudar.**
Eu **estive a estudar.**

c. The auxiliary **estar** may be replaced by **ficar** (to remain, continue), **continuar**, **seguir**, or verbs of motion (**vir, ir, andar**):

Eu fiquei estudando. (**a estudar** in Portugal)
I remained ("was") studying.

Ela vem cantando.
She comes along ("is") singing.

Vocabulário Temático

A família

	Brasil e Portugal	Brasil	Portugal
family	a família		
relatives	os parentes		
parents	os pais (o pai, a mãe)		
husband	o marido (o esposo)		
wife	a mulher (a esposa)		
'daddy"		o papai	o papá
'mommy"		a mamãe	a mamã
children	os filhos (o filho, a filha)		
brothers/sisters	os irmãos (o irmão, a irmã)		
grandparents	os avós (o avô, a avó)		
grandchildren	os netos (o neto a neta)		
great-grandparents	os bisavós (o bisavô, a bisavó)		
—-grandchildren	os bisnetos (o bisneto, a bisneta)		
cousins	os primos (o primo, a prima)		
aunts and uncles	os tios (o tio, a tia)		
nieces/nephews	os sobrinhos (o sobrinho, a sobrinha)		
parents-in-law	os sogros (o sogro a sogra)		
son-in-law	o genro		
daughter-in-law	a nora		
brother-in-law	o cunhado		
sister-in-law	a cunhada		
godparents	os padrinhos (o padrinho, a madrinha)		
godchildren	os afilhados (o afilhado, a afilhada)		
stepmother	a madrasta		
stepfather	o padrasto		
stepchild	o/a enteado/a		

	Brasil e Portugal	Brasil	Portugal
adults	os adultos		
young child	a criança		
boys and girls	os meninos (o menino, a menina), o rapaz, a rapariga; os garotos (o garoto, a garota), os moços (o moço, a moça)		
young	jovem		
old	velho		
bride	a noiva		
groom	o noivo		
couple	o casal		
marriage, wedding	o casamento, o matri-mônio		
— license	a licença de matri-mônio		
— ring	a aliança, o anel de casal/casamento		
to get married	casar-se		
birthday	o aniversário		
to have a —	fazer anos		

Diálogo

Festa de Aniversário

Leonora chegou-se para mim, a carinha mais limpa deste mundo:
—Engoli uma tampa de coca-cola.

Levantei as mãos para o céu: mais esta, agora! Era uma festa de aniversário, o aniversário dela própria, que completava seis anos de idade. Convoquei imediatamente a família:
—Disse que engoliu uma tampa de coca-cola.

A mãe, os tios, os avós, todos a cercavam, nervosos e inquietos. Abre a boca, minha filha. Agora não adianta: já engoliu. Deve ter arranhado. Mas engoliu como? Quem é que engole uma tampa de cerveja? De cerveja, não: coca-cola. Pode ter ficado na garganta—urgia que tomássemos uma providência, não ficássemos ali, feito idiotas. Peguei-a no colo: vem cá, minha

filhinha, conta só para mim: você engoliu coisa nenhuma, não é isso mesmo?
—Engoli sim, papai— ela afirmava com decisão. Consultei o tio, baixinho: o
que é que você acha? Ele foi buscar uma tampa de garrafa, separou a cortiça
do metal:

—O que é que você engoliu: isto... ou isto?
—Cuidado que ela engole outra— adverti.
—Isto— e ela apontou com firmeza a parte de metal.

Não tinha dúvida: Pronto-Socorro. Dispus-me a carregá-la, mas alguém
sugeriu que era melhor que ela fosse andando: auxiliava a digestão.

No hospital, o médico limitou-se a apalpar-lhe a barriguinha, cético:
—Dói aqui, minha filha?

Quando falamos em radiografia, revelou-nos que o aparelho estava com
defeito: só no Pronto-Socorro da cidade.

Batemos para o Pronto-Socorro da cidade. Outro médico nos atendeu com
solicitude:
—Vamos já ver isto.

Tirada a chapa, ficamos aguardando ansiosos a revelação. Em pouco o
médico regressava:
—Engoliu foi a garrafa.
—A garrafa?— exclamei. Mas era uma gracinha dele, cujo espírito passava
muito ao largo da minha aflição: eu não estava para graças. Uma tampa de
garrafa! Certamente precisaria operar—não haveria de sair por si mesma.

O médico pôs-se a rir de mim.
—Não engoliu coisa nenhuma. O senhor pode ir descansado.
—Engoli— afirmou a menininha.

Voltei-me para ela:
—Como é que você ainda insiste, minha filha?
—Que eu engoli, engoli.
Pensa que engoliu— emendei.
—Isso acontece— sorriu o médico: —Até com gente grande. Aqui já teve
um guarda que pensou ter engolido o apito.
—Pois eu engoli mesmo— comentou ela, intransigente.
—Você não pode ter engolido— arrematei, já impaciente: —Quer saber
mais do que o médico?
—Quero. Eu engoli, e depois desengoli— esclareceu ela.

Nada mais havendo a fazer, engoli em seco, despedi-me do médico e bati
em retirada com toda a comitiva.

FERNANDO SABINO
De *A Mulher do Vizinho*

Perguntas sobre o diálogo

1. Quem narra o diálogo?
2. Quem está reunido em casa? O que a família estava festejando naquele dia?
3. Segundo Leonora, o que ela tinha feito?
4. Para onde levaram Leonora? Por que era melhor ela andar?
5. Segundo o médico do Pronto-Socorro, o que é que ela tinha engolido? Falou a sério?
6. Por que é que a menina insistia tanto em que tinha engolido uma tampa? Era verdade?

Perguntas diversas

1. Como é a sua família, grande ou pequena?
2. Você tem cunhado/a? filhos? sobrinho/a?
3. Quantos anos tem a sua avó? e você? Quando é que você vai fazer anos?
4. Você pretende se casar? O que é preciso fazer para se casar?
5. Você preferiria ter família grande ou pequena? Por quê?
6. O que significa 'superpopulação'? Como se poderia resolver esse problema?
7. Em que ocasiões se reúne a sua família? Em que ocasiões a gente brinda?
8. Por que tem havido tanto divórcio ultimamente?
9. Você acha que muitos jovens querem fugir de casa? Por quê?
10. Você tem padrinho ou madrinha?

Exercício

Complete os espaços
1. O filho da minha avó é _____.
2. O irmão da minha mãe é _____.
3. O filho da minha tia é _____.
4. O pai da minha mãe é _____.
5. A irmã do meu pai é _____.
6. O neto da minha avó é _____.
7. A mãe do meu esposo é _____.
8. As filhas dos meus pais são _____.
9. A esposa do meu irmão é _____.
10. O filho da minha filha é _____.

Gramática

1. Uses of the present tense/Usos do presente

The present tense is used:

1. To report an event taking place at the moment of speaking:

Ele trabalha lá em baixo.   He is working down there.

2. To report a customary or habitual action:

Nós sempre vamos à praia no fim de semana.
We always go to the beach on weekends.

3. In context, to report an event that is planned for the future:

Ajudo-te na sexta-feira.   I will help you Friday.
Vão embora na semana que vem.   They are going (will go) away
next week.

The construction **ir** + **infinitive** in the present tense is also used to report an event yet to happen:

Eles vão abrir uma conta   They are going to open an
amanhã.   account tomorrow.

4. The construction **acabar de** + **infinitive** in the present tense is used to report an event that has just been completed at the moment of speaking:

Os pais acabam de chegar.   The parents have just arrived.

5. To make polite requests which in English are expressed by **shall** or **will**:

Abro a janela?   Shall I open the window?
Você quer abrir a   Will you open the
janela?   window (please)?

Exercícios de verificação: o presente

Faça as seguintes substituições.

1.
	Nós dizemos a verdade
ele	Ele diz a verdade.
eu	Eu digo a verdade.
você	Você diz a verdade.
eles	Eles dizem a verdade.
você e eu	Você e eu dizemos a verdade.

2.
	João quer outro filho.
nós	Nós queremos outro filho.
você	Você quer outro filho.
Maria e Jaime	Maria e Jaime querem outro filho.
o casal	O casal quer outro filho.

3.
	Minha cunhada vale muito.
nós	Nós valemos muito.
minha cunhada	Minha cunhada vale muito.
eu	Eu valho muito.
os padrinhos	Os padrinhos valem muito.
os senhores	Os senhores valem muito.

4.
	A criança se sente bem.
eu	Eu me sinto bem.
os filhos	Os filhos se sentem bem.
a mãe	A mãe se sente bem.
vocês	Vocês se sentem bem.
nós	Nós nos sentimos bem.

5.
	Minha mãe não pode vir.
você	Você não pode vir.
os avós	Os avós não podem vir.
eu	Eu não posso vir.
Zé e eu	Zé e eu não podemos vir.
o genro dele	O genro dele não pode vir.

6.
	Eu o ouço mas não o vejo.
o senhor	O senhor o ouve mas não o vê.
vocês	Vocês o ouvem mas não o vêem.
nós	Nós o ouvimos mas não o vemos.
eu	Eu o ouço mas não o vejo.
eu e a titia	Eu e a titia o ouvimos mas não o vemos.

7.	O rapaz vê que ele vai sair.
nós	Nós vemos que ele vai sair.
vocês	Vocês vêem que ele vai sair.
ela	Ela vê que ele vai sair.
eu	Eu vejo que ele vai sair.
os meninos	Os meninos vêem que ele vai sair.

8.	Nós o medimos e o pomos ali.
vocês	Vocês o medem e o põem ali.
as senhoras	As senhoras o medem e o põem ali.
o seu neto	O seu neto o mede e o põe ali.
eu	Eu o meço e o ponho ali.
nós	Nós o medimos e o pomos ali.

9.	Ela ri quando mente.
eles	Eles riem quando mentem.
nós	Nós rimos quando mentimos.
Juca	Juca ri quando mente.
eu	Eu rio quando minto.
a gente	A gente ri quando mente.

2. Mude a oração do singular ao plural ou vice-versa.

1. Quando o trazemos?	Quando o trago?
2. Eu subo imediatamente.	Nós subimos imediatamente.
3. Ponho-o aqui?	Pomo-lo aqui?
4. Nós sabemos que você vem.	Eu sei que você vem.
5. Vamos e o fazemos.	Vou e o faço.
6. Despeço-me da família.	Despedimo-nos da família.
7. Todos os dias descubro a verdade sobre a vida.	Todos os dias descobrimos a verdade sobre a vida.
8. Pedimos licença para entrar.	Peço licença para entrar.
9. Eles acabam a comida em poucos minutos.	Ele acaba a comida em poucos minutos.
10. Não cabemos aqui?	Não caibo aqui?

3. Ponha as seguintes orações na primeira pessoa singular do presente.

1. Ele tossiu a noite inteira.	Eu tusso a noite inteira.
2. Nós dormimos oito horas.	Eu durmo oito horas.
3. Nós sempre perdemos o trem.	Eu sempre perco o trem.
4. Eles sabem a notícia.	Eu sei a notícia.
5. Jorge pediu um café.	Eu peço um café.

6. Todos os dias ela ia   Todos os dias eu vou
   à biblioteca.   à biblioteca.
7. Todos puseram os presentes Eu ponho os presentes
   na mesa.   na mesa.
8. Vocês deram o que tinham.   Eu dou o que tenho.
9. Quando ela subia, caiu.   Quando eu subo, caio.
10. Nós vamos ou vimos?   Eu vou ou venho?

3. Responda segundo o modelo.

MODELO:
   Você sempre engole tampas?   Eu nunca engulo tampas.

1. Você sempre pega sua filhinha Eu nunca pego minha filhinha
   no colo?   no colo.
2. Você sempre se põe a rir dele? Eu nunca me ponho a rir dele.
3. Vocês sempre falam em   Nós nunca falamos em
   carros antigos?   carros antigos.
4. Você sempre conta piadas   Eu nunca conto piadas
   para seus colegas?   para meus colegas.
5. Você sempre levanta a mão   Eu nunca levanto a mão para
   para o céu quando grita?   o céu quando grito.
6. Você sempre dá um pulo de   Eu nunca dou um pulo
   alegria?   de alegria.
7. Você sempre perde o seu co-   Eu nunca perco o meu cobrinho.
   brinho?
8. Vocês sempre vêem televisão e Nós nunca vemos televisão e
   lêem ao mesmo tempo?   lemos ao mesmo tempo.
9. Você sempre faz a barba de   Eu nunca faço a barba de
   manhã?   manhã.
10. Vocês sempre sobem as es-   Nós nunca subimos as escadas
    cadas de duas em duas?   de duas em duas.

4. Mude para o presente.

1. Nós viemos, nos sentamos e lemos.
   Nós vimos, nos sentamos e lemos.
2. Eu vim, me sentei e li.
   Eu venho, me sento e leio.
4. Ele veio, se sentou e leu.
   Ele vem, se senta e lê.
5. Vocês vieram, se sentaram e leram.
   Vocês vêm, se sentam e lêem.

6. O moço veio, se sentou e leu.
   O moço vem, se senta e lê.
7. Todos vieram, se sentaram e leram.
   Todos vêm, se sentam e lêem.

Exercícios orais

1. Responda segundo o modelo e a sugestão.

MODELO: O Pedro já chegou?
        sim   Sim, acaba de chegar.
        não   Vai chegar logo.

1.   Os médicos já nos atenderam?
        sim
        não
2.   O padeiro já trouxe o pão?
        sim
        não
3.   O aluno já respondeu?
        sim
        não
4.   Seu irmão já se casou?
        sim
        não
5.   Os meninos já comeram?
        sim
        não
6.   A sua filha já completou seis anos?
        sim
        não
7.   Vocês descontaram os cheques?
        sim
        não
8.   Você já preparou a lição?
        sim
        não
9.   O Bento reservou o quarto?
        sim
        não
10.   A empregada arrumou a casa?
        sim
        não

2. Responda segundo o modelo.

MODELO: PROFESSOR Ontem você pediu um cafezinho, não foi?
1º ALUNO Não pedi não. Não costumo fazer isso.
2º ALUNO Eu é que peço cafezinho.

1. Ontem você leu um romance, não foi?
2. Ontem você viu um filme estrangeiro, não foi?
3. Ontem você terminou o trabalho a tempo, não foi?
4. Ontem você tossiu a noite inteira, não foi?
5. Ontem você veio às três, não foi?
6. Ontem você levou uma porção de moças ao cinema, não foi?
7. Ontem você disse uma mentira para mim, não foi?
8. Ontem você trouxe uma garrafa de vinho, não foi?
9. Ontem você perdeu o seu talão de cheques, não foi?
10. Ontem você falou sobre a política brasileira, não foi?

2. The progressive forms/
Uso de **estar** + particípio presente

We have already seen that the *simple present* is used in Portuguese to report (1) a customary situation or (2) a situation taking place at the moment of speaking:

O João estuda no outro quarto.
John studies (*is studying*) in the other room.

and that the *simple imperfect* is used to report (1) a customary situation in the past or (2) a situation taking place at a given moment in the past:

O João estudava no outro quarto.
John used to study (*was studying*) in the other room.

The progressive form of the verb, however, is used to emphasize the reported situation as overt, on-going, and developing (i.e., actively in process). For verbs which note a physical activity the progressive reports the slow and unraveling "camera effect" of the action. Compare the use of the progressive in the following sentences with the corresponding uses of the non-progressive:

Brazil	*Portugal*
O João **está estudando** no outro quarto.	O João **está a estudar** no outro quarto.
Ela não **está dizendo** a verdade.	Ela não **está a dizer** a verdade.
O papai **estava escrevendo** uma carta.	O papá **estava a escrever** uma carta.

Esse menino **estava matando** moscas com o dedo.	Esse menino **estava a matar** moscas com o dedo.
Eles **estão esperando** lá fora.	Eles **estão a esperar** lá fora.
Quem **está cuidando** da casa?	Quem **está a cuidar** da casa?
Estou falando a sério.	**Estou a falar** a sério.

The progressive is also used with verbs dealing with perception (**ver, ouvir,** etc.) and "mental processes" (**pensar, lembrar/recordar, esquecer, entender / compreender, imaginar,** etc.) for emphasis on the on-goingness of the process:

Brazil	_Portugal_
Fale. **Estou ouvindo** perfeitamente.	Fale. **Estou a ouvir** perfeitamente.
Isso **estou vendo** na sua cara.	Isso **estou a ver** na sua cara.
Eu **estava pensando** nas férias.	Eu **estava a pensar** nas férias.
O pobre homem **estava** se **lembrando** do passado.	O pobre homem **estava a lembrar**-se do passado.
Você **está esquecendo** o que ele disse!	Você **está a esquecer** o que ele disse!
Estou imaginando uma festa com orquestra.	**Estou a imaginar** uma festa com orquestra.
Estamos compreendendo menos da metade.	**Estamos a compreender** menos da metade.

With many other verbs which do not really have an "activity" meaning, the progressive is used to view the state or condition as developing ("progressing"):

Brazil	_Portugal_
Você **está parecendo** um fantasma.	Você **está a parecer** um fantasma.
Pela primeira vez esse ladrão **estava sendo** honesto.	Pela primeira vez esse ladrão **estava a ser** honesto.
Ninguém **está merecendo** a nossa confiança.	Ninguém **está a merecer** a nossa confiança.
Ele **está gostando** de você!	Ele **está a gostar** de você!
Estou supondo que...	**Estou a supor** que...
A gente **está odiando** toda aquela cena.	A gente **está a odiar** toda aquela cena.
Essa teoria não **está significando** nada para mim.	Essa teoria não **está a significar** nada para mim.

It should be noted that the use of the present progressive to denote an action or state as part of the "immediate present" is very productive in Portuguese. In fact, it is preferred in Brazilian Portuguese if the action or state is valid at the moment of speaking.

Note: There is also a _preterit progressive_ form which views a situation in the past as overt and on-going, but at the same time makes it explicit that the event is viewed as completed (unlike the imperfect progressive):

Brazil	_Portugal_
Estive lendo um romance de um autor moderno.	**Estive a ler** um romance de um autor moderno.
Eles **estiveram falando** a noite inteira.	Eles **estiveram a falar** a noite inteira.
O telefone **esteve tocando.**	O telefone **esteve a tocar.**

In Brazilian Portuguese object pronouns **me, se** and **nos** are generally placed after the form of **estar**:

Ele está nos falando devagar.
As crianças não estão se portando bem.

O, os, a, and **as** are attached to the gerund, but placed before **estar** if the sentence begins with a negative word or an interrogative.

Eu estou fazendo-a.
Eu não a estou fazendo.
Quem a está fazendo?

In European Portuguese the object pronoun is attached to the infinitive or the form of **estar**:

Estou a dizer-te a verdade/Estou-te a dizer a verdade.

Note the contractions (and the types of accents) which result from attaching a 3rd person direct object pronoun to the infinitive:

deixá-lo	comê-lo	abri-lo
-los	-los	-los
-la	-la	-la
-las	-las	-las

Exercícios de verificação: o progressivo

1. Mude as seguintes orações segundo o modelo.

MODELO:

| Eles comem naquele restaurante. | Eles estão comendo naquele restaurante. |

1. Os meus pais viajam pelo Brasil. — Os meus pais estão viajando pelo Brasil.
2. A empregada bate à porta. — A empregada está batendo à porta.
3. Os garotos partem da estação. — Os garotos estão partindo da estação.
4. Todos ouvem a música. — Todos estão ouvindo a música.
5. A nossa prima põe a mesa com paciência. — A nossa prima está pondo a mesa com paciência.
6. Estudo na escola de arquitetura. — Estou estudando na escola de arquitetura.
7. Meu amigo telefona de longe. — Meu amigo está telefonando de longe.
8. Voltamos do cinema de táxi. — Estamos voltando do cinema de táxi.

2. Mude as orações do exercício 1 segundo o modelo.

MODELO:

| Eles comem naquele restaurante. | Eles estavam comendo naquele restaurante. |

Exercícios orais

1. Mude as seguintes orações segundo o modelo.

MODELO: O meu cunhado morou no Brasil. (*por dois anos*)
O meu cunhado esteve morando no Brasil por dois anos.

1. Eles bateram na porta. (*até que eu atendi*)
2. Ontem à noite eu dormi bem. (*até que meu irmão me despertou*)
3. As crianças brincaram no parque. (*até que a mãe as chamou*)
4. O meu marido nadou na piscina. (*até que mergulhou pela terceira vez*)
5. Choveu muito. (*durante o jogo*)

2. Siga o modelo.

MODELO: PROFESSOR O João falou com os seus pais ontem?
1º ALUNO Não falou não. Ele está falando com eles agora mesmo.
2º ALUNO Pois eu falo com os meus pais todos os dias.

1. Eles jantaram com os seus amigos ontem?
2. A Margarida trabalhou na biblioteca ontem à noite?
3. O Filipe brincou com a sua irmã menor ontem?
4. O seu irmão visitou os avós ontem?
5. O Ricardo tomou banho ontem?
6. A Anelise telefonou para seu noivo ontem?
7. O Alfredo brigou com seus pais ontem?
8. O seu pai preparou o café da manhã ontem?

3. Responda às seguintes perguntas:

1. Você sempre se levanta cedo?
2. Vocês estão gostando desta aula?
3. Você compra presentes para seus pais?
4. Quando é que você pretende se deitar hoje à noite, cedo ou tarde?
5. Vocês sempre me falam em português?
6. Onde é que você está morando agora?
7. Vocês estão se divertindo?
8. Você quer falar aos seus pais?

3. More about the imperfect and the present/
Mais sobre o imperfeito e o presente

It is important to keep in mind that the imperfect is not only in contrast with the preterit but also with the present tense. Remember that the present tense has the following three main uses:

1. To talk about something that is happening at the present moment, i.e. at the moment of speaking:

Ela **lê** um romance.
She is reading a novel.

2. To talk about a customary (habitual) event:

Papai sempre se **levanta** às sete.
Father always gets up at seven o'clock.

3. To imply futurity (an action planned for the future):

> Ele diz que **parte** amanhã.
> He says that he will leave (*is leaving*) tomorrow.

The imperfect, in a parallel fashion, is used to talk about the three above cases, but in the past.

1. What was happening in the past:

> Ela **lia** um romance.
> She was reading a novel.

2. What was customary in the past:

> Sempre se **levantava** às sete.
> He always got up (*used to get up*) at seven o'clock.

3. What at some point in the past was planned to be accomplished:

> Ele disse que **partia** no próximo dia.
> He said that he was leaving the next day.

Exercícios escritos

1. Mude para o passado os verbos das seguintes frases que se encontram no presente, dando a razão pela qual escolhe o pretérito perfeito ou o pretérito imperfeito.

1. A gente come uma maçã todos os dias.
2. Ele escreveu que chega às três.
3. Eles me contaram que vão ao teatro logo.
4. Esse casal tem quatro filhos.
5. A professora sempre faz o mesmo.
6. A empregada põe a mesa antes de preparar a comida.
7. Nós somos estudantes.
8. Depois do jantar eu conto piadas.
9. O Luís diz que vem depois do trabalho.
10. Nas terça-feiras o chefe sai mais cedo.

2. Mude os verbos do seguinte parágrafo para o passado.

O Pedro é (_ERA_) uma pessoa muito metódica. Todos os dias segue (_se_) a mesma rotina: levanta-se (_____) à mesma hora e depois de vestir-se e tomar o café da manhã sai (_____) para o trabalho. Impecavelmente vestido ele caminha (_____) as quatro quadras até o escritório. Ao chegar saúda (_____) o porteiro com um gesto indefinido, toma (_____) o elevador e sobe (_____) ao quarto andar. A secretária já tem (_____) todos os papéis preparados que precisam (_____) de sua atenção. Ele se senta (_____) à escrivaninha e despacha (_____) os assuntos mais importantes. Ao meio-dia o Pedro desce (_DESCIA_) para almoçar no restaurante da esquina. À tarde trabalha (_____) até às seis e logo inicia (_____) seus passos para voltar à solidão do seu apartamento. Como pode (_____) viver uma pessoa sem mudança alguma, sem qualquer incidente? Mas um dia o elevador está (_____) avariado e o Pedro tem (_teve_) que usar as escadas. Está (_____) tão chateado por esta interrupção de rotina que pisa (_____) mal, tropeça (_____), e cai (_____) com tal má sorte que quebra (_____) uma perna. Acaba (_____) indo ao hospital e...

3. Termine o episódio do Pedro.

---

4. The impersonal infinitive/O infinito impessoal

1. The **impersonal infinitive** (*falar, comer, abrir*) is used in Portuguese:

a. Following a conjugated verb when the subject of the infinitive is understood to be the same as that of the conjugated verb:

Vamos **partir** logo.	We're going to leave soon.
Ela quer **ir** conosco.	She wants to go with us.
Eles parecem **ter** muito dinheiro.	They seem to have a lot of money.

b. After prepositions when the subject of the infinitive is the same as the subject of the main verb of the sentence and clearly determined within the context of the speech:

Ele pagou muito para **vir** aqui.	He paid a lot to come here.
Comprou uma coisinha antes de **sair**.	He bought a little something before leaving (*before he left*).

c. With impersonal expressions when the doer of the action expressed by the infinitive refers to impersonal "one":

É preciso **estudar** muito.	It is necessary to study a lot. (for "one" to study a lot)
É ruim **perder** tudo.	It's a bother to lose everything. (for "one" to lose everything)
Foi bom **ver** tanta gente.	It was good to see so many people.
É possível **cortá**-lo de outra maneira.	It's possible (for "one") to cut it another way.
Parece estranho não fazê-lo.	It seems strange not to do it.

d. With the force of a noun for one of the uses of English **-ing**:

(O) **estudar** português é um prazer.	Studying Portuguese is a pleasure.
(O) **formar**-se dá muito trabalho.	Graduating is a lot of work.

The definite article **o** is optional in this usage. Notice again, the understood subject of the infinitive is impersonal "one."

Exercício de verificação: o infinito impessoal

Responda usando o infinito impessoal.
1. Prefiro pedir licença antes de ir. É aconselhável?
   Sim, é aconselhavel pedir licença antes de ir.
2. A gente quer reservar um quarto. Seria bom?
   Sim, seria bom reservar um quarto.
3. Queremos comprar um novo apartamento. Parece boa idéia?
   Sim, parece boa idéia comprar um novo apartamento.
4. Ontem descontamos cinco cheques. Foi demais?
   Sim, foi demais descontar cinco cheques.
5. Temos que pedir uma ligação interurbana. É fácil?
   Sim, é fácil pedir uma ligação interurbana.
6. Desejamos ter tudo preparado para as oito. É possível?
   Sim, é possível ter tudo preparado para as oito.
7. Insisti em deixar uma gorjeta. É justo?
   Sim, é justo deixar uma gorjeta.
8. Tenho que pôr fim a essa discussão. É pena?
   Sim, é pena pôr fim a essa discussão.

5. **Nationalities**/As nacionalidades

País	*Nome/Adjetivo*
a Alemanha	*m.* alemão, *f.* alemã
a Argentina	argentino
a Bolívia	boliviano
o Brasil	brasileiro
o Canadá	*Br.* canadense, *Port.* canadiano
a China	chinês
a Colômbia	colombiano
Cuba	cubano
o Equador	equatoriano
a Espanha	espanhol
os Estados Unidos	(norte)americano, estadunidense
(or *a América* in Portugal)	
a França	francês
a Inglaterra	inglês
a Irlanda	irlandês
(o) Israel	israelense, israelita
a Itália	italiano
o Japão	japonês
o México	mexicano
o Panamá	panamenho, panamense
o Paraguai	paraguaio
o Peru	peruano
a Polônia	polonês, polaco
Portugal	português
(o) Porto Rico	porto-riquenho, porto-riquense
a Rússia	russo
o Uruguai	uruguaio
a Venezuela	venezuelano, venezolano

Exercício oral

Pense em dez cidades ou países e faça o exercício abaixo.

1º A<small>LUNO</small> Eu nasci em (*nome de uma cidade ou de um país*).
2º A<small>LUNO</small> Então você é (*nacionalidade*).

Leitura
Nacionalidade

O menino nissei sentou no banco do jardim. Teria uns doze anos, comia sossegado o seu sanduíche de queijo. Duas menininhas, uma morena e outra ruiva, que pulavam amarelinha, chegaram junto dele e gritaram:

—Japonês! Japonês! Quer dizer a hora pra nós?

O menino olhou o pulso onde se ostentava um enorme relógio niquelado, disse que eram nove e meia e acrescentou:

—Eu não sou japonês. Sou paulistano. Nasci aqui, no Jardim América.

A ruivinha, mais velha, coçou um borrachudo na canela fina:

—Se você não é japonês, teu pai é.

—Não, meu pai nasceu em Batatais.

—Então tua mãe.

—Ela também nasceu em Batatais.

A menor, moreninha, fez o comentário óbvio:

—Nós te *chamou* japonês porque tu *tem* cara de japonês.

—Meu avô é que era japonês. E a minha avó. E acho que os meus tios.

A pequenininha estava maravilhada com aquele milagre biológico:

—Nunca vi pessoa ser brasileiro e ter cara de japonês. Eu pensava que brasileiro era *tudo* igual.

A maior ensinou:

—Nem todo brasileiro é igual. Negro é brasileiro e é diferente.

—Negro é africano—observou com certa malícia aquele a quem chamavam de japonês.

—Como é que você sabe?

—Aprendi na aula.

—Na minha rua tem muito judeu. Nós *tudo* somos *judeu*—contribuiu a ruiva para enriquecer a conversação.

A outra quis saber:

—E onde é terra de judeu?

—Meu pai veio da Rússia. E o meu avô. A minha mãe veio da Polônia.

—Então esse negócio de judeu é besteira. Quem vem de Rússia é russo. E quem vem da Polônia é polaco—o menino falava com grande autoridade.

E a ruivinha protestou:

—A minha mãe disse que a gente deve falar polonês. Polaco é feio.

—Pode ser. Polonês. Mas judeu?

—Judeu vem da Judia—foi a contribuição da morena.

Mas o nissei doutrinou:

—Não tem país chamado Judia.

—Como é que você sabe? Você conhece todos os países do mundo?

—Todos. Estou no curso de admissão. Já dei na Geografia.

—Meu pai disse que a terra dos judeus se chama Israel—lembrou-se de repente a ruiva.

—Então como é que ele é da Rússia?

Mistério. Os três se entreolharam. Afinal o rapaz sugeriu:

—Só se é mentira do teu pai.

—Mentira do teu! Teu pai é que é um japonês mentiroso.

—Já falei que o meu pai é brasileiro.

A pequena moreninha pacificou:

—Não xingue. Eu também sou brasileira. Eu nasci em Campos. E minha mãe nasceu em Campos e o meu pai nasceu em Campos e o meu irmão nasceu em Campos e a babá, todo o mundo na minha casa nasceu em Campos.

A ruiva riu:

—Tudo é campeiro?

—Não, a gente diz é campista. Campos fica no Estado o Rio de Janeiro.

—Agora lá se chama Guanabara—sentenciou o menino.

—Não, não é Guanabara. Estado do Rio de Janeiro é outra coisa. Meu pai já disse uma porção de vezes.

—Então tem dois Rio?

—Não agora só tem um. Não falei que o Rio de Janeiro virou Guanabara? Também diz Velhacap. Lá em casa todo o mundo sabe.

A menina ruiva ficou a olhar um momento os dois outros.

—Acho que campista parece um pouco com japonês. Só não tem o olho revirado.

—Minha mãe diz que nós temos raça de índio tamoio—declarou a campista.

E o paulistano aduziu:

—Meu pai uma vez viu um índio e pensou que fosse japonês fantasiado. Falou pra ele em língua de japonês, mas o índio não entendeu bulhufas.

—Mas você não disse que o seu pai é de Batatais?

—É. Mas filho de japonês sabe falar língua do Japão.

—E você sabe? Fala um pouquinho pra gente ver!

—Não sei. Puxa, já disse tanta vez que sou paulistano!

A moreninha deu um salto:

—Pois eu sou é Coríntians!

—Ninguém está falando de futebol, boba—ralhou asperamente o rapaz. Houve um silêncio.

E a menor indagou, passando um instante:

—E onde é o lugar que só tem brasileiro?

Os dois outros ficaram algum tempo pensando, olhando para uns pombos que bicavam na areia. Afinal a menina maior falou:

—Gente grande é muito *misturado*. Acho que deve ser num lugar onde só tem criança.

RACHEL DE QUEIROZ
De *Seleta*

Expressões úteis

1. besteira	Esse negócio é **besteira**. That business is *nonsense*.
2. parecer com	Ele **parece com** o seu pai. He *looks like* his father.
3. haver a	...nada mais **havendo a** fazer. ...there being nothing more to do.
4. feito	...urgia que não ficássemos ali, **feito** idiotas. ...it was imperative that we not remain there, *like* idiots.

Perguntas orais

1. Quantas crianças tomam parte nesta conversa? Descreva-as.
2. O que quer dizer 'nissei'?
3. Por que as meninas se aproximaram do menino?
4. Por que é que elas o chamaram japonês? Na verdade era japonês? Onde nasceram seus pais? E os seus avós?
5. Por que a morena ficou maravilhada?

6. Como é que os meninos decidiram que todo brasileiro não é igual? Eles compreendiam bem o que quer dizer brasileiro, africano, judeu, etc.?
7. Como se chama a gente de São Paulo? a de Campos? E a gente do Rio de Janeiro? CARIOCAS
8. O que quer dizer «o Rio virou Guanabara»? E «Velhacap»?
9. Qual é a comparação que a ruiva fez entre campistas e japoneses?
10. Segundo a menina maior, onde é o lugar que só tem brasileiro?

Exercício

Na linguagem das crianças muitas vezes se admitem "formas incorrectas." Corrija as formas incorretas que se encontram no conto.

6. **Diminutives**/Diminutivos

The most frequent diminutive suffixes are **-inho** and **-zinho**. The form **-inho** is added to words ending in an unstressed **-o** or **-a** (see Section V of the APPENDIX ON ORTHOGRAPHY for spelling changes):

carro	carrinho	rato	ratinho
festa	festinha	baixo	baixinho
amiga	amiguinha	pouco	pouquinho

In all other cases, the suffix **-zinho** is _generally_ used:

avô	avozinho	igual	igualzinho
café	cafezinho	jovem	jovenzinho/a
só	sozinho/a	homem	homenzinho
manhã	(de) manhãzinha	bom	bonzinho
avião	aviãozinho	lugar	lugarzinho
mãe	mãezinha	cidade	cidadezinha
pai	paizinho		

Diminutive endings may also be attached to the plural of nouns and adjectives

o amigo	os amigos	os amiguinhos
a lição	as lições	as liçõezinhas
o pão	os pães	os pãezinhos
a mão	as mãos	as mãozinhas
um animal	uns animais	uns animaizinhos
o hospital	os hospitais	os hospitaizinhos
o farol	os faróis	os faroizinhos

Besides their primary meaning of smallness, diminutives carry connotations of affection, courtesy, familiarity, and, at times, even may bear a pejorative tone. Adverbs in the diminutive (**agorinha** 'right now', **de manhãzinha** 'very early in the morning') emphasize the meaning of the adverb with regard to time, space, or manner.

Exercício

Dê o diminutivo das seguintes palavras que se encontram nas leituras anteriores:

lugar	dinheiro	menina
Julieta	cara	pequena
conversa	graça	pouco
tarde	morena	rápido
hotel	ruiva	pé

Exercício escrito

Traduza.

1. I don't ask for a lot, only sixteen million cruzeiros.
2. Their parents think that Júlio and Zaida are going to get married soon.
3. The doctor has just gone to the hospital.
4. I cough a lot when I get up in the morning.
5. I neither hear nor see what you hear and see.
6. Peter is looking more like his father every day.
7. During the party, they remained in the corner like idiots.
8. She is only going to be 8 next week, and she already knows more than half the countries of the world.
9. I know that my grandmother is coming next week.
10. I can and want to help you, but you have to tell me exactly what you need.
11. The whole family is gathering to celebrate Granddad's birthday.
12. I don't know who likes parties more, the kids or the adults.

Temas para conversação ou redação

1. A história da minha família.
2. A família moderna e a dos tempos passados.
3. A superpopulação: problema ou fantasia?
4. O "cadinho" das raças no Brasil e nos Estados Unidos.
5. Família grande ou família pequena: vantagens e desvantagens.

Quinta Unidade

O aeroporto

Recapitulação

The present subjunctive/O presente do subjuntivo

1. Verbs with regular present subjunctive forms change the **-a** of the indicative to **-e**, or the **-e**/**-i** to **-a**:

A Verbs		E and I Verbs			
am**ar**		com**er**		part**ir**	
ame	amemos	coma	comamos	parta	partamos
ames	[ameis]	comas	[comais]	partas	[partais]
ame	amem	coma	comam	parta	partam

The present subjunctive is formed by adding the above endings to the stem of the present tense indicative **eu** form of the verb. Note the choice of stem for the following verbs (**Eu** present tense indicative forms are given in parentheses):

pôr (eu ponho): eu ponha
ver (eu vejo): tu vejas
vir (eu venho): ele venha
dizer (eu digo): nós digamos
fazer (eu faço): vocês façam
poder (eu posso): eu possa
perder (eu perco): tu percas
pedir (eu peço): você peça

ouvir (eu ouço): nós ouçamos
dormir (eu durmo): elas durmam
seguir (eu sigo): eu siga
crer (eu creio): tu creias
cair (eu caio): ela caia
sair (eu saio): nós saiamos
ler (eu leio): eles leiam

2. Verbs with irregular stems in the present subjunctive:

saber: **saib-** (eu saiba, tu saibas...)
querer: **queir-** (eu queira, tu queiras...)
haver: **haj-** (eu haja, tu hajas...)
ser: **sej-** (eu seja, tu sejas...)
estar: **estej-** (eu esteja, tu estejas...)

3. Verbs with irregular forms

	ir		dar
vá	vamos	dê	demos
vás	[vades]	dês	[deis]
vá	vão	dê	dêem

See Section V of the APPENDIX ON ORTHOGRAPHY for spelling changes.

Vocabulário Temático

O aeroporto

	Brasil e Portugal	Brasil	Portugal
airport	o aeroporto		
airplane	o avião		
jet		o jato	o jacto
flight	o vôo		
terminal	o terminal		
waiting room	a sala de espera		
loudspeaker	o alto-falante		
security inspection		a inspeção de segurança	a inspecção de segurança
control tower	a torre de controle		
runway	a pista		
ticket	a passagem		
round-trip —	— de ida e volta		
one-way —	— de ida		
tourist class	a classe turística		
baggage ticket	o talão de bagagem		
cabin	a cabine		
wing	a asa		
motor	o motor		
tail	a cauda		
seat	o assento, o lugar		
seat belt	o cinto de segurança		
to fasten	apertar		

	Brasil e Portugal	Brasil	Portugal
emergency doors	as portas para saída de emergência		
life jacket	o colete de salvação	o salva-vidas	
oxygen mask	a máscara de oxigênio		
pilot	o piloto		
passenger	o passageiro		
crew	a tripulação		
steward	o comissário de bordo		
stewardess	a comissária de bordo	a aeromoça	a hospedeira (de bordo)
stop-over	a escala		
direct (flight)		direto	directo
to check baggage	despachar a bagagem		
to claim baggage		pegar/apanhar a bagagem	buscar/recolher a bagagem
customs	a alfândega		
documents	os documentos		
passport	o passaporte		
immigration	a imigração		
vaccination certificate	o certificado de vacina		
to inspect		inspecionar	inspeccionar
stowaway	o passageiro clandestino		
contraband	o contrabando		
hijacker		o seqüestrador	o pirata aéreo
hijack	o seqüestro		
to hijack	seqüestrar		
to land	aterrar	aterrissar	
landing	a aterragem	o aterrissagem	
to take off		decolar	descolar
takeoff		a decolagem	a descolagem
to make stops	fazer escalas		
to get airsick	ficar enjoado, enjoar		

Antes
mesmo
de você
embarcar num dos
aviões da TAP, você sentirá
que tudo mudou.

Repare na etiqueta de sua bagagem, nela o
novo símbolo do Spring Service já está impresso.

Logo ao entrar no Boeing 747-B você vai notar que a decoração
interna de nossos aviões também foi mudada, está mais vibrante, alegre e moderna.

Mas o Spring Service não é só isso.

As cores dos uniformes da tripulação também foram mudadas, e agora até mesmo na classe turística um
novo serviço de bordo com refeições a sua escolha, espera por você.

Mas o Spring Service ainda não é só isso...

É antes de tudo uma nova filosofia de voar, é um novo estilo de atendimento ao passageiro onde a única
coisa que fizemos questão de manter foi a nossa já antiga tradição em hospitalidade que, com certeza, nunca
lhe faltará a bordo de qualquer avião da TAP.

TAP
TRANSPORTES
AÉREOS PORTUGUESES

1. Descreva o «Spring Service» da TAP.
2. Por que é que as companhias aéreas sempre estão criando novos serviços?
3. Qual é o nome de uma companhia aérea brasileira? E o nome de uma italiana? E uma argentina?

Diálogo

Chegando ao aeroporto de Lisboa

Após um sossegado vôo transatlântico Roberto e Eduardo chegam ao Aeroporto de Lisboa, que fica bem perto da cidade. Ao desembarcarem do avião passam pela imigração e imediatamente vão apanhar a bagagem. Ficam esperando cerca de quinze minutos, enquanto mantêm o seguinte diálogo:

ROBERTO   É o fim da picada! Onde estarão as nossas malas? Não quero nem pensar na possibilidade delas terem se extraviado. Quase todos os passageiros já apanharam as suas. É isso que me torna avesso às viagens—a preocupação de não saber se a bagagem vai chegar...já estou me vendo com a mesma roupa uma semana inteira.

EDUARDO   Acalme-se, por favor, ainda estão descarregando a bagagem.

O alto-falante interrompe:
Anuncia-se a partida do vôo 945 da TAP
com destino a Atenas. Senhores passageiros, por favor,
dirijam-se à porta número doze com o cartão
de embarque na mão. Boa viagem!

ROBERTO   Olha! Estão trazendo nossas malas.

EDUARDO   Vamos passar pela alfândega.

INSPETOR   Alguma coisa a declarar?

ROBERTO   Não, nada.

INSPETOR   Por quanto tempo pretendem ficar no país?

ROBERTO   Infelizmente, só uma semana.

INSPETOR	Tenham a bondade de abrir esta mala de mão e essa grande vermelha… Obrigado, tudo está em ordem. (*O inspetor os ajuda a fechar as malas.*) Bem, passem, por favor.
ROBERTO	Finalmente! Vamos tomar um táxi, estou com vontade de ir para o hotel.
EDUARDO	Segundo este mapa, o hotel fica lá em baixo, perto da Praça Marquês do Pombal. Vamos perguntar àquele senhor se há algum ônibus que passe por lá...Ótimo! Ele disse que o "autocarro" tem "paragem"[1] lá e que só vai custar dois euros! Um táxi deve custar os olhos da cara.
ROBERTO	Quanto vale um euro?
EDUARDO	Sei lá![2]
ROBERTO	E vamos levar toda a bagagem num ônibus? Que chateação!
EDUARDO	Que falta de coragem! Deve haver lugar para guardar tudo.

[1] Eduardo está imitando os portugueses na sua maneira de falar. Em Portugal se diz «autocarro» («ônibus» no Brasil) e «paragem» («parada» no Brasil).

[2] *Sei lá!* = 'How should I know'.

Perguntas sobre o diálogo

1. De onde viajam Roberto e Eduardo? Por que você pensa isso?
2. Nos vôos internacionais, a que trâmites a gente tem que se sujeitar?
3. O aeroporto de Lisboa fica longe do centro da cidade? Quais são as vantagens e desvantagens da localização de um aeroporto num subúrbio?
4. O que ocorre na alfândega? Você gostaria de ser inspetor da alfândega? Justifique sua resposta.
5. É provável que Roberto e Eduardo estejam viajando a negócios?
6. Como vão para o hotel?

Perguntas diversas

1. Como funciona a inspeção de segurança num aeroporto?
2. Quais são as diferenças entre primeira classe e a classe turística? Há outra classe?
3. Que documentos são necessários para ir ao estrangeiro?
4. Você gostaria de ser comissário/a de bordo?
5. Qual é a utilidade da torre de controle?
6. O que se pode fazer para não ficar enjoado no avião?
7. Que medidas de emergência tem o avião moderno?
8. Você acha que é perigoso viajar de avião? Por quê?

Pedindo e dando informações/
Giving and asking for directions

Os pontos cardeais e intermediários:

Outras maneiras para se referir aos pontos cardeais:

Oeste: o poente, o ocidente, o ocaso
Leste: o nascente, o oriente, o levante
Sul: o meio-dia

Expressões úteis:

em direção norte
em sentido do sul
rumo a(o) leste

Fica **a(o) nordeste de** Brasília.
a alguns quilômetros ao sul **de** São Paulo.
ao norte daquela avenida.
na costa ocidental do continente.
no extremo sul do país.
na zona sul da cidade.

Como se chega?...   Vá sempre em frente cinco quarteirões.
Continue adiante quatro quilômetros.
Ande três quarteirões mais, em frente.
Dobre (vire) à direita na próxima esquina.
Dobre (vire) à esquerda dois quarteirões em frente.
Volte atrás três quarteirões.

Artigo

_____

Lisboa...

...desde há oito séculos capital de Portugal, a sua fundação, que remonta há milhares de anos, é atribuída a Ulisses. Últimos invasores, os árabes transformaram-na num florescente centro de comércio. Caprichosamente lançada sobre as suaves colinas da margem direita do Tejo, a dez quilómetros da costa atlântica, viu partir, das praias de Belém, as caravelas de Bartolomeu Dias, Vasco da Gama, Pedro Álvares Cabral e as de outros heróis da Epopeia das Descobertas.

Singela na graça e no pitoresco dos bairros antigos, cosmopolita nas zonas modernas de grandes avenidas, colorida e luminosa, acariciada pelo clima, afável pela hospitalidade da sua gente, bem justifica o adágio:

—QUEM NÃO VIU LISBOA NÃO VIU COISA BOA—Um dos mais importantes portos marítimos do mundo, tem o amplo e soberbo cenário do seu Tejo, enriquecido pela sua imponente ponte—a maior da Europa. Seus arredores— a mundana Costa do Sol, a romântica Sintra, a extensa Costa da Caparica e as calmas praias da Arrábida—são justamente famosas zonas turísticas.

Cidade valorizada por inúmeros monumentos, parques, jardins e miradouros, dotada do melhor que se exige a uma capital.

1. Qual foi a influência dos árabes sobre Lisboa?
2. Lisboa fica na costa atlântica?
3. Quais foram os grandes feitos de Bartolomeu Dias, Vasco da Gama e Pedro Álvares Cabral?
4. Por que é que o porto de Lisboa é considerado um dos mais importantes do mundo?
5. Quais são as atrações turísticas?

Gramática

1. The subjunctive and commands/
O subjuntivo e os imperativos

1. The subjunctive form of the verb is usually used after **talvez** *'perhaps'*:

Talvez o João não venha hoje.   Perhaps John isn't coming today.

2. The subjunctive always follows **tomara que** (or **oxalá** [**que**] in Portugal).

Tomara que eles aprendam tudo!
Oxalá que eles aprendam tudo!   I hope they learn everything!

3. The subjunctive is sometimes used in other embedded clauses. The use of the indicative/subjunctive in complex sentences will be discussed later.

4. The present subjunctive form of the verb is used for commands.

Commands in Portuguese

	Affirmative	*Negative*
você o senhor a senhora	Fale-lhe. Coma-o. Escreva-lhe.	Não lhe fale. Não o coma. Não lhe escreva.
vocês os senhores as senhoras	Falem-me. Comam-nas. Escrevam-lhes.	Não me falem. Não as comam. Não lhes escrevam.
nós (*let's*)	Falemo-nos. Comamo-los. Escrevamos-lhe.	Não nos falemos. Não os comamos. Não lhe escrevamos.

a. The subjunctive form of the verb is used for direct commands for first and second person subjects, as shown above. Object pronouns are attached to affirmative commands; with negative commands, they are placed between the negative **não** and the command form.

b. The affirmative **nós** command may also be formed by using **vamos + infinitive**, in which case the subject pronoun **nós** is always deleted:

> Vamos brincar na praça!   Let's play in the square!

c. The affirmative command forms for **tu** and **vós** are formed by deleting the final -s from the 2nd person present indicative forms of the verb:

> Escreve. Write. *(tu)*.
> [Escrevei. Write. *(vós)*.]

The only irregular **tu** and **vós** commands are for **ser: sê** *(tu)* and **sede** *(vós)*.

The **tu** affirmative commands for **dizer, fazer,** and **trazer** are usually shortened even further to **diz, faz,** and **traz** respectively.

Negative commands for **tu** and **vós** are formed by using the present subjunctive:

> Não fales. [Não faleis.]
> Não te esqueças. [Não vos esqueçais.]

Note: In spoken Brazilian Portuguese, the object pronoun may be placed before the verb of an affirmative command as well as a negative one:

> Me dê isso.
> Give me that.

In *very* informal Brazilian speech, the present indicative may be used for a command:

> Me dá isso.
> Give me that.

It is better for you to avoid these usages until you have acquired more sophisticated knowledge of the social situations in which these variant forms are appropriate.

Exercícios de verificação: o presente do subjuntivo

1. Responda segundo o modelo.

MODELO:

> João foi ao aeroporto?   Talvez não vá hoje.

1. O passaporte chegou?   Talvez não chegue hoje.
2. O moço veio?   Talvez não venha hoje.
3. Compraste os anéis?   Talvez não os compre hoje.
4. Você telefonou para casa?   Talvez não telefone hoje.
5. Elas ouviram a nova canção?   Talvez não a ouçam hoje.
6. Já fez seu trabalho?   Talvez não o faça hoje.

7. Foste à biblioteca?   Talvez não vá hoje.
8. Vocês viram o filme?   Talvez não o vejamos hoje.
9. Todos queriam partir às   Talvez não queiram partir
    três?   hoje.
10. Lúcia já se encontrou com ele?   Talvez não se encontre
    com ele hoje.

2. Responda segundo o modelo.

MODELO:
    O avião ainda não chegou.   Tomara que chegue logo!

1. Eles ainda não partiram.   Tomara que partam logo!
2. Jorge e Élis ainda não se   Tomara que se casem logo!
    casaram.
3. Ela ainda não se levantou.   Tomara que se levante logo!
4. Ainda não houve festa.   Tomara que haja festa logo!
5. Você ainda não pode ir.   Tomara que possa ir logo!
6. Ainda não choveu.   Tomara que chova logo!
7. Os outros ainda não tele-   Tomara que telefonem logo!
    fonaram.
8. Os fregueses ainda não pagaram   Tomara que a paguem logo!
    a conta.
9. Ainda não o conhecemos.   Tomara que o conheçamos logo!
10. Eles ainda não escutam bem.   Tomara que escutem bem logo!

3. Mude para a negativa.

MODELO:
    Escrevam uma carta.   Não escrevam uma carta.
    Faça-o.   Não o faça.

1. Falem com Maria.   Não falem com Maria.
2. Abra a porta.   Não abra a porta.
3. Comprem-no.   Não o comprem.
4. Esteja aqui ao meio-dia.   Não esteja aqui
    ao meio-dia.
5. Vá agora.   Não vá agora.
6. Saiam da cabine.   Não saiam da cabine.
7. Sente-se.   Não se sente.
8. Diga-me seu número.   Não me diga seu número.
9. Apertem o cinto.   Não apertem o cinto.
10. Aterrissem no Rio.   Não aterrissem no Rio.

4. Mude para a afirmativa.

1. Não feche a janela.	Feche a janela.
2. Não traga seu passaporte.	Traga seu passaporte.
3. Não a leiam.	Leiam-na.
4. Não caia de joelhos.	Caia de joelhos.
5. Não me peça ajuda.	Peça-me ajuda.
6. Não fale com a torre.	Fale com a torre.
7. Não se detenha.	Detenha-se.
8. Não as tragam.	Tragam-nas.
9. Não chegue cedo.	Chegue cedo.
10. Não faça barulho.	Faça barulho.

Exercícios orais

1. Responda afirmativamente segundo o modelo.

MODELO:

Compro o carro?	Está bem, compre-o.

1. Fecho a porta?
2. Ponho a mesa?
3. Lemos o jornal?
4. Vemos o programa?
5. Escrevo este exercício?
6. Mando a mala?
7. Mando parar o táxi?
8. Deposito as malas?
9. Examino o certificado?
10. Reservamos os lugares?

2. Responda afirmativamente com o imperativo da primeira pessoa plural.

MODELO:

Vamos comprá-lo?	Sim, compremo-lo.
Vamos nos despedir deles?	Sim, despeçamo-nos deles.

1. Vamos lê-lo?
2. Vamos ficar?
3. Vamos pô-lo na mesa?
4. Vamos comê-lo agora?
5. Vamos nos banhar?
6. Vamos escrevê-lo?
7. Vamos estudá-lo?
8. Vamos pegá-las agora?

Aviso de uma companhia de aviões

Os regulamentos de Aviação Federal dos E.U.A. estabelecem que os encostos dos assentos nos aviões devem estar na posição vertical durante as decolagens e aterrissagens. Os mesmos regulamentos proibem que os passageiros levem consigo quaisquer artigos que não possam ser acomodados debaixo do seu assento. Não estão incluídos nesta restrição objetos tais como um livro de bolso ou bolsa de senhora, máquinas fotográficas, binóculos ou roupa de uso pessoal em quantidade razoável.

3. Responda segundo o modelo, substituindo um pronome direto por cada objeto direto.

MODELO:
Retiramos o dinheiro agora?   Não, retiremo-lo (amanhã, hoje à tarde, etc.).

1. Reservo as passagens agora?
2. Chamo a aeromoça agora?
3. Vamos ao aeroporto agora?
4. Comemos a farofa agora?
5. Felicitamos a sua mãe agora?
6. Vamos seqüestrar o avião agora?
7. Abro a porta de emergência agora?
8. Festejamos o seu aniversário agora?

4. Responda segundo o modelo.

PROFESSOR João, você já arrumou o seu quarto?
1º ALUNO Não, ainda não arrumei.
2º ALUNO Então arrume-o agora.

1. Você já fez o dever de casa?
2. Você já deu de comer aos gatos?
3. Você já cortou a grama?
4. Você já estudou para o exame de amanhã?
5. Você já lavou o carro?
6. Você já botou o lixo para fora?

7. Você já levou o carro para o mecânico?
8. Você já se matriculou na escola?
9. Você já cortou o cabelo?
10. Você já fez os exercícios?
11. Você já entregou a carta ao vizinho?
12. Você já podou as árvores?

Outro Aviso

Os passageiros já habituados a viajar de avião normalmente mantêm os seus cintos de segurança apertados mesmo quando tal não é exigido. Esta prática é recomendada como medida conveniente e preventiva. É favor não usar aparelhos portáteis como rádio ou TV durante o vôo, pois interferem com o sistema electrônico do avião. Pode no entanto utilizar um aparelho auditivo ou gravador portátil.

Exercício

Durante a viagem de avião, é permitido...

Certo   Errado

_____ _____ 1. deixar o encosto do assento numa posição horizontal durante as decolagens.
_____ _____ 2. tomar bebidas alcoólicas.
_____ _____ 3. levar armas de fogo.
_____ _____ 4. ter animais de estimação na cabine.
_____ _____ 5. falar com a tripulação.
_____ _____ 6. não manter o cinto de segurança apertado durante todo o vôo.
_____ _____ 7. ouvir música num rádio transistorizado.
_____ _____ 8. andar pela cabine.
_____ _____ 9. usar isqueiros.
_____ _____ 10. abrir as janelas.

🅐🅝🅣🅔🅢 🅓🅔 🅥🅘🅐🅙🅐🅡

1. ...diga dez razões sensatas por que você vai deixar o conforto do seu belo apartamento com quatro quartos (uma suíte) e duas salas para se meter numa aventura sinistra de desconforto e chateação.

2. ...pense no que pode acontecer aonde você vai e nos dissabores que você encontrará na volta.Você está apenas duplicando a possibilidade de aborrecimentos existenciais.

3. ...lembre-se que as viagens ilustram mas as ilustrações são muito acadêmicas.

4. ...pense demoradamente no aeroporto cheio, no avião cheio, no excesso de bagagem, nas dificuldades lingüísticas, na mudança constante de moedas, nos hábitos que você não conhece, no rebaixamento social (viajar é descer de classe social), no vazio entre um programa e outro.

5. ...imagine que você já foi, já voltou e escreva um poema intitulado «Lar, Doce Lar». Ou coisa assim.

MILLÔR FERNANDES

Exercício

1. Siga a sugestão do quinto ponto. Se você não tiver facilidade para a versificação, escreva em prosa.
2. Faça uma paródia deste anúncio usando a mesma fórmula para exaltar os perigos de ficar em casa em lugar de viajar.

2. Haver and ficar/Haver e ficar

1. The infinitive **haver** and the 3rd person singular form of the verb (**há** in the present tense, **havia** in the imperfect, and **houve** in the preterit) are used in Portuguese to express "there is, there are," and equivalents in other tenses. Notice that the verb is *always* in the singular:

Há um aeroporto perto da nossa casa.	There is an airport near our house.
Há dez cadeiras no quarto.	There are ten chairs in the room.
Não há muita gente aqui.	There's not a lot of people here.
Há pessoas que não falam muito.	There are people who don't say much.
Naquela altura havia muitas festas.	At that time there were a lot of parties.

If **haver** is preceded by a conjugated verb, that verb is always in the singular:

Vai haver uma festa hoje à noite.	There is going to be a party tonight.
Vai haver muitos exames.	There are going to be many exams.

2. The verb **ficar** (literally 'to stay, remain') is used:

   a. To express location (as an alternative to **ser**/**estar**):

Lisboa fica em Portugal.	Lisbon is in Portugal.
O banco fica perto.	The bank is near.

   b. To mean "to become:"

Ele fica triste facilmente.	He becomes sad easily.
Ela ficou nervosa.	She became nervous.

   c. To mean "to remain" or "to be left:"

Fica muito para fazer.	A lot remains to be done.
Quantos livros ficam?	How many books are left?
O trabalho ficou para outro dia.	The work was left for another day.

   d. To mean "to get to, continue, to end up" when used with the **-ndo** form of a verb (or after **a** + **infinitive** in Portugal):

Eu fiquei não sabendo nada.	I ended up knowing nothing.
Eles ficaram morando em Brasília.	They continued living in Brasilia.

   e. **Ficar com** is used to mean "to keep, take:"

Eu fico com os cem euros.	I'll keep the hundred euros.
Ficamos com o quarto individual.	We took the single room.

It also means "to become" in certain expressions:

Nós ficamos com fome/calor.	We got hungry/hot.

Exercício

Diga e escreva em português.

1. New York City is in the state of New York.
2. He kept the twenty dollar bill.
3. She got sick when the plane took off.
4. They continued singing because they didn't want to leave.

5. How many checks are there left in the checkbook?
6. We remained at the party with them.
7. Sorry, the exam is left for tomorrow.
8. There were many relatives at the birthday party.

3. Até, já and mesmo / Até, já e mesmo

até	Leve a gelar **até que** fique firme. Let it cool *until* it hardens.
	Estudei **até** às dez. I studied *until* ten o'clock.
	Até as estações não têm prazos rígidos. *Even* the seasons don't have rigid schedules.
	O João foi **até** à Avenida dos Estados Unidos da América. John went *to (as far as)* the Avenue of the Unites States of America.
	Ela fala português **até** bem. She doesn't speak Portuguese *so* badly.
já	...**já** inaugurado. ...*already* inaugurated.
	Imagine que você **já** foi... Imagine that you *already* went...
	E os livros dele **já não** lhe contavam mais nada. And his books *no longer* told him anything.
	...vamos **já**. ...let's go *now* (= *in a minute*).
mesmo	...pois eu engoli **mesmo**. ...well I *really* swallowed it.
	É **mesmo** conveniente. It's *really* convenient.
	...às vezes poderia ser distinto **mesmo**. ...sometimes it could *really* be different.
	O ateu era orgulhoso e não se queixava, **mesmo** quando se sentia mais solitário. The atheist was proud and didn't complain, *even* when he felt lonelier (*really lonely*).

Agora **mesmo**.
Right now.

E agora **até mesmo** na classe turística.
And now *even* in tourist class.

Leitura

O objeto voador não identificado

Leitura e revisão do pretérito perfeito e imperfeito.

Complete os espaços em branco com a forma apropriada do verbo entre parênteses.

Hoje não vou fazer uma crônica como as de todo dia; hoje, quero apenas dar um depoimento. Deixem-me afirmar, de saída, que nestas linhas abaixo não digo uma letra que não seja estritamente a verdade, só a verdade, nada mais que a verdade, como um depoimento em Juízo, sob juramento.

Escrevo do sertão, onde vim passar férias. E o fato que vou contar _____ (acontecer) ontem, dia 13 de maio de 1960, na minha fazenda Não me Deixes, Distrito de Daniel de Queiroz, município de Quixada, Ceará.

Seriam seis e meia da tarde; aqui o crepúsculo é cedo e rápido, e já escurecera de todo. A lua iria nascer bem mais tarde e o céu _____ (estar) cheio de estrelas.

Minha tia Arcelina viera da sua fazenda Guanabara me fazer uma visita, e nós _____ (conversar) as duas na sala de jantar, quando um grito de meu marido nos _____ (chamar) ao alpendre, onde ele _____ (estar) com alguns homens da fazenda. Todos _____ (olhar) o céu.

Em direção norte, quase noroeste, a umas duas braças acima da linha do horizonte, uma luz _____ (brilhar) como uma estrela grande, talvez um pouco menos clara do que Vésper, e a sua luz _____ (ser) alaranjada. Era essa luz cercada por uma espécie de halo luminoso e nevoento, com uma nuvem transparente iluminada, de forma circular, do tamanho daquele "lagoa" que às vezes cerca a Lua.

E aquela luz com o seu halo se _____ (deslocar) horizontalmente, em sentido do leste, ora em incrível velocidade, ora mais devagar. Às vezes mesmo se _____ (deter); também o seu clarão _____ (variar), ora forte e alongado como essas estrelas de Natal das gravuras, ora quase _____ (sumir), ficando reduzido apenas à grande bola fosca, nevoenta. E essas variações de tamanho e intensidade luminosa se _____ (suce-

der) de acordo com os movimentos do objeto na sua caprichosa aproxima-
ção. Mas nunca _____ (deixar) o horizontal. Desse modo _____
(andar) ele pelo céu durante uns dez minutos ou mais. Tinha percorrido um
bom quarto do círculo total do horizonte, sempre na direção do nascente; e
já _____ (estar) francamente a nordeste, quando _____ (embicar) para a frente, para o norte, e bruscamente _____ (sumir), —assim
como quem apaga um comutador elétrico.

Esperamos um pouco para ver se _____ (voltar). Não _____
(voltar). Corremos, então, ao relógio: eram seis e três quartos, ou seja,
dezoito e quarenta e cinco.

Pelo menos umas vinte pessoas estavam conosco, no terreiro da fazenda,
e todas viram o que nós vimos. Trabalhadores que chegaram para o serviço,
hoje pela manhã, e que moram a alguns quilômetros de distância, nos vêm
contar a mesma coisa.

Afirmam alguns deles que já viram esse mesmo corpo luminoso a brilhar
no céu, outras vezes—nos falam em quatro vezes. Dizem que nessas outras
aparições a luz se aproximou muito mais, ficando muito maior. Dizem,
também que essa luz aparece em janeiro e em maio—talvez porque nesses
meses estão mais atentos ao céu, esperando as chuvas de começo e de fim de
inverno.

Que coisa seria essa que ontem andava pelo céu, com a sua luz e o halo?
Acho que, para a definir, o melhor é recorrer à expressão já cautelosamente
oficializada: objeto voador não-identificado. Mais, não afirmo. Porém, isso ele
era. Não era uma estrela cadente, não era avião, não, de maneira nenhuma.
Não seria nenhum meteoro, nenhuma coisa de natureza—com aquela
deliberação no vôo, com aqueles caprichos de parada e corrida, com aquele
jeito de ficar peneirando no céu, como uma ave. Não, dentro daquilo,
animando aquilo, havia uma coisa viva, consciente.

E não fazia ruído nenhum.

Poderia recolher os testemunhos dos vizinhos que estão acorrendo a
contar o que assistiram: o mesmo que nós vimos aqui em casa. A bola
enevoada feito uma lua, e no meio dela uma luz forte, uma espécie de
núcleo, que aumentava e diminuía, correndo sempre na horizontal, e do
poente para o nascente.

Muita gente está assombrada. Um parente meu conta que precisou
acalmar energicamente as mulheres que aos gritos de «Meu Jesus, misericórdia!» caíam de joelhos no chão, chorando. Sim, em redor de muitas léguas
daqui creio que se podem colher muitíssimos testemunhos. Centenas,
talvez.

Mas faço questão de não afirmar nada por ouvir dizer. Dou apenas o
meu testemunho. Não é imaginação, não é nervoso, não são coisas do

chamado "temperamento artístico." Sou uma mulher calma, com lamentável tendência para o materialismo e o lado positivo das coisas. Sempre me queixo da minha falta de imaginação. Ah, tivesse eu imaginação, poderia talvez ser realmente uma romancista. Mas o caso de ontem não tem nada comigo, nem com o meu temperamento, com minhas crenças e descrenças. Isso de ontem EU VI.

RACHEL DE QUEIROZ
De _O Caçador de Tatu_

Expressões úteis

1. bem	A lua iria nascer **bem** mais tarde. The moon would be coming out _very_ much later.
2. de forma ——	**de forma** circular _in a_ circular _shape_
3. ora...ora	...**ora** em incrível velocidade, **ora** mais devagar. ..._first_ at an incredible speed, _then_ slower.
4. de acordo com	...**de acordo com** os movimentos. ..._in accordance with_ the movements.
5. porém	**Porem**, isso ele era. _However,_ it was that.
6. no meio de	**No meio d**ela uma luz forte. _In the middle of_ it a bright light.
7. ter com	O caso de ontem não **tem** nada **com**igo. Yesterday's event _has_ nothing _to do with_ me.

Exercícios

1. Certo ou errado?
   1. O que sucedeu foi uma maravilha porque passou no Rio.
   2. O primeiro encontro com o objeto foi de manhã.
   3. Foi o marido da autora que lhe notificou a aparição do objeto.
   4. A «bola» ficou suspensa sem mudar.
   5. Só a família da autora viu o objeto.
   6. A quarta vez que o objeto chegou ele fez um barulho ensurdecedor.
   7. No fim souberam que o objeto era um meteoro.
   8. A autora insiste em afirmar que o que ela viu foi realidade.

2. Perguntas

1. Em que tom a leitura começa? Que efeito tem sobre o leitor?
2. O que foi visto no céu? Descreva o objeto e o comportamento dele.
3. Por que é que a autora fala em tantos detalhes?
4. Como é que esse fenômeno afetava os trabalhadores?
5. O que aconteceu no começo e no fim do inverno?
6. Como é que você explicaria o que aconteceu?

3. Faça um resumo oral ou escrito da leitura.

Exercício escrito

Escreva em português.

1. Don't tell him the truth. Tell him you were a few kilometers from here.
2. Perhaps the steward has your ticket. What lack of imagination!
3. I hope there's a non-stop flight.
4. Did you fasten your seatbelt?
5. Check your baggage and then come to the waiting room.
6. The man at customs opened all my suitcases, except the one that contains the contraband.
7. I never get airsick. However, I always get really nervous.
8. I don't believe it! There's a stowaway *and* a hijacker on this plane!
9. Don't lose your documents!
10. One round trip ticket to Rio, please.

Temas para conversação ou redação

1. Objetos voadores de outros mundos: existem?
2. O aeroporto do futuro.
3. Experiências de turismo.
4. Os diferentes modos de viajar: vantagens e desvantagens.
5. O problema dos seqüestradores.
6. Quando me cancelaram o vôo.
7. Viajando de avião pela primeira vez.

Sexta Unidade

O tempo

Recapitulação

Uses of ser and estar/Usos de ser e estar

1. **Ser** functions as an "equals sign" to equate or identify, i.e., it serves as a linking verb to join together nouns or pronouns:

João **é** médico.

Quatro e quatro **são** oito.

Aqueles **são** seus livros.

Minha casa **é** a próxima.

(Isto) **é** um livro de francês.

Eu **sou** aluno.

2. **Verb + preposition.**

Ser + de is used to express:

a. Origin

Somos do Brasil.

De onde é você?

b. Possession

Este livro **é da** empregada.

O disco **é da** Ana.

c. Material

A casa **é de** madeira.

São de algodão.

Ser is used with the preposition **para** to express a goal (deadline, destination, or purpose):

O trabalho **é para** amanhã.

Isto **é para** abrir latas.

O presente **é para** Jorge.

Estar + preposition is used in adverbial expressions which denote situations not likely to be permanent:

Estamos em (de) férias.

Tudo aqui **está n**a moda.

O professor **está de** pé.

A senhora **está de** luto.

Todos **estão de** acordo.

O aparelho **está com** defeito.

3. Location.

Ser is used to locate (in space or time):

a. an event ("takes place" in English)

O casamento é na igreja.   A festa **será** em casa de Maria.
A reunião **foi** às sete.   A festa é no sábado.

b. Locate an entity whose position is permanent (not likely to change)

O edifício é na esquina.   O correio é na praça central.
O Rio é no Brasil.   Portugal é na Europa.

Estar is used for the location of an entity whose position is not considered permanent:

A senhora **está** em casa.   As flores **estão** na mesa.
Meu carro **está** na garagem.   Onde **estão** os outros?

or whose position, although permanent, is very loosely defined in the speaker's mind:

O Tibet **está** lá no fim do mundo.

4. Predicate adjectives.

Ser is used with predicate adjectives (adjectives which describe the subject and follow the linking verb) to express a basic characteristic or defining trait of the subject. The trait is generally not subject to change, i.e., the speaker considers it a norm. (Consequently, what is the norm for one speaker might not be the norm from another speaker's viewpoint).

Os elefantes **são** grandes.   Ela é bonita.
A casa deles é moderna.   Helena é doente (*sickly*).
A música **era** triste.

When the speaker sees something for the first time (first impression) and there is no evidence that a change has occurred, **ser** is used:

José é fraco.

Estar describes the state or condition in which the subject is at a given time (as viewed by the speaker). This state or condition is *likely to change*:

O café **está** muito quente.   O copo **está** vazio.

Estar may also convey a personal reaction, a personal comment, or a contrast with a previous condition:

Este chá **está** doce. (*"tastes"*)   João **está** pálido. (*"looks"*)
Maria **está** fraca. (*contrast*)   O céu daqui **está** azul.
                                   (*bluer than the norm*)

Note: Estar is also used to describe health and emotions (since they are likely to change) with both predicate adjectives and adverbs:

Helena **está** doente. (*sick*)	O menino **estava** triste.
Ela **está** contente.	Joaquim **está** cheio de ambições.
Estou farto!	**Estamos** bem, obrigado.

5. **Past participle.**

Ser is used with the past participle to focus attention on the action itself, on the event in progress (true passive voice):

A janela **foi** fechada por Gilberto.   O romance **será** lido por todos.

Estar is used with the past participle to focus attention on the resultant state of an action.

Agora a porta **está** fechada.   A loja **está** aberta.

6. **Present participle. Estar** is used to form the progressive tenses:

Estamos conversando.   Todos **estavam** preparando o jantar.

7. **Telling time.**

Ser is used for telling time:

Que horas **são?**   **São** oito e meia.
Eram dez e vinte.

8. **Impersonal expressions.**

Ser is generally used in impersonal ("it") expressions when an infinitive follows

É preciso chegar a tempo.   **Foi** bom ter tal sorte.

Vocabulário Temático

O tempo

	Brasil e Portugal	Brasil	Portugal
time	o tempo		
seasons	as estações		
spring	a primavera		
summer	o verão		
fall	o outono		
winter	o inverno		

	Brasil e Portugal	Brasil	Portugal
months of the year		os meses do ano	
January		janeiro	Janeiro
February		fevereiro	Fevereiro
March		março	Março
April		abril	Abril
May		maio	Maio
June		junho	Junho
July		julho	Julho
August		agosto	Agosto
September		setembro	Setembro
October		outubro	Outubro
November		novembro	Novembro
December		dezembro	Dezembro

	Brasil e Portugal	Brasil	Portugal
days of the week	os dias da semana		
Monday	a segunda (-feira)		
Tuesday	a terça (-feira)		
Wednesday	a quarta (-feira)		
Thursday	a quinta (-feira)		
Friday	a sexta (-feira)		
Saturday	o sábado		
Sunday	o domingo		

	Brasil e Portugal	Brasil	Portugal
holidays	os feriados		
Christmas	o Natal		
New Year	o Ano Novo		
Easter	a Páscoa		
Holy Week	a Semana Santa		
May 1st	Primeiro de Maio		Um de Maio
All Saints' Day	o Dia de Todos os os Santos		
saint's day	o dia de S. —		
eve	a véspera		
Independence Day	o dia da independência		

	Brasil e Portugal	Brasil	Portugal
vacation	as férias		
calendar	o calendário	a folhinha	
date	a data		
weekday	o dia útil, o dia de trabalho		
weekend	o fim de semana		

	Brasil e Portugal	Brasil	Portugal
century	o século		
leap year	o ano bissexto		

	Brasil e Portugal	Brasil	Portugal
hour	a hora		
minute	o minuto		
second	o segundo		
noon	o meio-dia		
midnight	a meia-noite		

Diálogo

Horóscopo

—Telefonaram do escritório, bem.[1] Seu chefe mandou perguntar por que você não foi trabalhar.

—E você deu o motivo?

—Não.

—Podia ter dado.

—Ora, Alfredinho, isso é motivo que se dê?

—Por que não? Se há motivo, está justificado. Sem motivo é que não cola.

—Então eu ia dizer ao seu chefe que você não trabalha hoje porque o seu horóscopo aconselha: «Fique em casa descansando»?

—E daí, amor? Se meu signo é Touro e se Touro acha conveniente que eu não faça nada, como é que vou desobedecer a ele?

—É, mas com certeza seu chefe não é Touro e não vai achar graça nisso.

—Ele é Áries, está ouvindo? E o dia não está para relações entre Áries e Touro. Pega aí o jornal. Faz favor de ler com esses belos olhos cor de pervinca: «Áries — Evite rigorosamente discussões com subordinados.»

—Mas se ele evitar, não tem perigo para você.

—Ele pode evitar, sim, deve evitar. E para colaborar com ele, eu fico em casa.

—Mas se você não comparece, ele pode vir ao telefone e pegar numa discussão danada com você, dessas de sair fogo.

—Não atendo telefone durante o dia. Não posso atender. Não vê que estou descansando, que o horóscopo me mandou descansar? É favor não fazer rebuliço nesta casa. Amor e paz, para o descanso do guerreiro.

—Pra mim você está é com preguiça, e das bravas.

—Posso estar com preguiça, e daí? Preguiça é relaxante, restaura as energias, predispõe para o trabalho no dia seguinte. Mas uma coisa não tem nada a ver com a outra. Se eu não faço nada hoje, não é porque estou com preguiça. É em atenção a um mandamento superior, à mensagem que vem dos astros, você não percebe?

—Percebo, sim, mas não concordo.

—Pode-se saber por que a excelentíssima não concorda com aquilo que percebe e que está devidamente explicado?

—Pode.

—Então, explica, vamos.

—Gozado, Alfredinho, até parece que para você só existem dois signos no zodíaco: Touro e Áries, você e o patrão.

—Espera lá, você queria que eu não prestasse atenção em Touro? Áries eu li hoje por acaso, porque está ao lado de Touro, em coluna paralela.

—Coincidência: você saber que seu chefe é Áries, e...

—É, sim.

—E por que você guardou na cabeça que ele é Áries?

—Ora por quê! Ele fez anos no mês passado, amorzinho. Até contei a você que oferecemos a ele uma batedeira. Soubemos que a mulher dele precisava de batedeira, fizemos uma vaquinha, pronto. Mas por que você diz que para mim só existem dois signos?

—Pelo menos Sagitário, você ignora.

—Como que eu ia ignorar Sagitário, se é o signo de você, minha orquídea de novembro 25?

—É mas esqueceu de ler que o dia é propício para reuniões sociais de Sagitário, e saiba que esta sua orquídea de novembro 25 vai reunir hoje as amigas aqui em casa. Trate de se mandar, querido.

—Sem essa! Touro me manda descansar em casa, e você me enche a casa de mulheres?

—É Sagitário que recomenda, *mon ange.*

—Sagitário não ia fazer isso comigo! Eu já tinha harmonizado Touro com Áries!

—Pode continuar harmonizando, se for descansar em casa do Tostes, que é Virgem, eu sei, ele é nosso padrinho de casamento. O horóscopo do Tostes recomenda prestar serviço a um amigo. Assim, Touro, Virgem, Áries e Sagitário ficam inteiramente harmonizados, cada um na sua, um por todos, todos por um. Ande, vá se vestir rapidinho, rapidinho, e rua, seu[2] vagabundo.

CARLOS DRUMMOND DE ANDRADE

De *De Notícias e Não-notícias Faz-se Crônicas*

[1] *Bem*, short for *meu bem* 'my dear'.

[2] *Seu*, shortened colloquial form of *senhor*, meaning 'you' (*seu vagabundo* = 'you bum')

Expressões úteis

1. achar ——	...*se Touro* **acha conveniente** que eu...
	...if Taurus *finds* it *convenient* that I...
2. achar graça em	...e não vai **achar graça n**isso.
	...and he's not going to *find* that *funny*.
3. ter perigo para	...não **tem perigo para** você.
	...*there is* no *danger for* you.
4. pegar numa discussão...	Ele pode vir ao telefone e **pegar numa discussão...**
	He can come to the phone and *start a discussion.*
5. fazer rebuliço	É favor não **fazer rebuliço** nesta casa.
	Please don't *make a fuss (commotion)* in this house.
6. fazer uma vaquinha	...fizemos **uma vaquinha**.
	...we took up *a collection.*
7. prestar atenção em	...você queria que eu não **prestasse atenção em**...
	...you wanted me not to *pay attention to*...
8. ter a ver com	Mas uma coisa não **tem** nada **a ver com** a outra.
	But the one thing doesn't *have* anything *to do with* the other.
9. ora *(interjection)*	**Ora**, Alfredinho, isso é motivo que se dê?
	Well, Alfredinho, does one give such a reason?

10. daí   **E daí**, amor?
                   So what, love?

11. sem essa   **Sem essa!**
                   You're kidding! (in current slang)

1. Quem telefonou para a casa do Alfredo?
2. O que é que o Alfredinho fez e por quê?
3. De que signo é ele?
4. O que é que a sua esposa pensa?
5. Quem é do signo de Áries?
6. Você acha que o chefe aceitaria os motivos do Alfredo?
7. Você acha que o Alfredo está com preguiça?
8. Como é que Alfredo sabe que o chefe é Áries?
9. Quem é de Sagitário?
10. Qual é o conflito que se está estabelecendo?
11. Qual é o conselho da esposa?
12. O "Touro" aceita o plano da mulher?

> *Parabéns pra você*
> *Nesta data querida*
> *Muitas felicidades*
> *Muitos anos de vida*

Perguntas diversas

1. Em que ocasiões há festa na sua casa?
2. O que é um dia de santo?
3. Quando é que você nasceu? Qual é o seu signo? Em que dia da semana você nasceu?
4. Você crê nos horóscopos? Por quê?
5. Você acha que há gente que vive segundo os astros? Conhece alguém assim?
6. Qual é a sua estação favorita? Por quê? E os feriados favoritos?
7. O que é o ano bissexto?
8. Qual é a canção que se canta para os aniversários?.
9. Você usa relógio? É imprescindível?

Exercício de vocabulário

Complete as seguintes frases com uma palavra (ou mais) apropriada.

1. Hoje é ——————— .
2. Ontem foi ——————— .
3. Anteontem foi ——————— .
4. Amanhã é ——————— .
5. Depois de amanhã é ——————— .
6. Aos ——————— vai-se à missa.
7. Temos aula de português nas ———————, ———————, e ——————— .
8. As quatro estações do ano são ——————— .
9. Os meses do ano são ——————— .
10. Os meses do verão são ——————— .
11. Em que meses se pode esquiar? ——————— .
12. O Papai Noel vem à nossa casa no dia ——————— .
13. O Dia dos Namorados é ——————— .
14. O primeiro de novembro é ——————— .
15. Há sessenta minutos numa ——————— .
16. Passa-se para outro dia à ——————— .
17. Os dias úteis são ——————— .
18. Há muita festa na ——————— do Ano Novo.
19. No Brasil o dia de independência é ——————— .
20. Em Portugal o 25 de abril é ——————— .

⊰★ O QUE OS ASTROS DIZEM PARA VOCÊ ★⊱

Áries

de 21 de março a 20 de abril

*Evite rigorosamente discussões
com subordinados*

Touro

de 21 de abril a 21 de maio

*Fique em casa
descansando*

Gémeos

de 22 de maio a 21 de junho

*Procure não perder a cabeça
por prováveis mudanças referentes a
programas já estabelecidos*

Câncer

de 22 de junho a 23 de julho

*Evite grandes despesas e
adie decisões respeitantes
a negócios*

Leão

de 24 de julho a 23 de agosto

*Não se deixe iludir pelas
aparências*

Virgem

de 24 de agosto a 23 de setembro

*Preste serviço
a um amigo*

Balança

de 24 de setembro a 23 de outubro

*Não permita que o excesso
de trabalho chegue a prejudicar
a sua saúde*

Escorpião

de 24 de outubro a 22 de novembro

*A fase é muito positiva; procure tirar partido das
boas
oportunidades*

Sagitário

de 23 de novembro a 21 de dezembro

*Dia propício para
reuniões sociais*

Capricórnio

de 22 de dezembro a 20 de janeiro

*Não se deixe abater por
uma desilusão pois avizinham-
-se bons dias*

Aquário

de 21 de janeiro a 19 de fevereiro

*Siga apenas a sua
intuição em
questões de dinheiro*

Peixes

de 20 de fevereiro a 20 de março

*Respeite a opinião
e os conselhos de certa
pessoa idosa*

Exercício escrito

1. Escreva o seu horóscopo para o dia de amanhã.
2. Escreva um horóscopo para um amigo (uma amiga) ou um inimigo (uma inimiga) predileto/a.

Exercícios de verificação: ser e estar

Mude as seguintes orações segundo o modelo.

MODELO:

		Cria que o aluno era do Brasil
sua amiga		Cria que sua amiga era do Brasil.
	de volta	Cria que sua amiga estava de volta.

1.	A Maria		Cria que a Maria estava de volta.
2.		de luto	Cria que a Maria estava de luto.
3.	os homens		Cria que os homens estavam de luto.
4.		da Academia	Cria que os homens eram da Academia.
5.	esse artista		Cria que esse artista era da Academia.
6.		em férias	Cria que esse artista estava em férias.
7.	seus irmãos		Cria que seus irmãos estavam em férias.
8.		de acordo	Cria que seus irmãos estavam de acordo.
9.	o pai dele		Cria que o pai dele estava de acordo.
10.		na Bahia	Cria que o pai dele estava na Bahia.
11.	vocês		Cria que vocês estavam na Bahia.
12.		do Brasil	Cria que vocês eram do Brasil.
13.	aquele livro		Cria que aquele livro era do Brasil.
14.		do João	Cria que aquele livro era do João.
15.	o disco		Cria que o disco era do João.
16.		de plástico	Cria que o disco era de plástico.

O Tempo

Tempo instável.
Temperatura em ligeiro declínio.
Ventos do quadrante sul, fractos.
Máximo: 28,3 Mínimo: 15,5

Exercícios orais

1. Faça uma resposta afirmativa segundo o modelo.

MODELO: Você? Americana?
        Sim, eu sou americana.

1. João? De Brasília?
2. Eles? Em Porto Rico?
3. Esse carro? Do Alfredo?
4. Agora? Três da manhã?
5. A festa? O sábado?
6. A Margarida? Bonita?
7. O Luís? Doente?
8. Os alunos? Na biblioteca?
9. O senhor? Muito bem?
10. Vocês dois? Amigos?
11. A mesa? De plástico?
12. Toda a família? De férias?
13. O chefe? De volta?
14. Isto? Para mim?
15. A água? Quente?
16. A sala? Cheia?
17. Aquela casa? A nossa?
18. Seu cachorro? Gordo?
19. A professora? Simpática?
20. O dever de casa? Para sexta-feira?

2. Responda de forma apropriada, segundo o modelo.

MODELO: Onde está o copo?
        Agora está (*na cozinha*), antes estava (*na mesa*).

1. Onde estão as flores?
2. Onde está sua amiga?
3. Onde está seu carro?
4. Onde estão os livros de Maria?
5. Onde está seu relógio?
6. Onde estamos?
7. Onde estão os jornais?
8. Onde está a sua família?
9. Onde está o médico?
10. Onde está o vinho?

3. Responda segundo o modelo:

MODELO: Como está Maria, magra ou gorda?
         Está magra porque esteve doente.

   1. Como está o café, frio ou quente?
   2. Como está a janela, aberta ou fechada?
   3. Como está a professora, triste ou contente?
   4. Como está a carteira, vazia ou cheia?
   5. Como está você, bem ou mal?
   6. Como está a comida de sua casa, gostosa ou ruim?
   7. Como está o seu carro, quebrado ou consertado?
   8. Como está o seu quarto, limpo ou sujo?
   9. Como está o tempo, nublado ou ensolarado?
  10. Como está a temperatura, alta ou baixa?

> ## O Tempo
>
> **Tempo instável com chuvas ao norte,
> demais regiões bom com nebulosidade.
> Temperatura estável: Mínima 23, 0.**

4. Responda usando **ser** ou **estar** segundo o modelo.

MODELO: O João tem emagrecido?
         Sim, ele está mais magro.

         Temos que entregar o dever amanhã?
         Sim, o dever é para amanhã.
         Não, o dever é para (_sexta_).

   1. Usamos isto para abrir latas?
   2. Você comprou esse relógio para seu filho?
   3. O seu irmão já se formou em medicina?
   4. Esses discos pertencem a você?
   5. Você freqüenta esta escola?
   6. Seus pais nasceram na Rússia?
   7. Os vestidos foram feitos de algodão?
   8. Seus amigos já partiram de férias?
   9. Todo mundo concorda?
  10. Você deixou as crianças em casa?
  11. A empregada esquentou o café?

12. Você se sente triste?
13. Qual é o material utilizado na fabricação dessa mesa?
14. Você fechou a porta?
15. O banco já foi aberto?
16. Já deram as oito badaladas?
17. Onde fica o Pão de Açúcar?
18. Em que rua fica a sua casa?
19. Cabem mais pessoas na sala?
20. Você já se sentou?

Gramática

1. The past participle/O particípio passado

The past participle is formed in Portuguese by deleting the **-ar**, **-er**, or **-ir** ending of the infinitive of the verb and adding **-ado** for A verbs and **-ido** for **e** and **i** verbs:

fal[ar] fal**ado**   com[er] com**ido**   part[ir] part**ido**

The following verbs have irregular past participles:

dizer	dito	abrir	aberto
fazer	feito	cobrir	coberto
ver	visto	vir	vindo
escrever	escrito	pôr	posto
ganhar	ganho (also *ganhado*)	pagar	pago (also *pagado*)
gastar	gasto (also *gastado*)	entregar	entregue (also *entregado*)
aceitar	aceito (also *aceitado*)	morrer	morto (also *morrido*)

In addition to its use for the formation of the perfect tenses to be discussed later, the past participle is used:

a. As an adjective in a noun phrase

Feitas as lições, todos saíram.
The lessons (having been) *done*, everyone left.

As línguas **faladas** aqui são poucas.
The languages spoken here are few.

As pessoas **cansadas** precisam de descanso.
Tired people need rest.

b. With **ser** to form the true passive

A janela foi **fechada** por Gilberto.
The window was closed by Gilberto.

O romance foi **escrito** em 1888.
The novel was _written_ in 1888.

Todos serão **recebidos** pelo chefe.
Everyone will be received by the boss.

Notice that the true passive is used to report an _action_, when the agent (doer) of the action is either stated after the preposition **por** or not stated but strongly implied.

c. With **estar** to express a resultant state or condition

Agora as portas estão **fechadas**.
Now the doors are closed. (_The resultant state of having been closed._)

As cartas estão **escritas.**
The letters are written. (_The resultant state of having been written._)

Notice that in all three of these uses the past participle functions as an adjective and agrees in gender and number with the noun it modifies.

Exercícios orais

1. Responda segundo o modelo, completando a frase de maneira apropriada.

MODELO: Os exercícios já estão feitos?
Estão, sim, foram feitos por (_todos os alunos_).

1. O horóscopo já está escrito?
2. Esse problema já está resolvido?
3. Os telefones já estão instalados?
4. O presente de aniversário já está comprado?
5. Todo o dinheiro já está gasto?
6. A conta telefônica já está paga?
7. A mesa já está posta?
8. Os deveres de casa já estão entregues?
9. A loja já está aberta?
10. A vaquinha já está feita?

2. Diga em português:

1. Is the food prepared? Yes, it was prepared by Dad.
2. All known stars are mentioned by that writer.
3. That lie was believed by no one.

4. The beds are made and the clothes are washed. What else should I do?
5. Is the television still broken? No, it was fixed yesterday.
6. The letters are always opened by tne secretary and then the boss reads them.
7. Please close the windows. They are already closed.
8. I know the check was cashed, but I still have a balance of $200.
9. Did he pay attention in class? No, today he's very distracted.
10. Did you think that phone call was funny? No, it was made by an idiot.

Exercício escrito

Complete as seguintes frases com a forma correta de **ser** ou de **estar**.

1. Nós _____ cariocas, mas agora _____ em São Paulo.
2. Isso _____ coisa de má azar.
3. _____ impossível que me descubram.
4. Os paulistas também _____ brasileiros
5. Tudo _____ em ordem.
6. Pedro _____ uma pessoa muito trabalhadora.
7. Minha irmã _____ a ruiva.
8. Ali _____ a loura!
9. As fogueiras _____ feitas no dia de São João.
10. _____ melhor deixá-lo só.
11. Este _____ o estilo de vestido de que eu gosto mas infelizmente não _____ na moda.
12. A moda _____ outra.
13. Ontem _____ feriado.
14. A que horas _____ o filme?
15. Quando chegamos ontem _____ oito e meia.
16. A próxima _____ uma semana de férias.
17. Esta sopa _____ fria. Arranje-me outra.
18. O estádio do Maracanã _____ no Rio.
19. Não gosto destas meias porque _____ de lã.
20. Esta universidade não _____ do estado; _____ particular.
21. O baile _____ na casa duns amigos.
22. Um carro-esporte _____ bom para um solteiro.
23. A luz _____ apagada e a sala _____ escura.
24. O meu marido _____ zangado comigo.
25. O elevador _____ avariado.

> TRINTA DIAS TÊM NOVEMBRO,
> ABRIL, JUNHO E SETEMBRO.
> VINTE E OITO SÓ HÁ UM,
> O RESTO TEM TRINTA E UM.

2. Telling time/Que horas são?

1. The exact hour:

   É, São———(hora[s])

1:00	É uma hora. É uma.
2:00	São duas horas. São duas.
4:00	São quatro horas. São quatro.
midnight	É meia-noite.
noon	É meio-dia.

2. One to thirty minutes past the hour:

   É, são——— e———.

1:03	É uma e três
4:25	São quatro e vinte e cinco.
6:15	São seis e um quarto (e quinze).
8:30	São oito e meia (e trinta).

3. One to 29 minutes before the hour:

   São, falta(m)———para
   as———

7:50	São dez para as oito.
	Faltam dez para as oito.
12:40	São vinte para a uma.
	Faltam vinte para a uma.
9:45	São um quarto para as dez.
	Falta um quarto (faltam quinze) para as dez.

4. In the morning, afternoon, evening:

   A.M.
   da manhã/
   da madrugada

   P.M.
   da tarde/da noite

10:30 A.M.	São dez e meia da manhã.
1:00 P.M.	É uma da tarde.

5. Formal expression of time:

   É, são———(hora[s])
   e———minutos

1:40 P.M.	É uma (hora) e quarenta (minutos).
8:50 P.M.	São vinte (horas) e cinqüenta minutos.

6. Prepositional phrases for time:

à(s) ——— (*at...*)
                at 1:00   à uma
                at 7:15   às sete e um quarto
                at 4:40   às vinte para as cinco

das ——— às ———
               from 9:00   das nove às onze.
desde as ——— até
               to 11:00   desde as nove até às onze
   as ———
(*from* ——— *to* ———)

7. **Fazer** and **haver** time expressions are used:

a. To express an action going on for a period of time (either in the present or past). Notice that the tense of **fazer/haver** is the same as that of the main verb:

Faz muito tempo que ele
   trabalha lá.
Há muito tempo que ele
   trabalha lá.   He's been working there for a
    or   long time.
Ele trabalha lá **faz** muito tempo.
Ele trabalha lá **há** muito tempo.

Fazia vários meses que ela não
   se sentia bem.
Havia vários meses que ela não
   se sentia bem.   She had not felt (*been feeling*)
    or   well for several months.
Ela não se sentia bem **fazia**
   vários meses.
Ela não se sentia bem **havia**
   vários meses.

b. To express **ago**, in which case the tense of **fazer/haver** is present and the tense of the main verb is past:

Faz dois anos que ele me deu isso.   He gave that to me two years ago.
Há dois anos que ele me deu isso.

Exercícios de verificação: Que horas são?

1. Que horas são?

   1.   10:10 A.M.   São dez e dez da manhã.
   2.   7.00 P.M.   São sete da tarde.
   3.   4:44 P.M.   São (faltam) dezesseis para as cinco da tarde.

4.	12:36 P.M.	São (faltam) vinte e quatro para a uma da tarde.
5.	9.30 P.M.	São nove e meia da noite.
6.	3:05 P.M.	São três e cinco da tarde.
7.	6:59 A.M.	São (falta) um para as sete da manhã.
8.	3:15 A.M.	São três e um quarto da madrugada.
9.	2:18 P.M.	São duas e dezoito da tarde.
10.	8:15 A.M.	São oito e um quarto da manhã.
11.	noon	É meio-dia.
12.	11:50 A.M.	São (faltam) dez para o meio-dia (as doze).
13.	midnight	É meia-noite.

2. Responda segundo a sugestão, traduzindo sua resposta para o inglês.

1. Há quanto tempo que você viajou ao Brasil? (_dois anos_)
   Eu viajei ao Brasil há dois anos.
   I traveled to Brazil two years ago.
2. Há quanto tempo que os preços estão subindo? (_vários anos_)
   Há vários anos que os preços estão subindo.
   Prices have been going up for several years.
3. Fazia quanto tempo que ele não assistia à aula? (_três semanas_)
   Fazia três semanas que ele não assistia à aula.
   He hadn't attended (been attending) the class for three weeks.
4. Faz quanto tempo que vocês chegaram aqui? (_uns minutos_)
   Faz uns minutos que chegamos aqui.
   We arrived here a few minutes ago.
5. Faz quanto tempo que você deixou de fumar? (_seis meses_)
   Faz seis meses que eu deixei de fumar.
   I stopped smoking six months ago.
6. Há quanto tempo que vocês estudam português? (_quase dois anos_)
   Nós estudamos português há quase dois anos.
   We have been studying Portuguese for almost two years.
7. Há quanto tempo que o seu novo livro foi lançado ao público? (_duas semanas_)
   O meu novo livro foi lançado ao público há duas semanas.
   My new book was put on the market two weeks ago.
8. Fazia quanto tempo que ele ensinava tênis? (_só poucos dias_)
   Fazia só poucos dias que ele ensinava tênis.
   He had been teaching tennis for only a few days.

Exercícios orais

1. Siga o modelo:

MODELO:

    1º ALUNO A que horas vamos (*para casa*)? 7:30
    2º ALUNO Vamos (*para casa*) às sete e meia.

1.1º ALUNO _____ ?   9:00
  2º ALUNO _____

2.1º ALUNO _____?   12:00
  2º ALUNO _____

3.1º ALUNO _____ ?   6:15
  2º ALUNO _____

4.1º ALUNO _____ ?   1:15
  2º ALUNO _____

5.1º ALUNO _____ ?   11:30
  2º ALUNO _____

6.1º ALUNO _____ ?   3:40
  2º ALUNO _____

7.1º ALUNO _____ ?   2:30
  2º ALUNO _____

8.1º ALUNO _____ ?   5:00
  2º ALUNO _____

2. Responda segundo o modelo.

MODELO: PROFESSOR   Você levou sua noiva ao cinema recentemente?
    1º ALUNO   Sim, eu a levei ao cinema faz (*duas semanas*).
    2º ALUNO   Duas semanas! Faz muito tempo que você não
                 a leva ao cinema.

1. Você já pagou a conta da luz?
2. Você saiu com minha filha recentemente?
3. Eles já fizeram o dever de casa?
4. Você arrumou seu quarto?
5. A empregada já lavou toda a roupa?
6. Você já leu o seu horóscopo?
7. Vocês já telefonaram para seus pais?
8. Você já praticou piano?

3. Responda segundo o modelo;

MODELO:
> Nesse tempo você estudava em Lisboa?
> Sim, fazia (_três anos_) que eu estudava lá.

1. Nesse tempo você trabalhava no aeroporto?
2. Nesse tempo vocês convidavam seus amigos para jantar aos sábados?
3. Nesse tempo você lia apenas histórias de amor?
4. Nesse tempo vocês se assustavam com relâmpagos?
5. Nesse tempo você morava com seus pais?
6. Nesse tempo você brigava com seu marido?
7. Nesse tempo você tinha um cachorro de caça?
8. Nesse tempo você nadava todas as tardes?

3. Other time expressions
/ Outras expressões de tempo

daqui a ——	daqui a sete semanas	seven weeks from now
dentro de ——	dentro de uma hora	within an hour
	(dentro) em pouco	in a little while
de —— em ——	de duas em duas semanas	every two weeks
	de vez em quando	once in a while
—— atrás	quinze dias atrás	two weeks ago
no fim de ——	no fim de abril	at the end of April
na altura de ——	na altura do fim desse ano	around the end of that year
aos (nos) ——	aos (nos) domingos	on Sundays
às (nas) ——	às (nas) sextas	on Fridays
em / a —— de ——	em princípios / meados / fins de janeiro	the beginning / middle / end of January
durante ——	durante o dia	during the day
pela ——	pela manhã, tarde, noite, madrugada	during the morning, etc.
de ——	de madrugada, manhã, tarde, noite	in the early hours of the morning, morning, afternoon, evening

à ——	à tarde, noite	in the afternoon, at night
no —— passado	no mês passado	last month
no —— que vem (no próximo ——)	no ano que vem (no próximo ano)	next year
pela —— vez	pela primeira vez	for the first time
de —— a ——	de tempos a tempos	from time to time

daqui por diante	from now on
daí por diante	from then on
de hoje (aqui) em diante	from now on
de uns tempos para cá	for some time now
de começo no (ao) princípio no (ao) início	at first
de/no momento	for the time being
entretanto/no entanto	meanwhile
ao mesmo tempo	at the same time
está na hora de —— são horas de ——	it's time to ——
na hora (certa)	(exactly) on time
a tempo	in/on time
atrasado dez minutos adiantado dez minutos	ten minutes late ten minutes early

Exercícios

1. Dê un sinônino para cada uma das seguintes frases.

1. dois meses atrás
2. de manhã
3. faz algum tempo
4. de hoje em diante
5. são horas de jantar
6. na próxima semana
7. às vezes
8. ao princípio
9. durante a noite
10. em fins de março

2. Diga e escreva em português.

1. at the same time
2. for the last time
3. around the beginning of June
4. on Saturday nights
5. every three hours
6. meanwhile
7. last year

8. every six months
9. for the time being
10. 15 days from now
11. in a little while
12. exactly on time
13. in three weeks
14. in time

Para hoje: tempo bom com nebulosidade, 0% de probabilidade de chuva

4. More equivalents of English "to be"
/Expressões com ter, fazer, haver, ser e estar

1. Weather expressions:

   a. Expressions with **estar** followed by an adjective: (*Como está o tempo hoje?*)

bom, ótimo, agradável	O tempo está ótimo.	The weather's great.
mau, péssimo, desagradável	Está desagradável.	It's not very agreeable.
fresco, frio, quente	Está fresco ou frio?	Is it cool or cold?
nublado, escuro, claro	Está muito nublado hoje.	It's very cloudy today.
ensolarado	Estava ensolarado.	It was sunny.
enevoado	De manhã está enevoado.	In the morning it's misty.

   b. Expressions with **fazer** followed by a noun for states that are felt:

calor, frio	Fazia calor ou frio?	Was it hot or cold?
sol	Nunca faz sol aqui.	It's never sunny here.

   c. Expressions with **haver** followed by a noun for elements that are seen:

lama	Havia muita lama.	It was very muddy.
névoa, nevoeiro	Há nevoeiro esta manhã.	It is foggy this morning.
lua	Há lua a partir das nove.	The moon's out after 9:00.

   d. Expressions with impersonal verbs:

nevar	Estava nevando.	It was snowing.
chover	Chove muito na primavera.	It rains a lot in spring.
ventar	Está ventando.	It's windy.

O Tempo
Tempo bom com névoa variável.
Nevoeiros esparsos pela manhã.
Temperatura em ligeira elevação.

2. Expressions with **ter** or **estar com** followed by a noun for personal feelings or states:

fome	Tenho fome.	Estou com fome.	I'm hungry.
sede	Temos sede.	Estamos com sede.	We're thirsty.
calor	Ele tem calor.	Ele está com calor.	He's hot.
frio			cold
razão			right
certeza			certain
preguiça			lazy
pressa			in a hurry
medo			afraid
pena			sorry, pity
sono			sleepy
vontade de			want to
(+ *infinitive*)			
dor *(de barriga, etc.)*			have a (stomach etc.) ache

Note: "Very" is expressed with **muito/muita**: *Tenho muito sono; tenho muita sede.*

Exercícios orais

1. Responda com o conceito oposto segundo o modelo.

MODELO:
Está quente hoje?   Não está não, está frio.

1. Está nublado hoje?
2. O tempo esteve bom ontem?
3. Sempre faz sol aqui?
4. No inverno faz frio?
5. Estamos com calor?
6. Você tem frio?
7. Estava escuro quando você chegou?
8. O tempo está desagradável?

2. Responda às seguintes perguntas.

1. Como está o tempo hoje? E ontem? Que tempo tem feito ultimamente?
2. Em que estação faz muito frio?
3. Que tempo faz no outono?
4. Onde é que está quente todo o ano?
5. Onde está frio constantemente?

6. O que é que você gosta de beber quando está com sede? E quando tem frio?
7. Quando é que a gente leva guarda-chuva?
8. Quando é que se usa sobretudo?
9. Quando é que há névoa?
10. Vocês têm sono na aula?
11. De que você tem medo?
12. O que você associa com...?
     a. ter fome
     b. estar com sede
     c. ter medo
     d. ter sono
     e. ter dor de...
     f. ter pena

3. Diga e escreva em português.

1. Yesterday it was sunny but it was cold.
2. There are no clouds in the sky and the moon is shining brightly.
3. What's the weather like today? Horrible!
4. Do you think it's going to rain tomorrow? I'm not sure.
5. He doesn't feel like studying all night long.
6. Are you scared of animals?
7. There's snow and ice all over the place and I'm afraid of falling.
8. The car is sliding because it's so muddy.

Leitura

Medida de tempo

Chegou o carnaval, passou, vem agora a Quaresma. Pois eu me recuso a tomar conhecimento. Não estou para carnavais nem para subseqüentes quaresmas. Essa mania de pesar, escolher, dividir o tempo. O tempo é que manda na gente, não somos nós que mandamos nele. Então, por que fingir controlá-lo, contá-lo? Ou, se o dividimos, por que não o fazer ao nosso gosto? Termos por exemplo um ano de cinco meses, outro de onze, outro de trinta e dois. E para que meses tão certos, por que não uns apenas de alguns dias e por que não semanas de dois domingos e outras só de quartas-feiras? Seria muito mais de acordo com a natureza. Na natureza não há nada matematicamente orçado, não há dia certo de chover nem dia de fazer sol. Tudo que vive (e é isso, talvez, que divide as coisas vivas das coisas sem vida) é arbitrário. Tudo que vive é anárquico, impetuoso, profundamente individualista. Tanto podemos passar no mundo cem anos, como alguns dias. Teoricamente as crianças nascem com nove meses mas também podem nascer de sete ou oito meses e vingar. Os duzentos e setenta dias que vão da concepção ao nascimento podem ser mais ou ser menos, obedecendo à lei da natureza que é a lei do *mais ou menos*. Não se tem dia certo para a puberdade, nem para o cabelo branco, nem para perder os dentes de leite. As árvores frutificam *mais ou menos* dentro do tempo certo, e os passarinhos e as feras e os bichos domésticos cumprem seus ciclos na mesma relatividade. Até as estações não têm prazos rígidos, inverno e verão não respeitam data, o sol ora nasce tarde, ora cedo, dependendo do período do ano e do céu limpo.

Mas está tudo nessa bela desordem, e vem o homem com as suas matemáticas e trata de acertar contas e medir o que não precisa ser medido, e divide o tempo em segundos, minutos, horas, dias, meses, anos e séculos. Não fica nada para o inesperado. Os anos bons do comprimento dos anos maus, a desgraça ocupando os dias com os mesmos direitos da felicidade.

E dentro desse tolo esquema a gente tem que se entusiasmar, sorrir e sofrer a prazo fixo. Tem o dia certo de amar a pátria, e tem outro dia de chorar os mortos. É mister soltar foguetes no primeiro do ano, dançar no carnaval, arrepender-se em Cinzas, chorar acompanhando o Senhor Morto na semana da Paixão, e encher o coração de amor e alegria quando surge o Natal na sua data invariável. Que diferença se os tempos de aflição e guerra fossem reservados para comemorar a Paixão de Cristo, ou se toda vez em que nos sentíssemos pacíficos, felizes e fraternais armássemos um presépio na sala e celebrássemos o Nascimento do Menino. Afinal, sempre Jesus é nato e sempre Jesus é morto—e vê-lo infante sorrindo na palha ou vê-lo crucificado e sangrando, depende unicamente do coração de cada um.

E pois cada um devia ter direito de contar o tempo segundo os impulsos do seu coração. Se a gente vai vivendo um tempo de expectativa e marasmo, ou mesmo de experiências, para que mudar de ano? Continuava sempre no mesmo ano. Mas de repente você vai pela rua e encontra a pessoa, homem ou mulher, que desde passadas encarnações estava destinada a ser a pessoa importantíssima entre todas da sua existência. Então você sente um baque no peito, pára, e verifica que a sua vida parou também, e depois desanda numa direção inteiramente nova. Aí, é claro, você tem que comemorar um novo ano, pois que um novo ano começou realmente para você. Você faz *réveillon* e se embebeda, e põe chapelinhos de papel na cabeça, atira serpentinas e pede caviar e champanha. E continua dentro daquele ano muito tempo, muito tempo; ou, ao contrário, talvez celebre vários começos de ano que se sucedem de mês em mês, anos curtos, anos novos, novas etapas completamente diversas entre si.

E cada um terá as suas datas diferentes e pessoais e quando for Ano Novo para você, será plena Quaresma para mim, ou Finados para o meu primo, ou carnaval absoluto para aquela louca senhorita da esquina. E então os anos terão nomes, pois os simples números já não servem; terão apelidos íntimos, terão personalidade e tamanho próprios, terão individualidade. Este ano será chamado o das Esperanças Impossíveis, enquanto o ano passado será o dos Tardios Desenganos; aquele será o ano da Chegada, o outro o do Encontro; e haverá o ano do Amor Ditoso e o ano do Amor Inquieto. O da Paz Gorda que veio em sucessão ao da Paz Magra. E terá o ano da Flor e o ano da Pedra. E os aniversários serão sempre secretos, misteriosos, particularíssimos; e podem tanto se chamar dia de lembrança como dia do esquecimento.

O tempo, em lugar de assunto público e oficial, passará a ser considerado assunto de foro íntimo. Quando alguém sentir que o tempo parou, numa ocasião de terror ou de angústia, ou no simples esquecimento de um abraço, não dirá que _lhe parece_ terem decorrido séculos durante segundos; simplesmente chamará de séculos aqueles segundos, que séculos ficarão sendo, já que como séculos funcionaram. E a eternidade deixará de ser uma coisa terrível e fora da nossa órbita, ficará relativa, igual ao resto do tempo, de onde ela emana. Bastará que desejemos uma eternidade, tê-la-emos às nossas ordens, atendendo ao apelo de quem a chama, como o cão fiel que atende ao dono.

RACHEL DE QUEIROZ

De _Seleta_

Exercícios orais

1. Certo ou errado?

1. A autora gosta de medir o tempo.
2. Ela sugere que nós façamos novas e irregulares divisões do tempo.
3. Mas a verdade é que a natureza nos manda marcar o tempo assim.
4. O bebê sempre nasce duzentos e setenta dias depois da concepção.
5. É o homem que insiste em medir o tempo meticulosamente.
6. Segundo a autora o resultado é que a vida do indivíduo se torna um horário fixo.
7. Mas a autora fica completamente contra o individualismo.
8. Apesar das queixas da autora ela ainda quer festejar o seu aniversário no mesmo dia do ano.

2. Perguntas.

1. Como é que a autora descreve o festejo de um novo ano?
2. Como são os aniversários segundo esta leitura? E como são os seus?
3. Que conseqüências terá um ano sem dias certos e sem prazo fixo?
4. Por que é que a autora disse que o tempo passará a ser considerado assunto de foro íntimo?
5. O que é a lei do mais ou menos?
6. Faça um resumo oral desta leitura.

Exercício escrito

Escreva em português:

1. That restaurant was closed by the sanitation department last week.
2. Everybody is in agreement that it is time to take up a collection for them.
3. Where is the party going to be? I think it will be at John's.
4. I feel lazy today; the weather is so awful that I think it is suitable not to go outside.
5. Who is that standing up right there, close to the red car that is parked on the other side of the street?
6. I had a very strange dream. Everything was backwards: the elephants were small, the snow was black, the tigers were tame, people were good...
7. Last Tuesday while Monique was preparing breakfast she remembered that it was her husband's birthday. She bought him a beautiful calendar.
8. It was windy and very cloudy, and we felt like strolling along the beach.
9. Her son was born on February 29, in a leap year. He's lucky! His birthday comes only every four years.
10. It's 6:45 now; I'm hungry and thirsty and it's a pity because the guests didn't arrive on time.
11. On the other hand, it's been a long time since I've seen them.

Temas para conversação ou redação

1. O meu horário diário.
2. O mundo sem horas.
3. O estado de ânimo e o tempo.
4. A relatividade do tempo.
5. O dia em que me esqueci do relógio.
6. Como o horóscopo controla minha vida.
7. O tempo ideal.

Sétima Unidade

As comidas

Recapitulação

Future and conditional tenses, personal infinitive/
O futuro, o condicional e o infinito pessoal

1. **Future and conditional tenses.** The regular **future** is formed by adding the following endings to the infinitive (**A, E,** and **I**):

falar

falar **ei**	falar **emos**
falar **ás**	[falar **eis**]
falar **á**	falar **ão**

And the regular **conditional** is formed by adding the following endings to the infinitive:

falar **ia**	falar **íamos**
falar **ias**	[falar **íeis**]
falar **ia**	falar **iam**

Three verbs have irregular stems for both the future and the conditional (but use the same endings as regular verbs):

dizer: **dir-**
fazer: **far-**
trazer: **trar-**

One basic use of the future tense is to state an action planned for the future (English "will/shall").

Eu **irei** com ele.   I will go with him.

Ela **dirá** a verdade.   She will tell the truth.

155

One basic use of the conditional tense is to express English "would" when referring to the present or the future:

Ele **compraria** tudo.	He would buy everything.
Eu não **faria** isso.	I wouldn't do that.
Disse que o **traria** amanhã.	He said he would bring it tomorrow.

2. The Personal infinitive. All verbs (**A**, **E** and **I**) form the personal infinitive by adding the following endings to the impersonal infinitive:

partir

partir	partir **mos**
partir **es**	[partir **des**]
partir	partir **em**

One basic use of the personal infinitive is in impersonal expressions when the subject of the infinitive is either stated or implied. This usage is especially common with the expressions **ser bom** and **parecer** + **adjective**:

Foi bom termos tal sorte.	It was good we had such good luck.
Parecia estranho ninguém vir.	It seemed strange that no one came.

Vocabulário Temático

As comidas

	Brasil e Portugal	Brasil	Portugal
meals	as refeições		
breakfast		o café da manhã	o pequeno almoço
lunch	o almoço (almoçar)		
dinner	o jantar (jantar), a ceia (cear)		
snack	o lanche		
set the table	pôr a mesa		
tablecloth	a toalha de mesa		
dishes	a louça		
plate	o prato		
cup		a xícara	a chávena (chícara = _demi-tasse)_
glass	o copo		
goblet	a taça		
napkin	o guardanapo		
saucer	o pires		
mug	a caneca		

	Brasil e Portugal	Brasil	Portugal
place setting (of flatware)	os talheres		
knife	a faca		
fork	o garfo		
spoon	a colher		
salt shaker	o saleiro		
pepper shaker	o pimenteiro		
bottle	a garrafa		
platter	a travessa		
tray	a bandeja		
beer	a cerveja		
wine	o vinho		
white —	o — branco		
red —	o — tinto		
rosé —	o — rosé		
soda water	a gasosa		
mineral —	a água mineral		
restaurant	o restaurante, o café		
waiter		o garçom	o criado, o empregado
menu	o menu	o cardápio	a ementa, a lista
service charge	o serviço, o couvert		
automatic washer (dishes)	a máquina de lavar (pratos, louça)		
vinegar	o vinagre		
oil	o azeite		
condiment	o condimento, o tempero		
spicy	picante		
bland	sem tempero		
cooked, boiled	cozido		
well done	bem passado		
medium		ao ponto, médio	normal
rare	mal passado		
vegetables	os legumes		
green —	as verduras		
dessert	a sobremesa		

CARDÁPIO

RESTAURANTE A CAPITAL
Brasília

Frios *(hors d'oeuvres)*

Coquetel de camarão *(shrimp cocktail)*	R$22,50
Atum em azeite português *(tuna in oil)*	R$12,50
Melão com presunto *(melon with ham)*	R$05,00
Frios sortidos *(coldcuts)*	R$10,00
Suco de tomate *(tomate juice)*	R$02,50

Sopas (soups)

Caldo quente ou frio *(hot or cold consommé)*	R$03,00
Sopa de cebola gratinada *(French onion soup)*	R$05,00
Creme de ervilhas *(cream of pea soup)*	R$03,50
Creme de aspargos *(cream of asparagus soup)*	R$03,50
Canja à paulista *(chicken bouillon)*	R$06,00

Ovos (eggs)

Ovos escalfados *(poached eggs)*	R$06,00
Ovos mexidos *(scrambled eggs)*	R$06,00
Omeletes diversas *(omelettes)*	R$07,50

Peixes e Mariscos *(fish and seafood)*

Posta de peixe à brasileira *(fish steak)*	R$10,00
Filé de peixe na grelha *(grilled filet)*	R$10,00
Camarões à milanesa *(Milanese shrimp)*	R$22,50
Risoto de lula *(squid rissole)*	R$15,00
Lagosta *(lobster)*	R$30,00
Polvo ao alho e óleo *(octopus in garlic and oil sauce)*	R$25,00

Carnes e Aves *(meat and fowl)*

Peito de frango *(chicken breast)*	R$10,00
Churrasco à argentina *(beef steak)*	R$15,00
Escalope de vitela *(veal cutlet)*	R$09,00
Lombinho de pork *(pork steak)*	R$09,00
Frango com molho de caril *(chicken curry)*	R$08,00

(carnes e aves servidas com feijão e arroz com farofa)

Legumes *(vegetables)*

Legumes mistos *(mixed vegetables)*	R$04,00
Batatas fritas *(fried potatoes)*	R$03,50
Cenouras com manteiga *(buttered carrots)*	R$04,50
Salada de alface *(lettuce salad)*	R$03,00
Legume do dia *(vegetable of the day)*	R$03,50

Sobremesas *(desserts)*

Salada de frutas *(fruit salad)*	R$03,50
Queijo *(cheese)*	R$04,50
Sorvete *(ice cream)*	R$03,50
Pudim *(pudding)*	R$03,50
Frutas da temporada *(seasonal fruit)*	
maçã *(apple)*, pera *(pear)*, uvas *(grapes)*	R$03,00
laranja *(orange)*, cerejas *(cherries)*	R$02,50
mamão *(papaya)*	R$03.50

Couvert   **R$5,00**

Adicional de 10% para distribuição aos empregados

Pratos especiais da casa

Bacalhau ao forno *(baked codfish)*	R$25,00
Feijão tropeiro *(black beans)*	R$15,00
Cozido à portguesa *(Portuguese stew)*	R$18,00
Coeho *(rabbit)*	R$15,00
Cabrito *(suckling goat)*	R$15,00
Carne de sol (dried meat)	R$17,50
Feijoada completa, aos sábados	R$25,00

Perguntas sobre o cardápio

1. Visto o cardápio, o que é que você escolheria para comer? Justifique as suas seleções.
2. Você já convidou um amigo para jantar e agora descobre que só tem R$ 50,00. O que você vai pedir? Não esqueça o couvert e a gorjeta.
3. Você está de regime. Escolha pratos apropriados.
4. Você é vegetariano. Peça um almoço apropriado.
5. Dê a receita do seu prato favorito.
6. Dê a receita da sua sobremesa favorita.
7. Qual é a sua fruta favorita? Por quê?
8. O que se precisa para ter uma refeição nutritiva?
9. Quais são alguns pratos tipicamente americanos?
10. Vistos os «pratos especiais» no cardápio, há diferenças entre a comida brasileira ou portuguesa e a americana? Serão diferenças culturais? Explique a sua opinião.

Gramática

1. The future/O futuro

There are several ways of expressing the idea of futurity in Portuguese:

1. **ir + infinitive**

Vou estudar hoje à noite.	I am going to study tonight.
Vocês vão deixá-lo aqui?	Are you going to leave it here?

2. **The simple present** in context

Vejo-te amanhã.	I'll see you tomorrow.
Pagamos a conta na sexta-feira.	We'll pay the bill Friday.

3. **The future tense**

Estaremos no Rio no mês que vem.	We will be in Rio next month.
Comeremos bacalhau em Lisboa.	We will eat codfish in Lisbon.

Although there are no strict rules governing the use of these three ways of talking about the future, it should be noted that the **ir + infinitive** construction and the **simple present** form are preferred in the spoken language.

Note: An intention, obligation or strong possibility in the future may be expressed with **haver de + infinitive**:

Ele **há de** vir.	He will (*has to, is bound to*) come.

Exercícios de verificação: o futuro

1. Mude o verbo para o futuro segundo o modelo.

MODELO:

	Eu chamarei o moço.
ele	Ele chamará o moço.

1.

	Ele estará aqui às dez.
eu	Eu estarei aqui às dez.
você	Você estará aqui às dez.
nós	Nós estaremos aqui às dez.
os rapazes	Os rapazes estarão aqui às dez.
vocês	Vocês estarão aqui às dez.

2.

	O João trará vinho branco.
ela	Ela trará vinho branco.
vocês	Vocês trarão vinho branco.
eu	Eu trarei vinho branco.
nós	Nós traremos vinho branco.
os convidados	Os convidados trarão vinho branco.

3.

	Mamãe não terá tempo de fazer isso.
eu	Eu não terei tempo de fazer isso.
a empregada	A empregada não terá tempo de fazer isso.
você	Você não terá tempo de fazer isso.
ele	Ele não terá tempo de fazer isso.
nós	Nós não teremos tempo de fazer isso.

4.

	Eu direi uma piada.
nós	Nós diremos uma piada.
os senhores	Os senhores dirão uma piada.
a criança	A criança dirá uma piada.
eu	Eu direi uma piada.

5.

	Todo mundo pedirá feijoada.
nós	Nós pediremos feijoada.
as moças	As moças pedirão feijoada.
eu	Eu pedirei feijoada.
o Zé	O Zé pedirá feijoada.
a gente	A gente pedirá feijoada.

6.

	Ele fará a barba logo.
eu	Eu farei a barba logo.
nós	Nós faremos a barba logo.
o meu irmão	O meu irmão fará a barba logo.
vocês	Vocês farão a barba logo.

2. Mude a expressão com **ir** para o futuro segundo o modelo:

MODELO:

Vamos comer naquele restaurante. Comeremos naquele restaurante.

1. Vou comprar muita fruta. Comprarei muita fruta.
2. A minha irmã vai pôr a mesa. A minha irmã porá a mesa.
3. Amanhã vamos comprar pratos novos. Amanhã compraremos pratos novos.
4. À tarde ela vai fazer a salada. À tarde ela fará a salada.
5. Vou encher o saleiro. Encherei o saleiro.
6. O senhor não vai tomar cerveja. O senhor não tomará cerveja.
7. O garçom vai me trazer o cardápio. O garçom me trará o cardápio.
8. Não vamos poder comer tudo. Não poderemos comer tudo.
9. A comida vai estar muito gostosa. A comida estará muito gostosa.
10. Eles vão trazer a sobremesa. Eles trarão a sobremesa.

Exercício oral

Responda segundo o modelo.

MODELO: PROFESSOR Você falou com o novo professor?
  1º ALUNO Não falei não. Vou falar com ele (*dentro de um pouco*).
  2º ALUNO Ora! Você disse que nunca ia falar com ele!

1. Você saiu com a Ana Maria?
2. Você pediu ostras cruas?
3. Você comprou sorvetes para as crianças?
4. Você tomou o vinho que ele trouxe da Itália?
5. Você examinou o novo livro de receitas?
6. Você usou o colar que ela lhe deu?
7. Você comeu a banana frita que ele preparou?
8. Você viu seu ex-namorado?
9. Você comprou um carro novo?
10. Você enviou o pacote pelo correio?

O arco-íris da longa vida

O médico americano David Heber, do Centro para Nutrição Humana da Universidade da Califórnia, em Los Angeles, desenvolveu um sistema de código de cores para aumentar a eficácia na combinação dos alimentos. Basta uma porção (equivalente a meia xícara) diária de cada um dos seguintes grupos de alimentos para diminuir os riscos de ocorrência dos problemas de saúde apontados

GRUPOS	VERMELHO	VERMELHO-ROXO	LARANJA	LARANJA-AMARELO	VERDE-AMARELO	VERDE	VERDE-BRANCO
ALIMENTOS	Tomate, melancia e molho de tomate	Morango, maçã, cenoura, vinho tinto e suco de uva	Manga, cenoura, abóbora e damasco	Mamão, pêssego, laranja e suco de laranja	Espinafre, milho, ervilha verde e abacate	Brócolis, couve-de-bruxelas e repolho	Alho, cebola, pêra, endívia e vinho branco
PROPRIEDADES	Contêm licopeno, uma substância associada à prevenção do câncer de próstata	Compostos químicos tidos como capazes de impedir a formação de coágulos sanguíneos	Fornecem betacaroteno, uma substância que se transforma em vitamina A e previne câncer	Tornam a dieta mais variada e fortalecem as defesas do organismo	Contribuem para afastar males na visão, como catarata e degeneração que leva à cegueira	Ativam a produção de enzimas no fígado responsáveis por destruir substâncias cancerígenas	Plantas da família da cebola, por exemplo, contêm alicina, que apresenta efeitos contra infecções

Fonte: What Color is Your Diet?

1. Quais alimentos contêm os seguintes?

Betacaroteno _____

Alicina _____

Licopeno _____

2. Quais são os alimentos recomendados para diminuir os riscos de ocorrência dos seguintes problemas de saúde?

Coágulos no sangue _____

Câncer da próstata _____

Catarata nos olhos _____

Infecções _____

Todo tipo de câncer _____

3. Qual é o consumo recomendado destes alimentos? Quanto você consome diariamente de cada um produto?

Receita para uma feijoada gostosa e nutritiva (se não barata)

Colocar ½ quilo de feijão preto de molho na água, na noite anterior. No dia seguinte, cozinhar até amolecer (não deixar desmanchar). Depois temperar em uma outra panela os seguintes ingredientes:

2 cebolas bem cortadas 1 molho de cebolinha
2 dentes de alho amassados 2 folhas de louro
1 molho de salsa sal

Fritar esses ingredientes em ½ xícara de óleo e depois colocar as seguintes carnes cortadas em pedaços pequenos por cinco minutos:

200 gramas de bacon 500 gramas de lingüiça calabresa
200 gramas de carne seca 500 gramas de lingüiça de porco
200 gramas de paio 7 costeletas de porco (pequenas)

Em seguida, colocar também o feijão cozido com o caldo e deixar ferver por mais algum tempo para que o feijão pegue o gosto das carnes e do tempero (20 minutos mais ou menos).

Para acompanhar a feijoada:

arroz
farinha de mandioca tostada em 100 gramas de manteiga e sal
laranjas cortadas
couve temperada com óleo, cebola e sal no fogo

Também é servida com um molho frio feito dos seguintes ingredientes bem picados:

2 tomates, 1 molho de salsa, 1 molho de cebolinha, 2 cebolas, ½ xícara de vinagre, ½ xícara de óleo de oliva, sal, pimenta do reino, e pimenta vermelha.

Para seis pessoas

2. Uses of the conditional/Usos do condicional

1. The basic meaning of the conditional tense is English "would" when it applies to present or future time. This meaning is seen in the following English sentences:

> He *would do* it if he had the time.
> I *would*n't *do* that if I were you.

The conditional meaning "would" refers to an event that is hypothetical, i.e., not true at the moment of speaking, since it has not taken place or is not likely to take place:

Eu **estudaria** todas as lições.	I would study all the lessons (...if I were you, ...if I had time, ...if I were smart).
Tomarias uma cerveja?	Would you drink a beer (...if I offered you one, ...if you had one, ...if one cost less)?

This meaning of "would" must not be confused with "would" in the sense of "used to," which is expressed in Portuguese by the imperfect tense:

> Íamos ao parque todos os dias. We used to (*would*) go to the park every day.

2. The conditional tense (like the **querer** + **infinitive** construction and the imperfect in questions) is used in stating polite requests:

Quer abrir esta lata?	
Poderia abrir esta lata?	Would you please open this can?
Podia abrir esta lata?	

This sentence, of course, could also be expressed by using the present tense, but the strong implication of *please* would not be expressed:

Abre esta lata?	Will you open this can?
Pode abrir esta lata?	Can you open this can (for me)?

3. The conditional tense is also used after verbs of communication when the verb of the main clause reports a past action and the other verb reports an action planned for the future:

Disse-me que viria aqui.	He told me that he would come here.
Disse-me que vem aqui.	He told me that he is coming here.

Notice that **viria** in the first sentence could refer to any time after the moment of speaking in the past (*He told me that he would come here but when I got here he wasn't here*, or *He told me that he would come here and here I am waiting for him*). **Vem** of the second sentence, however, can only refer to the present moment or sometime after the present.

4. In the spoken language, it is common for the imperfect tense to replace the conditional (the meaning being determined by context):

Gostaria de vê-lo.	I would like to see it.
Gostava de vê-lo.	

Exercícios de verificação: o condicional

Mude o verbo segundo o modelo.

MODELO:

	Eu não comeria muito.
ele	Ele não comeria muito.

1.	Eu não lhe daria isso.
nós	Nós não lhe daríamos isso.
você	Você não lhe daria isso.
eles	Eles não lhe dariam isso.
eu	Eu não lhe daria isso.
o seu pai	O seu pai não lhe daria isso.

2.	Nós pediríamos coelho.
ela	Ela pediria coelho.
a Maria	A Maria pediria coelho.
eu	Eu pediria coelho.
todo mundo	Todo mundo pediria coelho.
vocês	Vocês pediriam coelho.

3.	O papai não creria no moço.
nós	Nós não creríamos no moço.
a mamãe	A mamãe não creria no moço.
eu	Eu não creria no moço.
eles	Eles não creriam no moço.
a gente	A gente não creria no moço.

4.	Eu compraria uma máquina de lavar.
o avô	O avô compraria uma máquina de lavar.
ela	Ela compraria uma máquina de lavar.
eles	Eles comprariam uma máquina de lavar.
nós	Nós compraríamos uma máquina de lavar.
você	Você compraria uma máquina de lavar.

5.	Ele prepararia o café da manhã.
nós	Nós prepararíamos o café da manhã.
eu	Eu prepararia o café da manhã.
a tia	A tia prepararia o café da manhã.
a Luísa	A Luísa prepararia o café da manhã.
todos	Todos preparariam o café da manhã.

6.   O meu irmão iria às dez.
    nós   Nós iríamos às dez.
    eu   Eu iria às dez.
    a gente   A gente iria às dez.
    vocês   Vocês iriam às dez.
    o senhor   O senhor iria às dez.

2. Mude a expressão com **ir** para o condicional segundo o modelo:

MODELO:

    O meu amigo ia ir para aquele hotel.
    O meu amigo iria para aquele hotel.

1. Ele ia estudar a noite inteira.
   Ele estudaria a noite inteira.
2. Íamos pagar a conta.
   Pagaríamos a conta.
3. A cozinheira ia telefonar logo.
   A cozinheira telefonaria logo.
4. Dissemos que íamos chegar às três.
   Dissemos que chegaríamos às três.
5. A empregada ia trazer uma garrafa de água.
   A empregada traria uma garrafa de água.
6. O chefe disse que não ia preocupar-se.
   O chefe disse que não se preocuparia.
7. Sabíamos que ele ia comer peixe.
   Sabíamos que ele comeria peixe.
8. Perguntei-lhe se ia acompanhar-nos.
   Perguntei-lhe se nos acompanharia.
9. Você ia preparar um prato especial?
   Você prepararia um prato especial?
10. Ele disse que ia pedir lulas.
   Ele disse que pediria lulas.

Exercício oral

1. Responda segundo o modelo.

MODELO:

                  A que horas chegarias?
   às oito   Eu chegaria às oito.
   1.   A qual restaurante você iria?
    o que me recomendaram
   2.   O que eles comeriam?
    o mesmo que ontem

3.

o importado

4.

sessenta reais

5.

em português

6.

o dono

7.

bem passada

8.

no próximo mês

9.

um bom almoço

10.

sem consulta prévia

Qual você escolheria?

Quanto o senhor pagaria?

Em que língua vocês falariam?

Quem é que ele teria que chamar?

Como você preferiria a carne?

Quando vocês partiriam de férias?

O que poderíamos comer com trezentos escudos?

Como é que vocês fariam isso?

3. More on progressive forms/
Mais sobre estar + particípio presente

As we have seen , the progessive tenses are used to concentrate upon a moment in time at which an action is (*present progressive*) or was (*past progressive*) taking place. Consequently, the future progressive tense (which is formed with the future tense of **estar** + **present participle**) is used to report an action that will be taking place at a particular moment in the future.

Estarei estudando àquela hora.   I will be studying at that hour.

The conditional progressive (which is formed with the conditional tense of **estar**) is used to report an event that would be happening at the moment of speaking:

Ela estaria cantando neste momento.

She would be singing at this moment (...if she hadn't lost her voice).

Remember that in Portugal these sentences would be expressed as follows:

Estarei a estudar àquela hora.
Ela estaria a cantar neste momento.

Exercício

Responda:

1. A que horas você disse que estaria estudando hoje?
2. Com quem você estará comendo esta tarde?
3. Quando ele disse que estaria tirando uma soneca?
4. O que você estará lendo para este curso hoje à noite?
5. Sabias que estaríamos fazendo uma feijoada?
6. Você lhe disse que estaria estudando para o exame?
7. O que ela estaria preparando?
8. O que ele disse que estaria fazendo hoje?

Nossas recomendações para esta semana

Restaurante Europa. Av. Amazonas, 42. Tel. 247-6384; O local é um dos mais agradáveis da cidade. Atencioso serviço e preços razoáveis. A comida não é muito boa, mas se dá bem sendo mais turístico do que gastronómico. Aberto todos os dias exceto às 2as. Não aceita cartões de crédito.

Restaurante Rio-Mar. R. Augusto da Silva, 13. Tel. 236-5901. A especialidade é peixe, mas não escolha dos pratos comuns. Vá com uma pessoa que conheça o lugar e saiba extrair o melhor que as cozinhas possam dar. Aberto todos os dias. Só para almoço. Aceita cartões de crédito.

Exercício

Agora que você já leu alguns anúncios, tente você mesmo escrever um sobre o seu restaurante favorito.

4. Expressing conjecture/A conjetura

In English, conjecture (probability) is expressed in the following manner:

Present I wonder where she lives. She must live near here.
Past I wonder where they were. They must have been at home.

In Portuguese, the future tense may be used for conjecturing about the present:

Onde ela morará? Ela morará perto daqui.
I wonder where she lives. She must live (*probably lives*) near here.

The conditional tense may be used for conjecturing about the past:

Onde estariam?	Estariam em casa.
I wonder where they were.	They must have been at home.

The future and conditional of probability may also be used with progressive forms:

Estarão comendo agora?	Sim, estarão comendo.
I wonder if they are	Yes, they must be (*are probably*)
eating now.	eating now.
Estariam comendo?	Sim, estariam comendo.
I wonder if they were eating.	Yes, they must have been
	eating (then).

Ser que is also used for conjecture:

Será que eles ainda estão em casa?
I wonder if they are still at home.

It should be pointed out that, like all elements of speech, context must determine the interpretation of the future tense as future meaning or conjecture in the present, and the conditional tense as "would" or conjecture in the past.

Exercícios de verificação: a conjetura

1. Mude segundo o modelo.

MODELO:

Provavelmente ele gosta de tudo.	Ele gostará de tudo?

1. Provavelmente são dez horas. — Serão dez horas?
2. Os meninos provavelmente estão discutindo a partida. — Os meninos estarão discutindo a partida?
3. A empregada é provavelmente de Brasília. — A empregada será de Brasília?
4. Provavelmente temos tempo de fazer tudo. — Teremos tempo de fazer tudo?
5. Provavelmente vale a pena. — Valerá a pena?

2. Mude segundo o modelo.

MODELO:

Provavelmente iam ao cinema.	Iriam ao cinema?

1. Provavelmente João o tinha. — João o teria?
2. Provavelmente custavam demais. — Custariam demais?
3. Provavelmente ele gostava do bacalhau. — Gostaria do bacalhau?

4. Provavelmente os alunos tinham muito
   trabalho.

Os alunos teriam muito
trabalho?

5. Provavelmente seu pai era de
   Portugal.

Seu pai seria de Por-
tugal?

6. Provavelmente os senhores prefeririam
   um melhor.

Os senhores prefereriam
um melhor?

7. Provavelmente deu um passo falso.

Daria um passo falso?

8. Provavelmente todos os alunos
   concluíram as pesquisas.

Todos os alunos conclu-
iriam as pesquisas?

Exercício oral

1. Responda às seguintes perguntas usando sua imaginação.

   1. O que você faria em meu lugar?
   2. Que horas seriam quando vocês chegaram aqui?
   3. O que é que você diria ao presidente?
   4. O que vocês sugeriam aos professores?
   5. Que prato você me recomendaria?
   6. Onde você gostaria de morar?
   7. Para que você usaria um milhão de cruzeiros?
   8. Quantos irmãos você gostaria de ter? E filhos?
   9. Onde seus pais estarão agora?
   10. Em que ano seria que Cabral chegou ao Brasil?

Como Comer Melhor e
Muito Mais Barato

**A luta contra a fome há de ser vencida pela ciência. Nos
Estados Unidos foram concluídas pesquisas do aproveitamento
de algas de água doce na alimentação. Elas podem oferecer
um rendimento de proteínas por hectare superior cem vezes
ao da soja, trezentas vezes ao do milho e quinhentas vezes
ao arroz. Vamos cultivar algas?**

Quais outros produtos exóticos que poderíamos encontrar nas prateleiras dos
supermercados no futuro? Faça uma lista de produtos incluindo tudo o que de novo
poderíamos encontrar na alimentação.

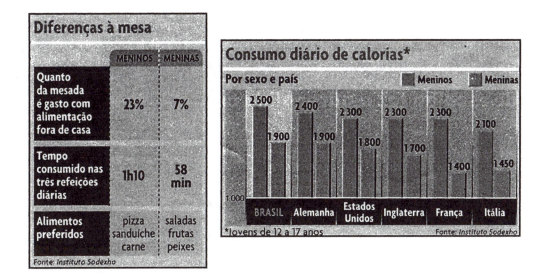

Diferenças à mesa		
	MENINOS	MENINAS
Quanto da mesada é gasto com alimentação fora de casa	23%	7%
Tempo consumido nas três refeições diárias	1h10	58 min
Alimentos preferidos	pizza sanduíche carne	saladas frutas peixes

Fonte: Instituto Sodexho

Consumo diário de calorias*

Por sexo e país — Meninos — Meninas

	Meninos	Meninas
BRASIL	2 500	1 900
Alemanha	2 400	1 900
Estados Unidos	2 300	1 800
Inglaterra	2 300	1 700
França	2 300	1 400
Itália	2 100	1 450

*Jovens de 12 a 17 anos   Fonte: Instituto Sodexho

1. Qual é o país em que os meninos consomem mais calorias? As meninas?
2. Em que países os meninos e as meninas consomem menos calorias?
3. Há uma correlação entre o consumo de calorias e o que se gasta com alimentação fora de casa? E o tempo consumido nas refeições? E os alimentos preferidos?
4. Às vezes os condimentos que usamos fazem dos alimentos sadios uma comida menos sã. Quais dos seguintes condimentos terão mais calorias? Quais terão menos? Molho com queijo de parmesão, maionese, maionese light, molho de pimenta, mostarda, ketchup, azeite de oliva suco de limão

5. The personal infinitive/O infinito pessoal

We have already seen that the infinitive in Portuguese has an **impersonal** form which is used when no subject is placed before the infinitive (*É preciso estudar muito* 'It is necessary to study a lot'). It is also possible for subjects to occur before the infinitive, and as seen in the *Recapitulação* that begins this unit, there are special endings for the **tu** form and all plural forms when the infinitive is preceded by a subject:

eu	saber		nós	saber**mos**
tu	saber**es**		[vós	saber**des**]

você			vocês	
o senhor / a senhora	saber		os senhores / as senhoras	saber**em**
ele / ela			eles / elas	
essa moça			Ricardo e Maria	

The **personal infinitive** will be used instead of the impersonal infinitive:

a. After impersonal expressions when the subject of the infinitive is *not* impersonal "one":

> É uma vergonha **os alunos falarem** tanto.
> It's a shame the students talk so much.

> Foi bom **comprares** isso.
> It was good you bought that.

> Parece estranho **dizermos** a verdade.
> It seems strange for us to tell the truth.

The inclusion of the subject pronoun before the infinitive is optional. It is generally included for the first and third person singular subjects in order to avoid ambiguity, since the forms for these subjects are the same as those of the impersonal infinitive.

b. To "personalize" infinitives used with the force of a noun for one of the uses of English **-ing**:

> **Ficarmos** aqui é uma má ideia.
> Our staying here is a bad idea.
> **Eu fazer** isso daria muito trabalho.
> My doing that would be a lot of work.

c. After prepositions when the subject of the infinitive is *not* the same as the subject of the main verb:

> Ele pagou muito para **os seus pais virem.**
> He paid a lot in order for his parents to come.

> Vou esperar até **você chegar.**
> I'm going to wait until you arrive.

> Ao **chegarmos** ele nos levou ao hotel.
> Upon our arriving, he took us to the hotel.

> Todos chegaram antes de **eu partir.**
> Everyone arrived before I left.

If the preposition and the infinitive precede the conjugated verb, the personal infinitive may be *optionally* used even though the subject of the infinitive is the same as the subject of the conjugated verb. Using the personal infinitive avoids the ambiguity of beginning the sentence with a subjectless verb:

> Antes de **escolhermos**, pedimos uma bebida.
> Antes de **escolher**, pedimos uma bebida.
> Before ordering, we asked for a drink.

The use of the personal infinitive after prepositions is very common in Portuguese. Since many adverbial conjunctions that introduce adverb clauses have preposition counterparts, in many instances a more complex sentence is avoided:

> Fiquei em casa até eles chegarem.
> Fiquei em casa até que eles chegaram.
> I stayed home until they arrived.

> Saí da casa sem ninguém me ver.
> Saí da casa sem que ninguém me visse.
> I left the house without anyone seeing me.

> No caso dele viver, não haverá herança.
> Caso ele viva, não haverá herança.
> In case he lives, there will be no inheritance.

The personal infinitive is frequently used with the following prepositions:

até	until
antes de	before
depois de	after
sem	without
no caso de	in case
para	in order that

Exercício de verificação: o infinito pessoal

1. Siga o modelo.

MODELO:
> Seria bom **reservar** um quarto. (seus pais)
> Seria bom seus pais reservarem um quarto.

1. É aconselhável **pedir** o prato do dia. (você)
   É aconselhável você pedir o prato do dia.
2. **Sair** com vocês é um prazer. (nós)
   Sairmos com vocês é um prazer.
3. Parece boa idéia **comprar** novos talheres? (eles)
   Parece boa idéia eles comprarem novos talheres?
4. Foi demais **descontar** cinco cheques. (eu)
   Foi demais eu descontar cinco cheques.
5. É justo **deixar** uma gorjeta. (a gente)
   É justo a gente deixar uma gorjeta.
6. Temos que pôr fim a essa discussão antes de **partir**. (os outros)
   Temos que pôr fim a essa discussão antes dos outros partirem.
7. Para **falar** com eles tive que pedir uma ligação interurbana. (nós)
   Para (nós) falarmos com eles tive que pedir uma ligação interurbana.

Exercícios orais

2. Responda usando o infinito pessoal segundo o modelo.

MODELO: Eles vão partir amanhã. É preferível?
> Sim, é preferível eles partirem amanhã.

1. Peço feijoada primeiro. É melhor?
2. Os alunos têm todos boas notas. Parece estranho?
3. Papai bebeu quinze cervejas. Foi espantoso?
4. Os meus tios vão se hospedar naquele hotel. Fica bem?
5. Antes pagamos a conta. É preferível?
6. A linha estava ocupada. Foi chato?
7. Retiramos todo o dinheiro. Foi boa idéia?
8. O Mário e a Maria se casam em janeiro. É conveniente?

3. Mude segundo o modelo.

MODELO: Esperaram até que nós chegamos.
> Esperaram até nós chegarmos.

1. Eles partiram depois que lhes falamos.
2. Ele pediu dinheiro emprestado porque queríamos ir de férias.

3. Despacharam a bagagem depois que o pai confirmou o vôo.
4. Não apertamos os cintos até que o avião estava para decolar.
5. Sempre escutamos música antes que nosso avô chegue em casa.
6. Os rapazes beberam vinho até que o mais jovem caiu da cadeira.
7. O chefe deu licença porque estávamos de acordo.
8. Emprestou-me mil cruzeiros para que eu tivesse dinheiro suficiente.

4. Diga em português usando o infinito adequado.

1. Because we weren't satisfied, I called the waiter.
2. He never visits us without our calling him first.
3. They gave us medicine in order that we not get airsick.
4. Her children sleep until she wakes them up.
5. He asked for white wine before I got to the table.

5. Responda segundo o modelo, usando o infinito adequado.

MODELO:
Você sempre espera aqui? (até meu noivo...)
 Sim, eu sempre espero aqui (até meu noivo sair do seu escritório).

1. Você concluiu a pesquisa no fim de semana? (depois das visitas...)
2. Vocês reservaram mais de um quarto? (no caso dos meus amigos...)
3. Você trabalhou para essa companhia por muito tempo? (até o chefe...)
4. Você assinou o contrato? (sem...)
5. Você aprendeu alemão no verão passado? (antes de...)
6. Vocês não foram à festa da Ana Maria? (por todo mundo...)
7. O seu avô comprou uma casa na praia? (para nós...)
8. Seus filhos arrumaram toda a casa? (antes de nós...)

Leitura

O fígado indiscreto

Que há um Deus para o namoro e outro para os bêbedos, está provado—
a contrariu sensu.[1] Sem eles, como explicar tanto passo falso sem tombo, tanto
tombo sem nariz partido, tanta beijoca lambiscada a medo sem maiores
conseqüências afora uns sobressaltos desagradáveis, quando passos inoportunos põem fim a duos de sofá em sala momentaneamente deserta?

Acontece, todavia, que esses deuses, ao jeito dos de Homero, também
cochilam: o borracho parte o nariz de encontro ao lampião, ou a futura
sogra lá apanha Romeu e Julieta em flagrante atrito de epidermes, petrifi-
cando-os com o clássico: «Que pouca vergonha!...»

Outras vezes acontece aos protegidos decaírem de graça divina.

Foi o que sucedeu a Inácio, o calouro, e isso lhe estragou o casamento com a Sinharinha Lemos, boa menina a quem cinqüenta contos de dote faziam ótima.

Inácio era o rei dos acanhadões. Pelas coisas mínimas avermelhava, saía fora de si e permanecia largo tempo idiotizado.

O progresso do seu namoro foi, como era natural, menos obra sua que da menina, e da família de ambos, tacitamente concertadas numa conspiração contra o celibato do futuro bacharel. Uma das manobras constou do convite que ele recebeu para jantar nos Lemos, em certo dia de aniversário familiar comemorado a peru.

Inácio barbeou-se, laçou a mais formosa gravata, floriu de orquídeas a botoeira, friccionou os cabelos com loção de violetas e lá foi, de roupa nova, lindo como se saíra da forma naquela hora. Levou consigo, entretanto, para mal seu, o acanhamento—e daí proveio a catástrofe...

Havia mais moças na sala, afora a eleita, e caras estranhas, vagamente suas conhecidas, que o olhavam com a benévola curiosidade a que faz jus um possível futuro parente.

Inácio, de natural mal firme nas estribeiras, sentiu-se já de começo um tanto desmontado com o papel de galã à força que lhe atribuíam. Uma das moças, criaturinha de requintada malícia, muito «saída» e «se-mostradeira», interpelou-o sobre a «noivinha»—tudo com meias palavras intencionais, sublinhadas de piscadelas para a direita e a esquerda.

Inácio avermelhou e tartamudeou palavras desconchavadas, enquanto o diabrete maliciosamente insistia: —Quando os doces,[2] «seu» Inácio?

Respostas mascadas, gaguejadas, ineptas, foram o que saiu de dentro do moço, incapaz de réplicas jeitosas sempre que ouvia risos femininos em redor de si. Salvou-o a ida para a mesa.

Lá, enquanto enguliam a sopa, teve tempo de voltar a si e arrefecer as orelhas. Mas não demorou muito no equilíbrio. Por dá cá aquela palha o pobre rapaz mudava-se de si para fora, sofrendo todos os horrores conseqüentes. A culpada aqui foi a dona da casa. Serviu-lhe dona Luiza um bife de fígado, sem consulta prévia.

Esquisitice dos Lemos: comiam-se fígados naquela casa até nos dias mais solenes.

Esquisitice de Inácio: nascera com a estranha idiossincrasia de não poder sequer ouvir falar em fígado. Seu estômago, seu esôfago e talvez o seu próprio fígado tinham pela víscera biliar uma figadal aversão. E não insistisse ele em contrariá-los: amotinavam-se, repelindo indecorosamente o pedaço ingerido.

Nesse dia, mal dona Luiza o serviu, Inácio avermelhou de novo, e novamente saiu fora de si. Viu-se só, desamparado e inerme ante um problema de inadiável solução. Sentiu lá dentro o motim das vísceras; sentiu o estômago, encrespado de cólera, exigir, com império, respeito às suas antipatias. Inácio parlamentou com o órgão digestivo, mostrou-lhe que mau momento era aquele para uma guerra intestina. Tentou acalmá-lo a goles de clarete, jurando eterna abstenção para o futuro. Pobre Inácio! A porejar suor nas asas do nariz, chamou a postos o heroísmo, evocou todos os martírios sofridos pelos cristãos na era romana e os padecidos na era cristã pelos heréticos; contou um, dois, três e *glug!* engoliu meio fígado sem mastigar. Um gole precipitado de vinho rebateu o empacho. E Inácio ficou a esperar, de olhos arregalados, imóvel, a revolução intestina.

Em redor a alegria reinava. Riam-se, palestravam ruidosamente, longe de suspeitarem o suplício daquele mártir posto a tormentos duma nova espécie.

—Você, já reparou, Miloca, na «ganja» da Sinharinha?—disse uma sirigaita de «beleza» na testa. —Está como quem viu o passarinho verde... —E olhou de soslaio para Inácio.

O calouro, entretanto, não deu fé da tagarelice; surdo às vozes do mundo todo se concentrava na auscultação das vozes viscerais. Além disso, a tortura não estava concluída: tinha ainda diante de si a segunda parte do fígado engulhento. Era mister atacá-la e concluir de vez a ingestão penosa. Inácio engatinou-se de novo e—um, dois, três: *glug!* —lá rodou, esôfago abaixo, o resto da miserável víscera.

Maravilha! Por inexplicável milagre de polidez, o estômago não reagiu. Estava salvo Inácio. E como estava salvo, voltou lentamente a si, muito pálido, com o ar lorpa dos ressuscitados. Chegou a rir-se. Riu-se alvarmente, de gozo, como riria Hércules após o mais duro dos seus trabalhos. Seus ouvidos ouviam de novo os rumores do mundo, seu cérebro voltava a funcionar normalmente e seus olhos volveram outra vez às visões habituais.

Estava nessa doce beatitude, quando,

—Não sabia que o senhor gostava tanto de fígado— disse dona Luiza, vendo-lhe o prato vazio. —Repita a dose.

O instinto de conservação de Inácio pulou em guarda. E, fora de si outra vez, o pobre moço exclamou, tomado de pânico:

—Não! Não! muito obrigado!...

—Ora deixe-se de luxo! Tamanho homem com cerimônias em casa de amigos. Coma, coma, que não é vergonha gostar de fígado. Aqui está o Lemos, que se péla por uma isca.

—Iscas são comigo —confirmou o velho. —Lá isso não nego. Com elas ou sem elas,[3] nunca as enjeitei. Tens bom gosto, rapaz. Serve-lhe, serve-lhe mais, Luiza.

E não houve salvação! Veio para o prato de Inácio um novo naco —este formidável, dose dupla.

Não se descreve o drama criado no seu organismo. Nem um Shakespeare, nem Conrad—ninguém dirá nunca os lances trágicos daquela estomacal tragédia sem palavras. Nem eu, portanto. Direi somente que à memória de

Inácio acudiu o caso da Nora, de Ibsen, na *Casa de boneca*, e disfarçadamente ele aguardou o milagre.

E o milagre veio! Um criado estouvadão, que entrava com o peru, tropeçou no tapete e soltou a ave no colo duma dama. Gritos, reboliço, tumulto. Num lampejo de gênio, Inácio aproveitou-se do incidente para agarrar o fígado e metê-lo no bolso.

Salvo! Nem dona Luiza, nem os vizinhos perceberam o truque —e o jantar chegou à sobremesa sem maior novidade.

Antes da dansata lembrou alguém recitativos e a espevitadíssima Miloca veio ter com Inácio.

—A festa é sua, doutor. Nós queremos ouvi-lo. Dizem que recita admiravelmente. Vamos, um sonetinho de Bilac. Não sabe? Olhe o luxinho! Vamos, vamos! Repare quem está ao piano; Ela... Nem assim? Mauzinho! Quer decerto que a Sinharinha insista?... Ora, até que enfim! A *Doida de Albano*? Conheço, sim, é linda, embora um pouco fora da moda. Toque a *Dalila*, Sinharinha, bem *piano*... assim...

Inácio, vexadíssimo, vermelhíssimo, já em suores, foi para o pé do piano onde a futura consorte preludiava a *Dalila* em surdina. E declamou a *Doida de Albano*.

Pelo meio dessa hecatombe em verso, ali pela quarta ou quinta desgraça, uma baga de suor escorrida da testa parou-lhe na sobrancelha, comichando qual importuna mosca. Inácio lembra-se do lenço e saca-o fora. Mas com o lenço vem o fígado, que faz *plaf!* no chão. Uma tossida forte e um pé plantado sobre a infame víscera, manobras do instinto, salvam o lance.

Mas desde esse momento a sala começou a observar um extraordinário fenômeno. Inácio, que tanto se fizera rogar, não queria agora sair do piano. E mal terminava um recitativo, logo iniciava outro, sem que ninguém lho pedisse. E que o acorrentava àquele posto, novo Prometeu, o implacável fígado...

Inácio recitava. Recitou, sem música, o _Navio negreiro, As duas ilhas, Vozes de África, O Tejo era sereno._

Sinharinha, desconfiada, abandonou o piano. Inácio, firme. Recitou o _Corvo_ de Edgar Poe, traduzido pelo senhor João Kopke; recitou o _Quisera amar-te,_ o _Acorda donzela,_ borbotou poemetos, modinhas e quadras.

Num canto da sala, Sinharinha estava chora-não-chora.[4] Todos se entre-olhavam. Teria enlouquecido o moço?

Inácio, firme. Completamente fora de si (era a quarta vez que isso lhe acontecia naquela festa) e falto já de recitativos de salão, recorreu aos _Lusíadas._ E declamou _As armas e os barões, Estavas linda Ignez, Do reino a rédea leve,_ o _Adamastor_ —tudo!...

E esgotado Camões ia-lhe saindo um «ponto» de Filosofia do Direito. —A escola de Bentham —a coisa última que lhe restava de cor na memória, quando perdeu o equilíbrio, escorregou e caíu, patenteando aos olhos arregalados da sala a infamérrima víscera de má morte.

O resto não vale a pena contar. Basta que saibam que o amor de Sinharinha morreu nesse dia; que a conspiração matrimonial falhou; e que Inácio teve de mudar de terra. Mudou de terra porque o desalmado major Lemos deu de espalhar pela cidade inteira que Inácio era, sem dúvida, um bom rapaz, mas com um grave defeito: quando gostava dum prato não se contentava de comer e repetir —ainda levava escondido no bolso o que podia...

MONTEIRO LOBATO
De _Cidades Mortas_

[1] Palavras latinas que significam «a idéia oposta prova a veracidade», isto é, que ao considerar a possibilidade de haver um único deus para ambos prova o contrário.
[2] Uma referência ao casamento.
[3] _Elas = batatas._
[4] Estar ao ponto de chorar.

Expressões úteis

1. pôr fim a	...passos inoportunos **põem fim a** duos de sofá.
	...inopportune steps _put an end to_ duets on the sofa.
2. sair fora de si	...**saía fora de si.**
	...he was _going crazy._
3. voltar a si	...teve tempo de **voltar a si.**
	...he had time to _regain his senses._
4. ao jeito de	...**ao jeito d**os de Homero.
	..._in the manner of_ those of Homer.
5. sequer	...de não poder **sequer** ouvir falar em fígado.
	...of not being able _even_ to hear mention of liver.

6. de vez   …concluir **de vez.**
                             …to conclude *once and for all.*

7. valer a pena   …o resto não **vale a pena** contar.
                             …the rest *isn't worth* telling.

8. chegar a   …**chegou a** rir-se.
                             …he *managed* to laugh (ended up laughing).

Perguntas

1. Por que diz o autor que há um Deus para o namoro e outro para os bêbedos? Dê alguma prova da sua existência.
2. Quem é Inácio? Como é ele?
3. Quem mais encorajou o namoro?
4. Como reage Inácio às indiretas de uma moça?
5. Qual era o prato predileto da família Lemos? Era o predileto do Inácio também?
6. Descreva o Inácio comendo fígado. Com quem o autor o compara?
7. Por que Inácio ficou contente? Por que durou pouco essa alegria?
8. O que é que ele faz com o segundo pedaço de fígado?
9. O que se passa logo depois do jantar?
10. Como é que o fígado cai no chão? O Inácio consegue sair dessa?
11. O que pensa o pessoal? A namorada do Inácio?
12. Conte o fim da história.
13. Qual é o tom que o autor usa neste conto? Dê alguns exemplos concretos.
14. O que é que você acha do Inácio? Justifique a sua resposta.
15. Qual é a comida que você mais odeia?
16. O que você teria feito no lugar de Inácio?

Receita
Frango com tomate à alentejana

1 Frango
1 boião de molho de tomate cozinhado
1 colher (sopa) de margarina
2 dentes de alho
1 cebola
1 colher (sopa) de aguardente
2 colheres (sopa) de vinho branco
100 g de azeitonas verdes
100 g de azeitonas pretas
    Salsa, louro, sal e pimenta

Derreta a margarina e junte-lhe a cebola e os dentes de alho picados, louro e o frango cortado em bocados.

Tempere com sal e pimenta e deixe alourar.

Adicione a aguardente e o vinho branco, tape o recipiente e deixe cozer sobre lume brando, durante 20 a 30 minutos.

A meio da cozedura, junte as azeitonas descaroçadas e 5 minutos antes de servir adicione o molho de tomate cozinhado.

Rectifique os temperos.

Polvilhe com salsa picada e acompanhe com batatas fritas cortadas em palitos fininhos.

Exercício escrito

Escreva em português.

1. He was at that restaurant before I arrived.
2. I remained in the restaurant until they closed it.
3. To prepare that dish you must buy fish, pork, and ham.
4. Besides, my daughter wants to come with us. I think it's a bad idea.
5. Upon our arriving she greeted us at the door.
6. In order to succeed one has to work a lot.
7. Before they chose the main dish they ordered soup, which the waiter spilled on the floor.
8. This dessert is very easy to prepare. You just take the mix, pour it into a bowl, add a cup of boiling water, dissolve the powder in it and let it cool.
9. Could you please pass me the butter? It's in front of you.
10. How shameful! He stuttered the answers, looked around, and disappeared.

Temas para conversação ou redação

1. As regras principais para a boa conduta à mesa.
2. A comida no ano 2050.
3. Queixando-se ao gerente quando o garçom e a comida foram horríveis.
4. Você é estrangeiro e quer se informar sobre os pratos tipicamente brasileiros. Imagine uma conversa que teria com o garçom.
5. Ensine a um menino de sete anos como pôr a mesa.

Oitava Unidade

O correio

Recapitulação

Uses of por and para/Os usos de por e para

1. The basic meaning of **para** is destination in space or time:

Partimos **para** o Rio daqui a uma hora.
We leave *for* Rio in an hour.

Este presente é **para** você.
This present is *for* you.

O trabalho é **para** a segunda-feira.
The work is *for* Monday.

Tem que caminhar três quarteirões **para** chegar a minha casa.
You have to walk three blocks *to* get to my house.

Compraste tudo **para** a festa?
Did you buy everything *for* the party?

Estuda **para** ser médico.
He's studying *to* be a doctor.

O quarto dá **para** a rua.
The window looks *toward* the street.

João ia **para** a escola quando eu o vi.
João was going *toward (to)* school when I saw him.

Para is also used to express an implied comparison:

É alta **para** uma menina de oito anos.
She's tall *for* an eight year old girl.

Será difícil **para** alguns alunos.
It will be difficult *for* some students.

Para conferencista não sabe falar.
For a lecturer he doesn't know how to talk.

183

Expressions with **para**:

> **para sempre** 'forever'
> **para já** 'for now'
> **de lá para as tantas** 'very late'
> **de lá para cá** 'back and forth; since then'
> **estar para** + **infinitive** 'to be about to'

2. A basic meaning of **por** is movement through or approximation in space or time:

Eles o farão **pela** tarde.
They will do it *during* the afternoon.

Passaste **por** aqui?
Did you pass *by* here?

Estiveram lá **por** três meses.
They were there *for* three months.

Estará **por** aqui?
I wonder if it's *around* here.

Passeamos **pelo** parque.
We strolled *through* the park.

Voltamos **pelas** oito.
We'll return *around* eight o'clock.

Por is also used to express:

a. By (means of)

> Mandei a carta **por** via aérea.
> I sent the letter *by* airmail.
>
> Falamos **pelo** telefone.
> We spoke *by* telephone.
>
> O rei foi eleito **pelo** povo.
> The king was elected *by* the people.
>
> Reconheço-o **pela** gravata.
> I recognize him *by* his tie.

b. Exchange

> Paguei 300 cruzeiros **por** esta camisa.
> I paid 300 cruzeiros *for* this shirt.
>
> Não receberam muito **pelo** carro.
> They didn't get a lot *for* the car.
>
> Afonso trabalha **por** dinheiro.
> Afonso works *for* money.
>
> Estou aqui **por** meu amigo.
> I'm here *in place of* my friend.
>
> Obrigado **por** tudo.
> Thanks for everything.

c. Per

Cinqüenta quilômetros **por** hora.
Fifty kilometers *per* hour.

Vejo-a duas vezes **por** semana.
I see her two times *a* (*per*) week.

Os juros estão a doze **por** cento.
The interest rate is at twelve *percent.*

d. Motive, reason

A mamãe o comprou **por** ela.
Mother bought it *for* her. (*for her sake*)

Trabalho muito **por** melhorar minha situação.
I work hard in order to improve (*for the sake of improving*)
my situation.

Morreram **pela** sua pátria.
They died *for* their country.

Ficou doente **por** fumar tanto.
He got sick *because* of smoking so much.

Fala **por** falar.
He speaks *for the sake of* talking.

A calçada está escorregadia **pelo** gelo.
The sidewalk is slippery *because of* the ice.

e. "As"

Por mais que trabalhe...
As much as he works...

Tomou-me **por** português.
He mistook me *for* (*as*) Portuguese.

Ele passa **por** um sujeito importante.
He passes *for* (*as*) an important fellow.

Por mim não tem importância.
As for me, it's not important.

Expressions with **por**:

> **por agora** 'for now'
> **por enquanto** 'for the time being'
> **por certo** 'certainly, of course'
> **pelo menos** 'at least'
> **por pouco** 'almost'
> **por fim, por último** 'finally'
> **portanto** 'therefore'
> **por casualidade, por acaso** 'by chance'
> **por conseqüência, por conseguinte** 'consequently'
> **por volta de** 'around'
> **por nada** 'you're welcome'
> **tanto por tanto** 'things being equal'
> **acabar por** + *infinitive* 'to end up + ...ing'
> **estar por** + **infinitive** 'to be in favor of'

Vocabulário Temático

O correio

	Brasil e Portugal	Brasil	Portugal
post office	o correio		
— window		o guichê	o guichet
— box	a caixa postal		
line		a fila	a bicha
postmark	o carimbo do correio		
to postmark	carimbar a correspondência		
mail (letters)	o correio		a correspondência
letter	a carta		
registered —	— registrada		registada
airmail	(por) via aérea		
package	o embrulho, o pacote		
ZIP code		CEP (Código de Endereçamento Postal)	o Código Postal
to weigh	pesar		
to mail	enviar pelo correio		
to stick on	colar		
to insure	assegurar		

	Brasil e Portugal	Brasil	Portugal
envelope	o envelope		
post card	o cartão postal,		
	o cartão, o postal		
telegram	o telegrama		
aerogram	o aerograma		
stamp	o selo		
postage	a tarifa postal		a taxa postal
postpaid	com porte pag(ad)o		
address	o endereço		a direcção
addressee	o destinatário		
addresser	o remetente		
letter carrier	o carteiro		
home delivery	entrega a domi-		
	cílio		

Diálogo

No correio

    Depois de muito esperar chega a vez daquela senhora de vermelho, toda suada. Dirige-se para o funcionário do correio:

MULHER   Minha Nossa! O que é que houve? O pessoal enlouqueceu ou vocês estão dando alguma coisa de graça hoje?

FUNCIONÁRIO   Que nada! Todo ano é a mesma coisa. A cidade inteira lembra-se do Natal na última semana, daí salve-se quem puder! Na última hora precisa-se enviar um pacote para um amigo, esqueceu-se de mandar os cartões de Natal com antecendência. O resultado 'tá aí. A gente trabalha como um doido. O pior é que por cima ainda reclamam...

    A senhora, ansiosa, corta o desabafo do infeliz empregado.

MULHER   Tem razão, no fundo é falta de organização mesmo. Mas me diz uma coisa, o que é que eu faço para esta carta chegar o mais rápido possível a Belém?

FUNCIONÁRIO   Por via aérea simples, R$ 2,70.

MULHER   Ah, este pacote também vai para Belém, mas cuidado!—gostaria que ele chegasse inteirinho.

FUNCIONÁRIO   Quanto a isso deixe comigo, não tem problema e para garantir a gente faz um pequeno seguro.

O empregado pesa o pacote, marca o porte e
coloca-o dentro de uma cesta enorme.
Dirige-se para a senhora e pergunta:

FUNCIONÁRIO Só isso?

MULHER Só.

FUNCIONÁRIO São R$8,10.

MULHER Ah, então espera um pouquinho, me dá uns selos para os meus cartões de Natal.

FUNCIONÁRIO Quantos?

MULHER Uns vinte mais ou menos.

O empregado coloca os selos em cima do balcão e pergunta:

FUNCIONÁRIO Mais alguma coisa?

MULHER Não, agora é só.

FUNCIONÁRIO São R$ 62,10.

A mulher paga e dirige-se para um balcão ao lado onde
cola os selos nos envelopes e despacha-os.
Depois tranqüilamente vai para casa.

Perguntas sobre o diálogo

1. Por que há tanta gente no correio?
2. Para que a mulher foi ao correio?
3. Como lhe recomendam mandar uma carta?
4. Quantos selos compra? Para quê?
5. O que é que o pacote contém?
6. De que modo decide ela mandá-lo?
7. O que é que o empregado faz com o pacote?
8. Onde a mulher se detém antes de sair do correio?

Perguntas diversas

1. Quando é que há muita gente no correio?
2. Onde é que o carteiro põe sua correspondência?
3. O que é um aerograma? Quando se usa aerograma? Quais são as van-
4. tagens e desvantagens?
   Em que circunstâncias se mandam telegramas? E cartões?
5. O que a gente tem que escrever no envelope?
6. Como são determinados os preços dos selos?

1. O que aprendemos com os selos?
2. Você é colecionador de selos? de moedas? de quê?
3. Por que é que muitas pessoas colecionam selos (e outras coisas)?

Gramática

1. Por and para/Por e para

As prepositions, **por** and **para** function as relators (connecting words) that join the object of the preposition to some other element in the sentence. A major contrast for the usage of these two prepositions is in expressing relationships of time and space. In this regard, **para** is used when the object of the preposition (a point in time or space) is viewed as a _destination_ or _goal_:

With **por**, however, the object of the preposition is viewed as a point in time or space _through, by,_ or _around_ which movement is made.

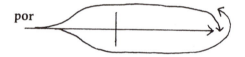

Notice the choice of preposition in the following sentences:

Para

Vamos **para** o parque.
Let's go _to_ the park.

Venha **para** aqui.
Come here (_to this place_).

Ela caminhou **para** a avenida.
She walked to (_toward_) the avenue.

O encontro está marcado **para**
  as oito.
The meeting is set _for_ eight.

Para esta tarde tragam os outros.
For this afternoon bring the
  other ones.

Por

Vamos **pelo** parque.
Let's go _through_ the park.

Venha **por** aqui.
Come _through_ here.

Ela caminhou **pela** avenida.
She walked _along_ the avenue.

Encontro-me com ele **pelas** oito.

I'll meet with him _around_ eight.

Estou aqui **pela** tarde.
  I'm here _during_ the afternoon.

In the sentences on the left, the English prepositions _to, toward,_ and _for_ all express the meaning of movement in the direction of a destination or goal; thus **para** is used. In the sentences on the right, _through, along, around,_ and _during_ express movement in the vicinity of a given point in time or space; thus **por** is used.

As seen in the *Recapitulação* of this lesson, **por** is used to express other ideas in addition to relationships of time and space: *by (means of), exchange, per, motive or reason,* and *as.* Since **por** has several meanings, it is not uncommon for a **sentence** with **por** to have more than one interpretation (context determines precise meaning):

> Faço tudo **por** ela.   I do everything *for* her.
> *(for her sake* or *in place of her)*

Furthermore, sentences with English 'for' can be rendered with **para** for destination or with **por** for one or more meanings:

> He gave me 500 dollars for the car.
>   Deu-me 500 dólares para o carro (*to fix it up*).
>   Deu-me 500 dólares pelo carro (*in exchange for*).

> I'm working for my father this summer.
>   Trabalho para meu pai este verão (*he's my boss*).
>   Trabalho por meu pai este verão (*in place of* or *for his benefit*).

In many instances, goal (destination) and motivation are not clearly separable. Consequently, either **para** (*stressing the goal*) or **por** (*stressing the motivation*) may be used:

> Trabalha **por/para** sua família.   Esforça-se **por/para** aprender.

Exercícios de verificação: por e para

Responda às seguintes perguntas usando **por** ou **para** em lugar da frase em tipo itálico.

1. O Zé chegará em casa *por volta das* seis?
   Sim, o Zé chegará em casa pelas seis.
2. Você dormiu bem *durante* a noite?
   Sim, eu dormi bem pela noite.
3. Vão correndo *em direção* ao correio?
   Sim, vão correndo para o correio.
4. Todos vão *ao* Rio?
   Sim, todos vão para o Rio.
5. *Quanto a* você está bem?
   Sim, por mim está bem.
6. Quanto é a carne *ao* quilo?
   A carne é *(setenta e cinco euros)* por quilo.
7. Quem trabalha *em lugar dele*?
   (Eu) trabalho por ele.
8. Ainda estás falando *no* telefone?
   Sim, eu ainda estou falando pelo telefone.

9. Vocês já procuraram *em todo lugar?*
   Sim, nós já procuramos por todo lugar (toda parte).
10. Havia muita gente *ao longo da* margem do rio?
    Sim, havia muita gente pela margem do rio.
11. Quando é que parte o avião *com destino a* Paris?
    O avião para Paris parte *(às oito e um quarto).*
12. Você pode reconhecê-lo *devido às* cores das calças?
    Sim, eu posso reconhecê-lo pelas cores das calças.

Exercício oral

1. Responda usando a preposição apropriada (ou *por* ou *para*) segundo o modelo.

MODELO: Você mandou a carta? Mensageiro?
         Sim, mandei a carta *por* mensageiro.

1. Você foi à Europa? Três meses?
2. Ele estudou? Duas horas?
3. Os meninos correram? Dez minutos?
4. Compraste um presente? Tua mãe?
5. Papai enviou o pacote? Avião?
6. Devo ter o relatório pronto? Amanhã?
7. Brindamos? O aniversário dele?
8. O João trabalha muito? Ser advogado?
9. Os filhos já partiram? A escola?
10. Você convidou todos? A festa?
11. Eles foram ao restaurante? Jantar?
12. Partimos amanhã? São Paulo?
13. O Gilberto a levou? Casa?
14. Você falou com meus pais? Telefone?
15. Ela esteve lá? Um ano?
16. O menino vai andar? A neve?

Exercício escrito

1. Preencha os seguintes espaços em branco com a preposição apropriada (*por* ou *para*).

1. _____ quem é esta revista?
2. Os rapazes foram vistos no parque _____ meu marido.
3. Este é um copo _____ água.
4. Quais são os seus planos _____ o próximo verão?
5. Todos já foram _____ a biblioteca.
6. _____ eles é muito difícil.

7. Onde estão as xícaras _____ café?
8. Ofereceram-lhe dinheiro _____ comprar um carro.
9. Não fomos lá _____ falta de dinheiro.
10. Sempre me tomam _____ brasileiro/a.
11. Quem lhe emprestou dinheiro _____ consertar o relógio?
12. Tomamos cerveja porque é boa _____ a saúde.
13. O Zé chamou _____ telefone e perguntou _____ você.
14. Quando é que ele passa _____ mim?
15. Parece que está _____ nevar.
16. Já compraste os cartões _____ a mamãe?
17. _____ uma pessoa que tem tudo ele não é feliz.
18. O elevador não funciona, vamos subir _____ (as) escadas.
19. _____ beber tanto está com uma forte dor de cabeça.
20. _____ fim me telefonaram.
21. _____ você pode ser que seja muito fácil mas _____ mim não é.
22. _____ um jovem de doze anos nãc é muito inocente.
23. Amanhã partimos _____ a Espanha e ficaremos lá _____ três meses.
24. Já me disseram que a tarefa é _____ segunda-feira.
25. Saímos às sete _____ chegar cedo.

2. The infinitive as verbal object/
O infinito como complemento do verbo

Infinitives may occur as objects of the verb in English as shown in the following examples:

I made **John leave.**
I asked **him to leave.**
They let **her go along.**
We told **you not to vote** for the scoundrel.

In Portuguese, either the impersonal or the personal infinitive may serve as an object of the verb.

1. The **impersonal infinitive** is used:

a. If the subject of the infinitive is impersonal "one"

Papai mandou **ficar** em casa.
Dad ordered (*"one"*) to stay at home.

Loira apaixonada, você esqueceu de colocar o CEP no endereço. Desse jeito você não casa.

O CEP, Código de Endereçamento Postal, é muito importante para quem quer se corresponder.

Seja com o rapaz simpático, parente, amigo ou cliente. Sem o CEP a carta vai devagar e atrasa a resposta.

Pior para a loira apaixonada que quer casar, ou para o filho que espera notícias de casa, ou para o rapaz que está dando provas da velha amizade, ou para o negociante que faz uma consulta.

Os Correios não querem que isso aconteça com ninguém. Não se esqueça de colocar o CEP no endereço. O CEP é o código da rapidez.

O Guia do CEP se encontra à venda nas Agências dos Correios.

CORREIOS
EMPRESA BRASILEIRA DE CORREIOS E TELÉGRAFOS
Vinculada ao Ministério das Comunicações

1. Qual é o objetivo deste anúncio?
2. O que é o CEP? Para que serve? Qual é o equivalente ao CEP no seu país?
3. Não sabendo o CEP do destinatário, onde é que você pode encontrá-lo?
4. Escreva seu próprio anúncio classificado.

Aconselhamos a não **fazer** nada.
We advise (*"one"*) not to do anything.

Eles sugerem **consertar** o carro!
They suggest (*"one"*) to fix the car!

b. If a direct or indirect object pronoun is used with the main verb and that pronoun refers to the subject of the infinitive

Papai os mandou **ficar**.
Papai mandou-os **ficar**.
Dad ordered them to stay.

Ninguém nos deixou **fazer** isso.
No one let us do that.

Quem a obrigou a **sair**?
Who obliged her to leave?

The personal infinitive *may* be used here (i.e., **Papai os mandou ficarem em casa**) but the impersonal one is the most frequently used form in the spoken language.

2. The **personal infinitive** is used if the subject of the infinitive is not impersonal "one" and no object *pronoun* is included with the main verb:

Papai mandou os filhos **ficarem** em casa.
Dad ordered the kids to stay at home.
Papai mandou **ficarem** em casa.
Dad ordered them/you to stay at home.

The following verbs are frequently followed by infinitives. Note that some of them require a preposition:

deixar	to let
fazer	to make
mandar	to order
permitir	to permit
sugerir	to suggest
exigir	to demand
proibir	to prohibit
ordenar	to order
recomendar	to recommend
dizer para	to say (*a request*)
telefonar para	to telephone (*a request*)
pedir para	to ask
avisar para	to advise/warn
escrever para	to write (*a request*)
insistir para	to insist
obrigar a	to oblige/force
aconselhar a	to advise

Exercícios de verificação: o infinito pessoal

1. Siga o modelo.

MODELO:

Eu não deixo fazer isso na classe. (*os alunos*)
Eu não deixo os alunos fazerem isso na classe.
Eu não os deixo fazer isso na classe.

1. O médico mandou beber só gasosa. (*os meninos*)
   O médico mandou os meninos beberem só gasosa.
   O médico os mandou beber só gasosa.

2. Eu fiz pôr a mesa. (*Cecília*)
   Eu fiz Cecília pôr a mesa.
   Eu a fiz pôr a mesa.

3. Tio Alfredo deixou brincar no parque. (*nós*)
   Tio Alfredo deixou brincarmos no parque.
   Tio Alfredo nos deixou brincar no parque.

4. Eles pediram para trazer mais cerveja. (*eu*)
   Eles pediram para eu trazer mais cerveja.
   Eles me pediram para trazer mais cerveja.

5. Todo mundo avisaria para não casar. (*Gilberto e Dorotéia*)
   Todo mundo avisaria para Gilberto e Dorotéia não casarem.
   Todo mundo os avisaria para não casar.

6. A aeromoça mandou apertar o cinto. (*todos os passageiros*)
   A aeromoça mandou todos os passageiros apertarem o cinto.
   A aeromoça os mandou apertar o cinto.

2. Substitua o verbo, usando uma preposição (**para** ou **a**) quando for preciso.

Eu deixei todos comprarem suas próprias passagens.

1. disse — Eu disse para todos comprarem suas próprias passagens.
2. aconselhei — Eu aconselhei a todos a comprarem suas próprias passagens.
3. mandei — Eu mandei todos comprarem suas próprias passagens.
4. insisti — Eu insisti para todos comprarem suas próprias passagens.
5. escrevi — Eu escrevi para todos comprarem suas próprias passagens.
6. obriguei — Eu obriguei todos a comprarem suas próprias passagens.

Exercícios orais

1. Responda segundo o modelo.

MODELO:

O Joãozinho arrumou todos os quartos. Você o fez fazer isso?
Sim, eu fiz o Joãozinho arrumar todos os quartos.
Sim, eu o fiz arrumar todos os quartos.

1. Eu desejo passar as férias na praia.
   Você me deixaria fazer isso?
2. As crianças não querem tomar banho.
   A mãe delas as mandou fazer isso?
3. Meu colega precisava fazer uma chamada internacional.
   Você lhe permitiu fazer isso?
4. Os alunos estudaram todas as lições.
   Você lhes exigiu fazer isso?
5. A Maria já convidou muitas pessoas para a festa.
   Vocês lhe aconselharam a fazer isso?
6. A empregada chegou cedo demais.
   Papai a obrigou a fazer isso?
7. Nós estamos pensando em enviar o pacote por via aérea.
   Você nos recomenda fazer isso?

2. Siga o modelo usando o infinito adequado e a preposição **para**.

O secretário já reservou um quarto. O chefe disse...
O chefe disse para o secretário reservar um quarto.
O chefe lhe disse para reservar um quarto.

1. Eles consertarão o elevador? O gerente vai avisar...
2. As crianças recolheram seus brinquedos? Mamãe pediu...
3. Nossos avós virão hoje à noite? Eu telefonei...
4 .Vocês pagaram a conta do telefone? Paulo insistiu...
5. Sônia terá uma conta corrente? Os pais dela escreveram...

3. Responda segundo o modelo, olhando para o livro se for preciso.

MODELO: PROFESSOR Esse novo professor sempre usa chapéu na
                       classe. Parece estranho?
            1º ALUNO   Sim, parece estranho ele fazer isso.
            2º ALUNO   Quem o deixou (fez, etc.) usar chapéu na classe?
            3º ALUNO   Alguém deve dizer (pedir, avisar, etc.) para ele
                       não fazer isso.

1. Esse menino joga pedras nos transeuntes. Você acha perigoso?

2. Esse maluco anda descalço em pleno inverno. É conveniente?
3. Esse aluno masca chiclet enquanto fala. É inagüentável?
4. Esse rapagão desce as escadas de cinco em cinco. Parece bom?
5. O noivo da Luísa dirige depressa demais. É boa idéia?
6. Seu filho anda de bicicleta sem botar as mãos nos guidons. Parece espantoso?
7. Essa jovem rói as unhas sem perceber. É uma vergonha?
8. O decano se embebeda todas as noites. Parece triste?

4. Diga em português.

1. They always let us go on vacation with them.
2. The boss telephoned me not to come to work.
3. He made us save our money.
4. Mother always lets us do what we want.
5. I told Mary and Helen to meet us at the post office.

Exercícios de revisão: ser, estar, haver

1. Substitua a forma apropriada de **ser** ou **estar** pela forma de **ficar** segundo o modelo.

MODELO:
    O correio **fica** lá em frente.   O correio **é** lá em frente.

1. O garçom **ficava** esperando enquanto nós falávamos sobre o cardápio.
2. Onde foi que eles **ficaram** hospedados?
3. Onde **fica** a exposição de selos?
4. Todos os livros devem **ficar** na mesa grande.
5. Lisboa **fica** na Espanha? Não **fica** não!
6. O professor sempre **ficava** com muita raiva.
7. Brasília **fica** no interior do país.
8. O genro dela **ficou** no seu quarto o dia todo.
9. Você está dizendo que o endereço **ficou** errado?

2. Preencha os espaços em branco com uma forma apropriada de **ser, estar,** ou **haver**.

1. Esses problemas já _____ resolvidos.
2. A mãe dele lhe deu um carro novo. Ela _____ muito generosa.
3. Aqueles dois _____ apaixonados.
4. Minha vizinha _____ de luto.
5. Aquele vestido _____ na moda.

6. Brasília _____ uma cidade muito moderna.

7. Quando _____ construída?

8. O Rio _____ na costa atlântica. Onde _____ São Paulo?

9. O rapaz _____ pálido por se ter assustado.

10. Este pacote que o carteiro trouxe _____ para você.

11. A filha dela _____ pálida por natureza.

12. A casa _____ rodeada de árvores.

13. Ontem a casa _____ rodeada pela polícia.

14. A vovó _____ cansada por _____ tanto tempo de pé.

15. _____ muitas festas nesta universidade.

16. O dever de casa _____ para sexta-feira.

17. Há que esperar outro mês para comer aquelas maçãs, ainda _____ verdes.

18. A mesa que acabo de quebrar _____ de madeira e couro.

19. As cartas e os selos _____ lá na mesinha.

20. Quantos dias _____ neste ano?

21. Isto não _____ nada.

22. Professor, por que _____ preciso lermos tanto?

23. O governo _____ construindo novos apartamentos.

24. Depois de passar um mês na praia, Cláudia _____ bem gorda!

25. Onde _____ a reunião?

26. O casamento deles _____ às oito horas.

27. Esta janela _____ sempre fechada.

28. _____ nublado e parece que vai chover.

29. A aula _____ vazia porque todos _____ olhando para o disco voador.

30. Como já _____ um pouco tarde, todos se despediram.

31. Lá _____ ele no seu gabinete de trabalho.

32. _____ assim, meu caro amigo, eu costumo jantar com meus amigos.

33. Quando eu cheguei à festa já _____ bem alegre.

34. Quem _____ que roubou meu livro?

35. A partida _____ domingo passado.

36. O pai dele não _____ para graças.

37. Eu não _____ capaz de terminar com isto!

3. **The art of writing letters**/A arte de escrever cartas

	Familiar	*Formal*
Greetings	Caro/a	Prezado/a
	Querido/a	Exmo. Senhor/Ilmo. Senhor
	Estimado/a	Exma. Senhora/Ilma. Senhora
Closings	Saudades	Atenciosamente
	Beijos	Cumprimentos
	Abraços/Um abraço	Cordialmente
	Carinhos	

In Portugal, **atentamente** is used for formal closings.

Uma carta de negócios:

Sociedade Brasileira de Agricultura

Rua Domingos de Morais, 193   01522 São Paulo   Teleg. sobagri

São Paulo,
25 de março de 2___

```
Exmo. Senhor Diretor
Brasil Tratores S/A
Rua dos Anjos Caídos, 243
01522 São Paulo


Senhor Diretor,

    Venho por meio desta solicitar-lhe os catálogos de novos
modelos dos tratores Brasil, juntamente com as especificações
técnicas.

    A firma da qual sou diretor está interessada em 100 unidades
dos seus mais novos modelos e, para tanto, apreciaria que remetesse
juntamente com o acima solicitado, condições de pagamento, preço
e prazo de entrega.

    Subscrevo-me,

                        Atenciosamente,
                        José Cardoso
                        José Cardoso
                        Diretor da Sociedade Brasileira
                        de Agricultura
```

Uma carta familiar:

São Paulo, 14 de março

Querida mamãe,

Acabamos de chegar em São Paulo, é já estamos no nosso apartamento. A viagem foi boa e almoçamos em um restaurante muito bom, em Campinas.

Amanhã eu e Roberto iremos à Universidade buscar alguns formulários que devem ser preenchidos até o fim da semana, antes que a data da matrícula se encerre.

Já estamos com saudade das férias tão gostosas que passamos aí com você e nem posso imaginar voltar outra vez à rotina.

Você é a melhor cozinheira do mundo e nós vamos sentir muita falta da sua comida assim como da sua companhia e da de papai.

Espero que logo vocês venham para cá, na Semana Santa, para podermos ir até Santos no fim de semana, aproveitar o sol na praia.

Receba um abraço e muita saudade nossa.

Carinhos,

Sônia e Roberto

Exercício escrito

1. Escreva uma resposta para uma das cartas.
2. Escreva uma carta formal sobre qualquer negócio para um funcionário da universidade.

Um convite para um casamento:

---

os noivos
receberão os cumprimentos
na residência da noiva

Carlos Oliveira da Silva Viana   Ronaldo Morais

Nilsa Macedo Carvalho Viana   Otávia Lima Morais

Convidam para a cerimônia do casamento de seus filhos

Heloísa Cristina e Óscar Henrique

Às Vinte Horas, do Dia Cinco de Maio

no Oratório do Soldado, Setor Militar Urbano.

ql 5/2 lote 7 shi sul   sqs 516 bl.k apto. 202
brasília—df   brasília-df

Exercício escrito

Escreva um convite para a celebração de qualquer festejo familiar.

Leitura

Eu, Lúcio de Santo Graal

Já fiz muita coisa em jornal, mas o sonho secreto do coração jamais se cumpriu.

Devo ter algum pudor em confessá-lo. Não é coisa, vamos dizer, muito viril. Que fazer? Rirá de mim o leitor severo; mas que se dane. Meu sonho é ter um «Consultório Sentimental». Não com o meu nome; com um pseudônimo, um bom pseudônimo que intrigasse e encantasse as damas. "Mas quem será?" perguntariam elas, erguendo ao céu os belos olhos negros ou azuis. "Quem será, hein?" E ficariam minutos assim, talvez beliscando levemente o lábio inferior. E o Braga, moita.

Minhas respostas seriam infernais, oh, santo Deus, como eu brilharia. Haveria de mergulhar no coração das damas e de lá traria as pérolas lindíssimas que sempre julgo haver recônditas no fundo desses pequenos e confusos oceanos. De vez em quando eu seria irônico, mas também não demais; às vezes um pouco paradoxal, mas também sem abuso. No mais das vezes seria manso, ainda que profundo; terno, embora ligeiramente superior. Às vezes poderia mesmo ser distinto e tão discreto que pediria perdão, mas me negaria a dar conselho em caso tão delicado. Outras vezes rasgaria apelos: "Ame, e creia no seu amor. Tenha a coragem de seus sentimentos; acredite na vida! Conte com meu apoio moral!"

Absolutamente, ab-so-lu-ta-men-te não cederia aos rogos de missivistas ansiosas por me falar pessoalmente, ou sequer pelo telefone. Não, nunca. Ao palerma do Braga elas não pilhariam; só poderiam lidar com o fantástico doutor de almas, profundo conhecedor do coração epistolar feminino, irônico porém tão humano, severo porém tão meigo.

É inútil, ó belas do Brasil; no dia em que eu me instalar atrás de meu soberbo pseudônimo podeis me mandar retratos até em maiô. Pessoalmente só merecereis o meu desprezo; porque «Juan» (ou «Vic», ou «Parsifal», ou «Dr. Cândido»?) só tratará com as senhoras e senhoritas através de cartas. Pessoalmente (que terá havido com ele, com esse terrível conhecedor de mulheres? desengano ou soberbo fastio? mágoa ou tédio, Senhor?), pessoalmente as mulheres jamais o atingirão, ainda que venham lágrimas sobre a tinta azul em papel cor-de-rosa.

Sim, eu serei misterioso, magnífico, e irredutível, quer me chame «Dr. Mefisto», quer me chame «Johnny», ou, o que talvez prefira, «Lúcio de Santo Graal». E então as damas ficarão exasperadas, fascinadas...

E lá atrás de seu pseudônimo fabuloso ficará escondido, mergulhado na escuridão, ferido e medroso, o pobre coração do Braga.

Rubem Braga

De *Um pé de milho*

Expressões úteis

1. tratar com	...só **tratará com** as senhoras... ...he will *deal* only *with* women...
2. moita	E o Braga, **moita.** And Braga, *quiet.*
3. de vez em quando às vezes	**de vez em quando**/**às vezes**, eu seria irônico. *from time to time/sometimes*, I would be ironic.
4. no mais das vezes	...**no mais das vezes**, seria manso... ...*most of the time*, I would be gentle.
5. quer...quer	**Quer** me chame X, **quer** me chame Y. *Whether* she calls me X *or* calls me Y.
6. palerma	...o **palerma** do Braga. ...Braga the *dope.*

7. danar-se   ...mas que **se dane.**
               ...but *to hell with it.*

8. haver com   ...que terá **havido com** ele?
               ...I wonder what *happened to* him.

Perguntas

1. Qual é o sonho secreto de Rubem Braga?
2. Por que é que ele acha melhor ter um pseudônimo?
3. Que tipo de respostas escreveria?
4. A que ou a quem é que ele se refere com a frase «pequenos e confusos oceanos»?
5. Com quem o autor ia falar pessoalmente ou pelo telefone? Quais os motivos dele?
6. Os retratos em maiô o comoveriam?
7. Segundo você, qual seria um bom pseudônimo para ele?
8. Como ficaria o coração do autor? Por quê?
9. Você gostaria de ter um consultório sentimental?
10. Você conhece alguém que alguma vez escrevesse a um consultório sentimental? Qual foi a pergunta? E a resposta?
11. Como você acha o tom da leitura? Faça um comentário detalhado.
12. Quais são os consultórios mais famosos deste país?

Exercício escrito

Traduza.

1. Ivonne bought stamps for the Christmas cards for about eight dollars, but then she lost them on the way home.
2. We have been traveling for two months. Upon returning we found more letters in our mailbox than we expected.
3. By chance, I met that guy you were telling me about at the post office. He really just talks for the sake of talking, and most of the time he doesn't work at all.
4. This morning I almost fell down because of the ice. I hate winter!
5. Have you heard that in a few years cars will be required to get sixty miles to the gallon?
6. When I was about to wake up this morning at 7:00, the mailman brought me a special delivery letter.
7. Don't go to that post office window! The guy is very mean for a public employee.
8. My cousin is studying to be a psychologist. Maybe she'll end up being another «Dear Abby»!

9. As for me, I prefer to travel through Latin America. In fact, the last time I was in Brazil they took me for Portuguese. Now I'm saving all my money in order to be able to go back.
10. Because of so much smoking he is in the hospital. No visitors allowed, only postcards.
11. José is more Brazilian than Brazilians. He spends the whole day eating *feijão* and listening to Carioca music.
12. You have lots of money. Whether you want to or whether you don't, pay for it!

Temas para conversação ou redação

1. A sua própria resposta ao aviso da «loira apaixonada».
2. Relate uma experiência curiosa que lhe aconteceu no correio ou em qualquer outra agência pública.
3. Escreva uma carta para Lúcio de Santo Graal contando um problema sentimental.
4. Você acaba de receber uma carta bem misteriosa. Antes de abri-la adivinhe o conteúdo e conte-o para nós.
5. O correio como serviço público: monopólio justificado?
6. A constante subida do preço dos serviços postais: por quê e para quê?
7. Faça um comentário sobre as vantagens ou desvantagens do CEP.

Ministério das Comunicações – Correios – Brasil
Produtos Internacionais – Carta Mundial

Aerograma Internacional	R$ 1,20
Envelope Pré-franqueado 20g	R$ 1,85
Envelope Pré-franqueado 50g	R$ 3,55
Envelope Pré-franqueado 100g	R$ 6,65

Querida Mamãe,
Eu juro que sempre lhe escrevo. Os
correios é que não entregam as minhas cartas...

Certas pessoas têm vergonha de pedir desculpas por suas pequenas faltas.

Mas não têm vergonha de dizer que os Correios extraviaram uma carta que nunca escreveram.

É incrível que essas pessoas julguem que ainda existe alguém suficientemente ingênuo para engolir uma desculpa tão esfarrapada.

Mas, ao lembrar essas pequenas fraquezas humanas, os Correios não pretendem fugir às suas próprias responsabilidades.

Tanto que fazem um pedido a você.

Toda vez que alguém disser que lhe mandou uma carta que você não recebeu, vá aos Correios e faça a sua reclamação.

Pode ser que você descubra que a carta realmente foi escrita. Mas não foi entregue porque o endereço estava errado ou incompleto. Nem foi devolvida ao remetente, por falta de endereço.

Pode ser também que, ao reclamar, você esteja ajudando os Correios a descobrir e a corrigir uma falha no seu sistema.

E pode ser que você descubra que a carta, afinal, não foi escrita.

Nesse caso, a verdade talvez lhe traga uma pequena decepção.

Se isso acontecer, lembre-se que existe uma outra verdade muito humana: ninguém é perfeito.

E perdoe.

EMPRESA BRASILEIRA
DE CORREIOS E TELÉGRAFOS
Vinculada ao
MINISTÉRIO DAS COMUNICAÇÕES

1. O que se deve fazer para garantir que uma carta chegue ao destinatário?
2. Escreva uma carta inventando uma boa desculpa por não ter escrito antes.

CCT – CORREIOS – PORTUGAL

Correio Normal Nacional

Peso	Preço
Até 20g	€ 0,30
Mais de 20g a 100g	€ 0,46
Mais de 100g a 350g	€ 1,01
Mais de 350g a 500g	€ 1,50
Mais de 500g a 2000g	€ 2,70

Correio Normal Internacional

Peso	Espanha	Outros Países da U.E.	Resto do Mundo
Até 20g	€ 0,47	€ 0,55	€ 0,70
Mais de 20g a 100g	€ 1,08	€ 1,08	€ 1,75
Mais de 100g a 250g	€ 2,10	€ 2,10	€ 3,30
Mais de 250g a 350g	€ 3,50	€ 3,50	€ 5,70
Mais de 350g a 500g	€ 4,00	€ 4,00	€ 6,50
Mais de 500g a 1000g	€ 5,90	€ 5,90	€ 12,00
Mais de 1000g a 2000g	€ 9,20	€ 9,20	€ 19,30

Nona Unidade

Pontos de vista

Recapitulação

The past subjunctive/O pretérito do subjuntivo

The past subjunctive is formed by eliminating the **-ram** ending of the third person plural (**eles/elas**) form of any preterit and adding the following set of endings:

A		E		I	
amar (**ama**ram)		comer (**come**ram)		partir (**parti**ram)	
ama sse	amá ssemos	come sse	comê ssemos	parti sse	partí ssemos
ama sses	[amá sseis]	come sses	[comê sseis]	parti sses	[partí sseis]
ama sse	ama ssem	come sse	come ssem	parti sse	parti ssem

The following are third person plural forms of the preterit of *some* irregular verbs. Notice the stem for the past subjunctive:

ter: **tive**ram	estar: **estive**ram	haver: **houve**ram
pôr: **puse**ram	poder: **pude**ram	dar: **de**ram

The past subjunctive forms of verbs irregular in the preterit use an acute accent (´) in the first and second plural forms: **tivéssemos, [tivésseis]; déssemos, [désseis]**.

The past forms of **ser** and **ir** (which have a common preterit form) use a circumflex (ˆ) in the first and second person plural form: **fôssemos, [fôsseis]**.

One basic use of the past subjunctive is after **talvez** when the verb refers to a past action.

> Talvez ela fosse à feira ontem.
> Perhaps she went to the fair yesterday.

The past subjunctive is also used after **tomara que** when the verb refers to the past:

> Tomara que ele chegasse a tempo!
> I hope he arrived on time!

Provérbios populares

1. Quanto mais se vive, mais se aprende.
2. A bom entendedor meia palavra basta.
3. Água mole em pedra dura, tanto bate até que fura.
4. A ocasião faz o ladrão.
5. Cada um sabe onde lhe aperta o sapato.
6. Cerca mal feita convida o boi a passear.
7. De grão em grão a galinha enche o papo.
8. Quem ama o feio, bonito lhe parece.
9. De tostão em tostão, vai-se ao milhão.
10. Devagar se vai ao longe.
11. Em terra de cegos, quem tem um olho é rei.
12. Faze o bem e não olhes a quem.
13. A galinha da vizinha é sempre mais gorda que a minha.
14. Raposa que dorme não apanha galinhas.
15. Muito sabe o rato mas mais sabe o gato.
16. Homem calado muito cuidado.
17. Mais vale um pássaro na mão que dois voando.
18. Não há palavra mal dita, se não for mal entendida.
19. Pra avô, xixi de neto é chá.
20. Quem cospe para cima, na cara lhe cai.
21. Quem não tem cão, caça com gato.
22. Quem sai na chuva, é para se molhar.
23. Quem tudo quer, nada tem.
24. Quem vai ao vento perde o assento/Quem vai ao mar perde o lugar.
25. Se conselho fosse mandioca, ninguém morria de fome.

Perguntas orais

1. Selecione dez provérbios e dê um provérbio inglês equivalente (*não* uma tradução).
2. Selecione outros dez provérbios e traduza-os literalmente. O que querem dizer? Em que ocasiões se usariam?
3. Onde é que lhe aperta o sapato?
4. O que é boi? Dê os nomes de outros animais que figuram nestes provérbios.
5. O que é papo? e tostão?
6. O que é que o provérbio 16 quer dizer?
7. O que é mandioca?
8. Escolha um provérbio com que você não concorda e explique por quê.
9. Dê a sua hipótese sobre a origem dos provérbios.

Leitura
Um cão na noite

Um cão perdido na noite. Um pequeno cão tiritando de frio, fome e falta de carinho, na imensa noite da grande cidade. Os transeuntes param um momento, olham-no com módica e discreta curiosidade e seguem indiferentes os seus caminhos. Passa um poeta e sonha:

—Tudo é matéria poética e o cão é poesia. Ele é a doçura perdida do homem, o único amigo que lhe resta, sem exclusão do próprio homem. Num mundo em que o egoísmo se tornou regra, ele conserva o sentimento ou o instinto romântico da dedicação canina. O cachorro transcende o homem e, entretanto, quando este quer descompor um seu semelhante, chama-o de cachorro... O cão inspira-me. Não obstante, não farei um poema, porque estou muito ocupado com o lançamento do meu próximo livro e a minha possível candidatura a uma cadeira na Academia de Letras.

Passa um político e reflete:
—É absolutamente necessário degradar o cão em demagogia. Façamos dele um comício. Pensando bem, o cão dá mais votos que o homem. Existe

uma Sociedade Protetora dos Animais que tem muitos sócios e não há nenhuma Sociedade Protetora dos Homens, que me conste. O abandono dos cães sem dono—eis um belo tema para discurso. Todavia, não o farei, porque estou ainda em dúvida sobre a minha posição em face da atual conjuntura política e não sei direito se devo ficar a favor ou contra os cães. Aguardemos os acontecimentos.

Passa um repórter e pensa:

—Urge transformá-lo em notícia. Mas como fazer de um simples cão uma reportagem? Se ao menos ele se revelasse hidrófobo e tivesse mordido uma criança das imediações... Mas assim, nada feito...

Passa um industrial e decide:

—Industrializemos o cão. Bem aproveitado, esse animalejo, tão desprezível e tão desprezado, poderá fornecer carne de vaca para o povo e pele de raposa para a classe média. Vou pensar no assunto. Entretanto, no momento, tenho mais que fazer: estou tratando de elevar o preço das rações alimentares para cães.

Passa uma senhora da sociedade e arrulha:

—Coitadinho! Tão só, tão infeliz, tão indefeso! Farei dele o principal assunto da minha conversa de hoje na boite. O Joãozinho sempre disse que eu sou muito sensível. Seria um caridade recolher esse pobre animalzinho, mas como fazê-lo, se estou de luvas e o carro ficou na outra esquina? Basta contar ao Joãozinho que tive vontade de proteger o cão... Ele dará uma nota simpática na sua coluna social...

Passa um mendigo e resmunga:

—Um cão abandonado! Não é de raça, ao que me parece. Se fosse, talvez valesse a pena agarrá-lo para receber o resgate do dono. É um simples, um miserável viralata, como eu. Para o José, que é cego, é que ele faria um bom arranjo. Mas onde anda o José? Levo-o comigo? Não, decididamente, não. O cão carrega muitas pulgas e as que já tenho em casa me bastam.·

Passa um outro cão. Não pensa, não reflete, não sonha, não arrulha, não resmunga nada. Fareja o colega, abana o rabo, em sinal de simpatia, compreensão e solidariedade... e ia dizer humana, mas retenho-me e retifico a tempo: solidariedade canina.

E o cão abandonado na noite encontra, pela primeira vez, uma proteção e um carinho.

LUÍS MARTINS

De *Noturno do Sumaré*

Expressões úteis

1. tornar-se	Num mundo em que o egoísmo **se tornou** regra. In a world in which egoism *became* the rule.
2. estar/ficar a favor estar/ficar contra	...se devo **ficar a favor** ou **contra** os cães. ...if I should *be in favor of* or *against* dogs.
3. bastar	**Basta** contar ao Joãozinho... *It's enough* to tell Johnny...
4. restar	...o único amigo que lhe **resta**. ...the only friend that you *have left* ("remains to you").
5. pensando bem	...**pensando bem**, o cão dá mais votos que o homem. ...*on second thought*, dogs bring more votes than men.
6. que me conste	...**que me conste**... ...*as far as I know*...
7. eis	...**eis** um belo tema para um discurso. ...*here is* a good topic for a speech.
8. nada feito	Mas assim, **nada feito**. But like that, *nothing doing*.
9. direito	Não sei **direito**. I don't know *exactly*.
10. entretanto	**Entretanto**, quando este quer descompor o seu semelhante... *However*, when the latter wants to insult one of his equals...
11. não obstante	**Não obstante**, não farei um poema. *Nevertheless*, I won't write a poem.

Perguntas

1. Dê um sinônimo de *cão*.
2. O que provê o pretexto para esta história?
3. Qual é a reação do poeta? Por que é que *o cão* é um sinônimo de poesia? É possível prognosticar o pretexto do poeta? Justifique sua resposta.
4. O que o político pensa? Você acha que ele tem razão na sua dedução? Por quê?
5. Por que o industrial quer industrializar o cão? Qual é seu plano?
6. A senhora da sociedade quase recolheu o cão. Por que não o fez? Ela é muito sensível?

7. Como é que o mendigo pensa?
8. Onde é que o cão encontra proteção e carinho?
9. O que esta leitura exemplifica? Você concorda? Por quê?
10. Dizem que a maneira de falar revela nosso nível de vida. Isso é evidente nesta leitura? Como? Escolha algumas expressões para ilustrar esse ponto. Por que isso seria verdade?

Exercícios de verificação: o pretérito do subjuntivo

1. Mude as seguintes orações segundo o modelo.

Modelo:
    Talvez ela queira vir (hoje).
    Talvez ela quisesse vir (ontem).

    1. Talvez ele coma alguma coisa.
       Talvez ele comesse alguma coisa.
    2. Talvez nós estudemos muito.
       Talvez nós estudássemos muito.
    3. Talvez a criança pense no cachorro.
       Talvez a criança pensasse no cachorro.
    4. Talvez eu tenha boa idéia.
       Talvez eu tivesse boa ·idéia.
    5. Talvez eles partam à uma.
       Talvez eles partissem à uma.
    6. Talvez não admitam a verdade.
       Talvez não admitissem a verdade.
    7. Talvez o Zé reserve um quarto para nós.
       Talvez o Zé reservasse um quarto para nós.
    8. Talvez eu possa dar um jeito.
       Talvez eu pudesse dar um jeito.

2. Mude as seguintes orações segundo o modelo.

Modelo:
    Tomara que não chova lá!
    Tomara que não chovesse lá!

    1. Tomara que ele não coma demais!
       Tomara que ele não comesse demais!
    2. Tomara que a carta chegue logo!
       Tomara que a carta chegasse logo!
    3. Tomara que o danado disque o número correto!
       Tomara que o danado discasse o número correto!

4. Tomara que ele não se case com ela!
   Tomara que ele não se casasse com ela!
5. Tomara que elas deixem um recado!
   Tomara que elas deixassem um recado!
6. Tomara que o elevador funcione!
   Tomara que o elevador funcionasse!
7. Tomara que a Maria tenha a chave!
   Tomara que a Maria tivesse a chave!
8. Tomara que não nos esqueçamos dos passaportes!
   Tomara que não nos esquecêssemos dos passaportes!

Gramática

1. Indicative vs. subjunctive in noun clauses/
Indicativo vs. subjuntivo nas orações substantivas

A sentence which contains more than one subject/verb combination is composed of two parts: a *main clause* and a *dependent clause*. The dependent clause is the one which functions as a noun, an adjective, or an adverb of the main clause:

Nós sabemos **a verdade.**
noun

Nós sabemos **que você esteve aqui ontem.**
noun clause

Eu comprei uma casa **bonita.**
adjective

Eu comprei uma casa **que fica perto daqui.**
adjective clause

Vamos lá **amanhã.**
adverb

Vamos lá **quando você tiver tempo.**
adverb clause

There is a contrast in dependent clauses between the use of the indicative and the subjunctive form of the verb. In this section we will consider only noun clauses. They are easily recognized because they answer the question **what?** about the main clause, and they usually begin with **que** and either follow impersonal expressions (**É verdade que...**, the subject of which is "it") or verbs with personal subjects (**Eu sei que...**). In the following examples, notice that although *any* indicative tense may occur in a noun clause, **only the past or present subjunctive** are permitted (most of the time the past subjunctive for a past situation and the present subjunctive for a present situation). The future subjunctive is *never* used in a noun clause.

1. Affirmation vs. Non-Affirmation

The use of the indicative or subjunctive is determined by the attitude of the speaker toward the information contained in the dependent clause. In many instances, the opposition is between whether the speaker considers that information to be true or not. The indicative is used if the speaker affirms that the information is true, and the subjunctive is used if the speaker does not affirm that it is true (i.e., says it is not true, doubts it, or in some way does not say that it is absolutely true as far as he/she is concerned). Note the presence or absence of **não** in the following:

	Affirmation (Indicative)	_Non-Affirmation (Subjunctive)_
parecer	Parece que partiremos na hora.	Não parece que partamos na hora.
	It seems that we will leave on time.	It doesn't seem that we will leave on time.
ser verdade/ certo/óbvio	Era verdade que queriam ir.	Não era verdade que quisessem ir.
	It was true that they wanted to go.	It wasn't true that they wanted to go.
haver dúvida	Não há dúvida que ela tem razão.	Há dúvida que ela tenha razão.
	There's no doubt she is right.	There's doubt she is right.
achar/pensar	Eu achava que tínhamos suficiente dinheiro.	Eu não achava que tivéssemos suficiente dinheiro.
	I thought we had enough money.	I didn't think we had enough money.
saber	Sei que...	Não sei que...
	I know that...	I don't know that...
crer/acreditar	Cremos que...	Não cremos que...
	We believe that...	We don't believe that...
duvidar	Ele não duvidava que...	Ele duvidava que...
	He didn't doubt that...	He doubted that...
ignorar	Não ignoro que...	Ignoro que...
	I am aware that...	I am not aware that...

It must be kept in mind that the use of the indicative/subjunctive is not always determined by the meaning of the main verb; the determining factor is the **speaker's attitude** toward the information of the dependent clause. In

> Eu achava (pensava) que João tinha razão.
> I thought João was right.

as far as the speaker is concerned, João was right (the speaker expresses affirmation).

But in

Eu achava (pensava) que o João tivesse razão.
I thought João was right.

the speaker admits that, contrary to what was thought before, João was not right, i.e., the speaker does not affirm that the information in the dependent clause is true. Similarly, in

Não sabíamos que você era o irmão dela.
We didn't know you were her brother.

the speaker is saying that the information is true.

As a rule of thumb, you should use the indicative with those verbs whose meanings express affirmation and the subjunctive after those verbs which mean non-affirmation except for when your attitude toward the information of the dependent clause obviously runs counter to the meaning of the main verb.

There are a few expressions whose meanings will always be non-affirmative, and thus the subjunctive is always used:

Non-Affirmation

ser possível	não ser possível
ser impossível	não ser impossível
ser provável	não ser provável
poder ser	não poder ser

É possível que o pai dela pague tudo.
It's possible that her father will pay everything.

Não foi provável que ela pudesse preparar tudo.
It wasn't probable that she could prepare everything.

Pode ser que tudo acabe bem.
It may be that everything turns out OK.

None of these expressions allows the speaker's attitude to be affirmation because none of their meanings says that the information of the dependent clause is true. **Ser provável** comes close, but nevertheless it does not say that it's true (otherwise the speaker would report the information as "true" and not "probable").

2. Report vs. Causation

There are a few verbs which can either 1) merely report information or 2) express a cause / effect relationship in which the subject of the main clause wishes to cause the subject of the dependent clause to do something. The indicative is used for report (since the speaker affirms the information), whereas the subjunctive is used for causation:

dizer	Digo que gritou o tempo todo.	Diga para ele que não grite mais.
	I say that he shouted the whole time.	Tell him not to shout any more.
insistir	Insisto que gritou o tempo todo.	Insisto que vocês voltem cedo.
	I insist that he shouted the whole time.	I insist that you return soon.
escrever	Eu lhe escrevi que eu não queria ir.	Eu não lhe escrevi que me viesse visitar.
	I wrote him that I didn't want to go.	I did not write him to come to visit me.
telefonar	Ele me telefonou que chegou atrasado.	Você não lhe telefonou que ficasse?
	He wrote me that he arrived late.	Didn't you telephone him to stay?
avisar	Avisei a todos que era impossível.	Avisei que ninguém dissesse nada.
	I advised everyone it was impossible.	I advised that no one say anything.

The meanings of other verbs inherently express a cause/effect relationship and therefore will always take the subjunctive (since they never affirm information). Some examples are:

Cause / Effect (Subjunctive)

querer	want
desejar	wish
preferir	prefer
esperar	hope
deixar	let
mandar	order
fazer com que	make
permitir	permit
pedir	ask
sugerir	suggest
exigir	demand
proibir	prohibit
ordenar	order
recomendar	recommend
obrigar a que	oblige
aconselhar	advise
impedir	prevent

Quero que vocês comam todo o arroz.
I want you to eat all the rice.

Maria preferia que não trouxéssemos vinho.
Mary preferred we not bring wine.

O professor sempre faz com que trabalhemos.
The teacher always makes us work.

3. Expressing an opinion

The use of some verbs and expressions implies that the speaker expresses an opinion or personal reaction to the information of the dependent clause (beyond mere affirmation or non-affirmation), in which case the subjunctive is used:

Opinion (Subjunctive)

ser bom / melhor / ótimo	be good / better / excellent
ser mau (ruim) / pior / péssimo	be bad / worse / terrible
ser fácil / difícil	be easy (likely) / difficult (unlikely)
ser preciso (necessário) / imprescindível	be necessary / indispensable
ser estranho / espantoso	be strange / frightening
ser triste	be sad
ser interessante	be interesting
ser ridículo	be ridiculous
ser importante	be important
ser preferível	be preferable
ser uma vergonha / pena / boa idéia	be a shame / pity / good idea
gostar	like
importar	be important
alegrar-se	be happy about

The subjunctive is used with these verbs regardless of the presence or absence of **não**:

É bom que você esteja aqui.   Não importa que ele pense isso.
   It's good you are here.   It's not important that he thinks that.

Era ridículo que deixássemos todos os livros lá.
It was ridiculous we left all the books there.

Alegro-me que vocês ainda queiram ir.
I'm happy that you still want to go.

Note: At times you might encounter the indicative used with these verbs, which simply means that the speaker is more concerned with the affirmation of the information as true than with the opinion meaning of the main verb (e.g., **É bom que você está aqui** when the speaker is observing directly that the addressee is in his midst). Since using the subjunctive will always be considered correct, you are better off not using the indicative with these verbs. (In a similar fashion, the use of the subjunctive after a verb whose meaning is affirmation—**É óbvio que ele tenha muito dinheiro**—would reveal that the speaker is reacting to the information as well as reporting it.)

4. Other Noun Clauses

Most noun clauses, but not all, begin with **que**. **Se** 'if', **onde** 'where', **quanto** 'how much', and **como** 'how' may be the first word of a noun clause after verbs of information (**dizer, saber, ignorar, perguntar,** etc.):

O João me disse como ele pôde fazer isso.	João told me how he was able to do that.
Não sabemos se ele vem hoje.	We don't know if he's coming today.
Você sabe quanto ela pagou?	Do you know how much she paid?
Pergunte onde eles moram.	Ask where they live.

The indicative is always used since in affirmative sentences the information of the dependent clause is affirmed, and in negative sentences and questions the meaning is "whether or not" (neither affirmation nor non-affirmation).

Exercícios de verificação: orações substantivas

1. Siga o modelo.

MODELO:
> Ricardo nunca diz a verdade. É certo?
> > Sim, é certo que Ricardo nunca diz a verdade.
> > Não, não é certo que Ricardo nunca diga a verdade.

1. Você acha?
   Sim, acho que Ricardo nunca diz a verdade.
   Não, não acho que Ricardo nunca diga a verdade.

2. É provável?
   Sim, é provável que Ricardo nunca diga a verdade.
   Não, não é provável que Ricardo nunca diga a verdade.

3. É ruim?
   Sim, é ruim que Ricardo nunca diga a verdade.
   Não, não é ruim que Ricardo nunca diga a verdade.

4. Parece?
   Sim, parece que Ricardo nunca diz a verdade.
   Não, não parece que Ricardo nunca diga a verdade.

5. É pena?
   Sim, é pena que Ricardo nunca diga a verdade.
   Não, não é pena que Ricardo nunca diga a verdade.

6. Importa?
   Sim, importa que Ricardo nunca diga a verdade.
   Não, não importa que Ricardo nunca diga a verdade.

7. O chefe prefere?
   Sim, o chefe prefere que Ricardo nunca diga a verdade.
   Não, o chefe não prefere que Ricardo nunca diga a verdade.

8. Eles gostam?
   Sim, eles gostam que Ricardo nunca diga a verdade.
   Não, eles não gostam que Ricardo nunca diga a verdade.

9. É uma vergonha?
   Sim, é uma vergonha que Ricardo nunca diga a verdade.
   Não, não é uma vergonha que Ricardo nunca diga a verdade.

2. Siga o modelo.

   A gente falava sobre isso. Foi certo?
   Sim, foi certo que a gente falava sobre isso.
   Não, não foi certo que a gente falasse sobre isso.

1. Podia ser?
   Sim, podia ser que a gente falasse sobre isso.
   Não, não podia ser que a gente falasse sobre isso.

2. Era preciso?
   Sim, era preciso que a gente falasse sobre isso.
   Não, não era preciso que a gente falasse sobre isso.

3. Você preferia?
   Sim, eu preferia que a gente falasse sobre isso.
   Não, eu não preferia que a gente falasse sobre isso.

4. Foi impossível?
   Sim, foi impossível que a gente falasse sobre isso.
   Não, não foi impossível que a gente falasse sobre isso.

5. Era verdade?
   Sim, era verdade que a gente falava sobre isso.
   Não, não era verdade que a gente falasse sobre isso.

6. Você duvidava?
   Sim, eu duvidava que a gente falasse sobre isso.
   Não, eu não duvidava que a gente falava sobre isso.

7. O professor pediu?
   Sim, o professor pediu que a gente falasse sobre isso.
   Não, o professor não pediu que a gente falasse sobre isso.

8. Todo mundo insistia?
   Sim, todo mundo insistia que a gente falasse/falava sobre isso.
   Não, todo mundo não insistia que a gente falasse/falava sobre isso.

9. Você sabia?
   Sim, eu sabia que a gente falava sobre isso.
   Não, eu não sabia que a gente falasse/falava sobre isso.

10. Seria bom?
    Sim, seria bom que a gente falasse sobre isso.
    Não, não seria bom que a gente falasse sobre isso.

3. Siga o modelo, usando o tempo apropriado do subjuntivo ou do indicativo.

   Os alunos se aborreciam na aula. Foi possível?
   Sim, foi possível que os alunos se aborrecessem na aula.

1. Havia dúvida?
   Sim, havia dúvida que os alunos se aborrecessem na aula.

2. É ridículo?
   Sim, é ridículo que os alunos se aborreçam na aula.

3. Era óbvio?
   Sim, era óbvio que os alunos se aborreciam na aula.

4. Era provável?
   Sim, era provável que os alunos se aborrecessem na aula.

5. É certo?
   Sim, é certo que os alunos se aborrecem na aula.

6. Foi pena?
   Sim, foi pena que os alunos se aborrecessem na aula.

7. Não foi bom?
   Não, não foi bom que os alunos se aborrecessem na aula.

8. É péssimo?
   Sim, é péssimo que os alunos se aborreçam na aula.

9. Era verdade?
   Sim, era verdade que os alunos se aborreciam na aula.

10. Não importa?
    Não, não importa que os alunos se aborreçam na aula.

11. Parecia?
    Sim, parecia que os alunos se aborreciam na aula.

12. A professora não gosta?
    Não, a professora não gosta que os alunos se aborreçam na aula.

Exercícios orais

1. Siga o modelo.

MODELO:
>   É preciso que você compre pão hoje?
>   Não, foi preciso que eu o comprasse ontem.

1. Você espera que seu noivo telefone hoje?
2. Você vai deixar que as crianças brinquem lá fora?
3. É importante que você vá lá hoje?
4. Você vai pedir que todos falem com você?
5. Você pensa dizer para o Carlos que não venha mais?
6. Importa que você esteja lá às oito?

2. Siga o modelo.

MODELO:
>   Por que você limpou a casa? (*Mamãe insistiu...*)
>   Porque Mamãe insistiu que eu limpasse a casa.
>
>   Por que ele escreve tantas cartas? (*O Alfredo quer...*)
>   Porque o Alfredo quer que ele escreva tantas cartas.

1. Por que você leu esse livro?. (*a professora mandou...*)
2. Por que ela comprou tantos cartões? (*a Helena pediu...*)
3. Por que você não atende o telefone? (*o vovô não deixa...*)
4. Por que não matam esse seqüestrador? (*a lei impede ...*)
5. Por que a empregada não fez compras? (*o papai não queria...*)
6. Por que vocês alugaram esse apartamento? (*o meu marido insistiu...*)
7. Por que você sempre sai com ele? (*os meus tios fazem...*)
8. Por que vocês descontaram tantos cheques? (*o chefe sugeriu...*)

9. Por que o menino não tira uma soneca? (*o pai proíbe...*)
10. Por que ela foi ao cinema com ele? (*o noivo insistiu*)

3. Siga o modelo.

MODELO: PROFESSOR Por que seus pais não vieram ontem?
      1º ALUNO Porque você queria (preferia, sugeria, etc.)
          que eles viessem hoje.
      2º ALUNO Ora, diga-lhes que venham logo.

1. Por que seu irmão não cortou o cabelo ontem?
2. Por que seus tios não marcaram uma hora comigo ontem?
3. Por que seus pais não telefonaram para mim ontem?
4. Por que seu noivo não enviou os convites ontem?
5. Por que sua neta não foi comigo ontem?
6. Por que sua sobrinha não comprou os selos comemorativos ontem?
7. Por que os avós não festejaram as bodas de ouro ontem?
8. Por que ele não pagou a conta ontem?
9. Por que sua irmã não trouxe o bebê para cá ontem?
10. Por que elas não fizeram feijoada ontem?
11. Por que seu padrinho não lhe deu o presente ontem?
12. Por que o Joãozinho não levou o lixo para fora ontem?

Exercício escrito

Complete as seguintes orações com a forma adequada dos verbos em parênteses.

1. O professor recomenda que nós não _____ na aula. (gritar)
2. É ridículo que ninguém _____ ir conosco. (querer)
3. Era verdade que os pais _____ de todas as possibilidades. (saber)
4. Gostaria que o jantar não _____ formal. (ser)
5. Era pena que ele não _____ nada. (conseguir)
6. Acho que você _____ sendo muito amável. (estar)
7. Vocês prefeririam que nós _____ em outro restaurante. (jantar)
8. Parece que ele _____ o número errado. (ligar)
9. A mamãe proibiu que eu _____ uma ligação interurbana. (pedir)
10. Telefonaram-me que eles _____ aqui para a sexta-feira. (estar)
11. Era certo que toda a bagagem _____ perdida. (estar)
12. É importante que vocês _____ no vestíbulo. (esperar)
13. O papai manda que eu _____ todo o dinheiro. (depositar)
14. Disse-me que ele _____ o talão de cheques no aeroporto! (perder)
15. Parecia estranho que o avião ainda não _____ aterrissado. (ter)
16. Espero que ninguém _____ enjoado. (ficar)
17. É possível que eles _____ uma passagem de ida e volta. (comprar)

18. Acho que nós _____ passar as férias em São Paulo. (ir)
19. Já sei que esse _____ o melhor restaurante desta cidade. (ser)
20. Sugeriram que nós _____ bacalhau com batatas. (comer)

2. Comparisons / Comparativos

1. Implied comparisons.

Portuguese **mais** 'more' and **menos** 'less' are used for expressing implied comparisons (i.e., when only one of the entities is stated). Notice in the following examples that these words function as either adverbs or adjectives depending on the part of speech of the word modified in the sentence:

	verb	Ele trabalha mais.
mais	**adjective**	Ela é menos simpática.
menos +	**adverb**	Nós falamos mais devagar.
	noun	Quem tem menos dinheiro?

Thus **mais** and **menos** have invariable forms regardless of the function (part of speech) of the word in the sentence. Some adjectives have *irregular comparative forms*, i.e., they use a simple (one-word) form instead of the **mais/menos** construction:

> grande: **maior**   Este é maior.
> pequeno: **menor**   Prefiro o quadro menor.
> bom, boa; bem: **melhor**   Quem canta melhor?
> mau, má; mal: **pior**   Esse plano é pior.

With adjectives which modify nouns, 'least' and 'most' are expressed by including the definite article before the comparative form:

> O João é o mais ambicioso de todos.
> João is the most ambitious (one) of all.

> Essa foi a melhor piada de todas.
> That was the best joke of all.

2. Direct Comparisons.

Direct comparisons are those made directly between two elements of a sentence. These are expressed in English by "more (or *less*) than" (in cases of unequal comparison), and "as...as" (in cases of equal comparison).

a. **Direct comparisons of inequality** are formed by using **mais** or **menos** to modify another element in the sentence, and **do que** or **que** to express "than."

> Ele trabalha mais (do) que eu.
> He works more than I do. ("more than I work")

Ela é menos bonita (do) que Maria.
   She is less pretty than Maria. (not as pretty)

Falamos mais devagar (do) que eles.
   We speak slower than they do.

Tenho menos dinheiro (do) que você.
   I have less money than you.

Ela cantou melhor (do) que eu.
   She sang better than I did.

Tínhamos mais livros (do) que podíamos ler.
   We had more books than we could read.

Notice that the second element of the above comparisons may be expressed in several different ways in English: **He works more than I, more than I work, more than I do,** or in colloquial speech **more than me**. The Portuguese version is invariable.

   b. **Direct Comparisons of equality** are formed by using a form of **tanto** to express "as," "as much," or "as many" in the English "as...as" construction. The second "as" is expressed by using either **quanto** or **como**. Unlike the comparative elements **mais** and **menos, tanto** has varying forms depending on its function in the sentence. Notice the following examples in which **tanto** is used as an adverb to modify a verb, **tão** is used as an adverb to modify an adjective or another adverb, and **tanto (-os, -a, -as)** is used as a limiting adjective to modify a noun.

   tanto + verb
Ele trabalha tanto quanto eu.   He works as much as I do.

   tão + adjective
Eu sou tão inteligente quanto ele.   I'm as intelligent as he is.

   tão + adverb
Eles falam tão bem quanto nós.   They speak as well as we do.

   tanto, -os, -a, -as + noun
Você tem tantas coisas quanto eu?   Do you have as many things as I do?

3. Comparisons of Numbers.

   Mais de and **menos de** are used to express "more than" or "less than" when followed directly by a number:

Ganho mais de cinqüenta dólares por dia.
   I earn more than fifty dollars per day.

Há menos de cem homens na rua.
   There are less than a hundred men in the street.

Exercícios de verificação: comparativos

1. Siga o modelo.

MODELO:
> Aquele telefone funciona bem.
> Mas este funciona melhor.

1. Aquela lista telefônica é correta.
   Mas esta é mais correta.

2. Aquele hotel é grande.
   Mas este é maior.

3. Aquela empregada trabalha muito.
   Mas esta trabalha mais.

4. Aqueles quartos são cômodos.
   Mas estes são mais cômodos.

5. Aquele vinho é bom e barato.
   Mas este é melhor e mais barato.

6. Aquele caixa não faz nada.
   Mas este faz menos.

7. Aquele seqüestrador é bem perigoso.
   Mas este é mais perigoso.

8. Aquele elevador se avaria pouco.
   Mas este se avaria menos.

2. Siga o modelo.

MODELO:
> O gato dele é bonito.
> Mas o meu é mais bonito ainda.

1. A família dele é grande.
   Mas a minha é maior ainda.

2. As crianças dele se portam bem.
   Mas as minhas se portam melhor ainda.

3. A irmã dele é bem magra.
   Mas a minha é mais magra ainda.

4. Os alunos dele falam mal.
   Mas os meus falam pior ainda.

5. A casa deles tem muitas comodidades.
   Mas a minha tem mais ainda.

6. A bagagem dela pesa muito.
   Mas a minha pesa mais ainda.

7. Todos os apartamentos dele são pequenos.
   Mas os meus são menores ainda.

8. O carro dela é muito luxuoso.
   Mas o meu é mais luxuoso ainda.

3. Siga o modelo.

MODELO:

> Ele trabalha muito. E você?
> > Eu trabalho mais (menos) do que ele.
> > Eu trabalho tanto quanto ele.

1. A casa deles é bonita. E a do Pedro?
   A casa do Pedro é mais (menos) bonita do que a casa deles.
   A casa do Pedro é tão bonita quanto a casa deles.

2. Eu falo o português bem. E você?
   Eu falo o português melhor (pior) do que você.
   Eu falo o português tão bem quanto você.

3. Eu tenho vários discos de Chico Buarque. E a Paula?
   A Paula tem mais (menos) discos de Chico Buarque do que você.
   A Paula tem tantos discos de Chico Buarque quanto você.

4. O meu carro é muito grande. E o seu?
   O meu carro é maior (menor) do que o seu.
   O meu carro é tão grande quanto o seu.

5. Esse time joga muito mal. E o outro?
   O outro joga melhor (pior) do que este time.
   O outro joga tão bem quanto este time.

Exercícios orais

1. Siga o modelo.

MODELO: A Maria? Alta?
> Sim, a Maria é a mais alta de todas.

1. Essas verduras? Frescas?
2. Aquele banco? Bom?
3. O inverno? Uma má estação?

    4. Esse vinho? Gostoso?
    5. Os preços daquela loja? Caros?
    6. Aquela menina? Grande?
    7. O filme que você viu? Aborrecido?
    8. Aquele restaurante? Sujo?

2. Siga o modelo usando **mais** ou **menos**.

MODELO: Pedro é muito inteligente. (seu amigo)
          Mas seu amigo é mais inteligente do que o Pedro.

          Minha professora tem pouca paciência. (meu pai)
          Mas meu pai tem menos paciência do que sua professora.

    1. Estela tem muito ânimo. (você)
    2. Meu irmão não é muito conservador. (seu primo)
    3. Ela comprou muitos presentes. (nós)
    4. O João lê poucos romances. (eu)
    5. Essa casa é muito pequena. (meu apartamento)
    6. Esse senhor come muita carne. (os argentinos)
    7. Lisboa é muito grande. (o Rio)
    8. Há poucas estudantes hoje. (ontem)
    9. A obra era muito divertida. (o filme)
  10. Você tem pouco tempo para terminá-lo. (eles)
  11. A Helena canta muito bem. (eu)
  12. Eu falo muito devagar. (meu professor)

3. Faça as seguintes substituições.

          O João comprou tantos livros quanto eu.

    1. feijão
    2. flores
    3. açúcar
    4. sapatos
    5. arroz
    6. roupa
    7. coisas

4. Mude as seguintes frases para expressar uma comparação de igualdade.

        Ele tem menos dinheiro do que eu.
        Ele tem tanto dinheiro quanto eu.

    1. A Luísa comprou mais coisas do que ele.
    2. Ele demorou mais do que seu irmão.

3. Ela tem mais vestidos do que uma estrela de cinema.
4. Ela parecia menos inteligente do que sua irmã.
5. Tomamos mais café do que os brasileiros.
6. Esta garrafa contém menos água do que aquela.
7. Eles estavam mais contentes do que antes.
8. Sei mais poemas do que João.
9. Este arquiteto constrói menos casas do que o outro.
10. Ele consulta mais livros do que um investigador.
11. Sentem-se menos tristes do que ontem.
12. Esta casa é maior do que aquela.

5. Responda segundo o modelo.

MODELO: PROFESSOR   O João estuda mais do que você?
                1º ALUNO   Não senhor; ele estuda tanto quanto qualquer
                            outro.
                2º ALUNO   Mas eu estudo mais do que você.

1. O João tem mais dinheiro do que você?
2. Ela toma mais vinho do que você?
3. Ele sabe mais canções do que você?
4. Ela canta melhor do que você?
5. Ele lê mais livros do que você?
6. Ela é mais trabalhadora do que você?
7. Ela fala mais português do que você?
8. Ele é mais simpático do que você?
9. Ela é mais alta do que você?
10. Ele dança com mais classe do que você?

Revisão do pretérito perfeito e imperfeito

Uma história pré-histórica

Ninguém desconhece a fábula:

_____ (Ser) uma vez um boi que _____ (pastar) calmamente em seu campo, arrancando o capim com os seus dentes fortes. De vez em quando _____ (erguer) a cabeça, que era ornada com dois chavelhos pomposos, duas meia-luas que quase se _____ (juntar) nos extremos, e _____ (olhar) o horizonte sem fim que se _____ (descortinar) além. Assim ele _____ (passar) os dias, de um lado para o outro, pascendo, olhando o horizonte, até se deitar à sombra amiga de uma árvore, onde _____ (cochilar) e _____ (ruminar), não só o que comera, mas os vários pensamentos que lhe _____ (povoar) a mente.

Um dia um bichinho minúsculo _____ (vir) se lhe postar aos pés, cuidadosamente para não ser esmagado, e _____ (estar) a contemplá-lo embevecido, extasiado ante o gigante que _____ (pastar) e _____ (pensar), sem se importar com o que _____ (acontecer) em torno de si. Mas o bichinho, que _____ (ser) uma rã, cansada da quietude de sua contemplação e da indiferença do boi, _____ (dar) de pensar coisas extravagantes e se pôs a coaxar com insistência. O boi _____ (olhar)-a mas _____ (continuar) indiferente. A rã, despeitada, _____ (imaginar) igualar-se-lhe, e para tanto _____ (procurar) tornar o chiado de sua garganta tão poderoso quanto o berro do gigante, ao mesmo tempo em que, enchendo-se de ar, _____ (ir) inchando para crescer quanto ele...

Foi sua perdição. De tanto coaxar, _____ (enrouquecer). O ar foi dominando-a e ela mais e mais engulindo-o, até que seu corpinho minúsculo, não podendo mais conter o ar nem expeli-lo, _____ (ceder) à pressão e _____ (estourar)...

_____ (Terminar) assim a primeira aventura feminista de que as fábulas nos dão notícia.

O exemplo frutificou. Daí por diante houve muitos outros casos, que se vêm repetindo mais ou menos iguais, mas tendo sempre o mesmo fim.

VIEIRA COUTO

De _Arco da Velha_

Leitura
O senhor

Carta a uma jovem que, estando em uma roda em que dava aos presentes o tratamento de «você», se dirigiu ao autor chamando-o «o senhor»:

SENHORA—

Aquele a quem chamastes senhor aqui está, de peito magoado e cara triste, para vos dizer que senhor ele não é, de nada, nem ninguém.

Bem o sabeis, por certo, que a única nobreza do plebeu está em não querer esconder sua condição e esta nobreza tenho eu.   Assim, se entre tantos senhores ricos e nobres a quem chamáveis «você» escolhestes a mim para tratar de «senhor», é bem de ver que só poderíeis ter encontrado essa senhoria nas rugas de minha testa e na prata de meus cabelos. Senhor de muitos anos, eis aí; o território onde eu mando é no país do tempo que foi. Essa palavra «senhor», no meio de uma frase, ergueu entre nós dois un muro frio e triste.

Vi o muro e calei. Não é de muito, eu juro, que me acontece essa tristeza; mas também não era a vez primeira.De começo eram apenas os «brotos» ainda mal núbeis que me davam senhoria; depois assim começaram a tratar-me as moças de dezoito a vinte, com essa mistura de respeito, confiança, distância e desprezo que é o sabor dessa palavra melancólica. Sim, eu vi o muro; e, astuto ou desanimado, calei. Mas havia na roda um rapaz de ouvido fino e coração cruel; ele instou para que repetísseis a palavra; fingistes não entender o que ele pedia, e voltastes a dizer a frase sem usar nem «senhor», nem «você». Mas o danado insistiu e denunciou o que ouvira e que, no embaraço de vossa delicadeza, evitáveis repetir. Todos riram, inclusive nós dois. A roda era íntima e o caso era de riso.

O que não quer dizer que fosse alegre; é das tristezas que rimos de coração mais leve. Vim para casa e como sou um homem forte, olhei-me ao espelho; e como tenho minhas fraquezas, fiz um soneto. Para vos dar o tom, direi que no fim do segundo quarteto eu confesso que às vezes já me falece valor "para enfrentar o tédio dos espelhos;" e no último terceto digo a mim mesmo: "Volta, portanto, a cara e vê de perto—a cara, a tua cara verdadeira—ó Braga envelhecido, envilecido."

Sim, a velhice é coisa vil; Bilac o disse em prosa, numa crônica, ainda que nos sonetos ele almejasse envelhecer sorrindo. Não sou Bilac; e nem me dá consolo, mas tristeza, pensar que as musas desse poeta andam por aí encanecidas e murchas, se é que ainda andam e já não desceram todas à escuridão do túmulo. Vivem apenas, eternamente moças e lindas, na música de seus versos, cheios de sol e outras estrelas. Mas a verdade (ouvi, senhora, esta confissão de um senhor ido e vivido, ainda que mal e tristemente), a verdade não é o tempo que passa, a verdade é o instante. E vosso instante é de graça, juventude e extraordinária beleza. Tendes todos os direitos; sois um belo momento da aventura do gênero humano sobre a terra. De trás do meu muro frio eu vos saúdo e canto. Mas ser senhor é triste; eu sou, senhora, e humildemente, o vosso servo—

RUBEM BRAGA

De *A Borboleta Amarela*

Perguntas

1. Para quem foi escrita esta carta?
2. O que é que o autor nega?
3. O que induziu a jovem a usar «senhor»?
4. O que o tratamento de «senhor» causou?
5. Quem são «os brotos»?
6. Por que a jovem evitou a repetição de «senhor»?
7. Se há uma ligação entre o espelho e o soneto, qual é?
8. Quem é Bilac?

9. Qual é a disposição do autor?
10. Analise o último parágrafo e explique o que o autor consegue
   e como o consegue.
11. Quem você trataria como «você»? Como «o senhor»? Quais os parâmetros
   que têm que ser considerados?
12. Você se lembra de uma situação em que ficou apreensivo/a porque não
   sabia como tratar uma pessoa? Como resolveu a situação?

LOTARIAS - PORTUGAL

Lotaria Popular

1º Prémio	50.000,00 €
2º Prémio	10.000,00 €
3º Prémio	9.000,00 €
4º Prémio	5.300,00 €

Lotaria Clássica

1º Prémio	500.000,00 €
2º Prémio	50.000,00 €
3º Prémio	25.000,00 €

Lotarias Extraordinárias

| Lotaria do Natal | Lotaria de Fim de Ano |

1. Como é que na Loteria Federal «ganha quem acerta e quem não acerta»?
2. Quais são algumas das obras que beneficiam da loteria?
3. Há loterias onde você mora? Você joga? Ganhou alguma vez?
4. Em que esportes se pode apostar? A corrupção pode influir no resultado
   do jogo?
5. Você acha que se deve permitir a construção de cassinos?

Exercício escrito

Escreva em português.

1. Nothing doing! Remember that time is money!
2. You spend more where you're going when you spend less to get there.
3. As incredible as it might seem, that place has better possibilities for security than this one.
4. As far as I know you should eat a little more and drink a little less.
5. On second thought, the boss has shown himself to be even less fanatical than the others.
6. But also there were other much more concrete reasons to be in favor of that candidate.
7. Talking like that is of the worst possible taste. He's more ill-mannered than I thought.
8. It's the least we could expect under those circumstances.
9. On workday mornings you have to get up earlier than on weekends.
10. It is made with the most durable material in order to withstand the most difficult situations, including fire.
11. This is a hotel preferred more and more by the person who knows what he's looking for.
12. Imagining a trip without danger is as ridiculous as imagining a shark without hunger.

Temas para conversação ou redação

1. Dê a sua opinião sobre «Uma história pré-histórica» como a primeira aventura feminista.
2. Dê exemplos de «muitos outros casos, que se vêm repetindo mais ou menos iguais, mas tendo sempre o mesmo fim».
3. Conte uma fábula popular.
4. Escreva um pequeno conto ou diálogo em que vários pontos de vista são revelados.
5. Relate uma situação que justifique o uso de um provérbio como a moral da história.
6. Freqüentemente o ponto de vista de um dado conto é diferente segundo o sexo da pessoa que narra a história. Discuta esta asseveração fornecendo alguns exemplos adequados.
7. No anúncio da página anterior sugerem que a loteria é um grande benefício para o público. Dê a sua reação a esta propaganda e a sua opinião sobre a loteria pública.

Décima Unidade

As manias

Recapitulação

The future subjunctive
/O futuro do subjuntivo

The future subjunctive is formed by eliminating the **-am** ending of the third person plural form (**vocês, eles,** etc.) of the preterit and adding the following endings, which are the same for **A, E,** and **I** verbs:

A		E		I	
amar (**amaram**)		comer (**comeram**)		partir (**partiram**)	
amar	amar mos	comer	comer mos	partir	partir mos
amar es	[amar des]	comer es	[comer des]	partir es	[partir des]
amar	amar em	comer	comer em	partir	partir em

The following are third person plural forms of the preterit of *some* irregular verbs. Notice the stem for the future subjunctive:

ter: **tiver**am	estar: **estiver**am	haver: **houver**am
pôr: **puser**am	poder: **puder**am	dar: **der**am

One basic use of the future subjunctive is in adverb clauses introduced by the adverbial conjunctions **quando** 'when', **depois que** 'after', **logo que** 'as soon as', **assim que** 'as soon as', **sempre que** 'whenever', and **enquanto** 'while', when the verb of the embedded adverb clause refers to an action yet to happen:

Vamos partir **quando** ele **chegar**.
We are going to leave when he arrives.

Chame-me **logo que** você **estiver** pronto.
Call me when you're ready.

Vocês esperam **enquanto** fizermos as compras?
Will you wait while we do the shopping?

Leitura I

O tênis

O esporte da pessoa bem sucedida

As quadras de tênis proliferam em clubes e fundos de quintal. Também no Brasil o tênis começa a firmar-se como símbolo de modernidade e «status».

Houve um tempo em que ter piscina em casa era o máximo social. Já não é mais. Nesse tempo, todos os figurões apareciam tomando sol ao lado da plácida água azulada, em seus períodos de lazer. Hoje, só porque pulou vestido numa piscina o presidente Idi Amin Dada chamou a atenção da imprensa. De maiô não seria notícia, pois todas as celebridades agora estão jogando tênis. O presidente Ford joga; Charlton Heston e John Wayne têm seu clube de tênis; Elton John passou a trocar seu piano e conjunto de rock pela raquete.

Como bem expôs uma revista especializada, "o *beautiful people* sente-se atraído pelo tênis e a classe média também, porque quer ser como o *beautiful people*." Por isso, a firma de construção de quadras de Alcides Procópio, o primeiro brasileiro a jogar em Wimbledon, recebe 70% de pedidos de particulares, já construiu cerca de quinhentas quadras pelo país e tem cinco grandes projetos para São Paulo, todos de institutos para o ensino do tênis.

Também por isso os empreendimentos imobiliários passam a oferecer quadras de tênis para impressionar os compradores. Assim, à mania de procurar chácaras, loteamentos e casas nas redondezas dos grandes centros urbanos, em busca de um verde paradisíaco e sempre mais raro, associou-se a idéia de revigorantes partidas do jogo apelidado pelos cronistas de «esporte branco». Às relações sempre mais impessoais, aos períodos sempre mais longos de sedentarismo, substituem-se as imagens de um esporte completo, elegante, pessoal.

"Enquanto o esporte coletivo dilui a amizade, o tênis possibilita um contato mais estreito. Faz o confronto pessoa-a-pessoa, que resulta em comentários dos lances jogados, etc. Com uma raquete embaixo do braço, o tenista arruma amigo em qualquer cidade," disse a Nelson Cunha, de VISÃO, o presidente da Federação Paulista de Tênis, Milton Mota. Para todos os especialistas e jogadores, o crescente interesse pela prática do esporte no Brasil pode ser creditado à maior divulgação do tênis, a partir da realização de campeonatos internacionais no país, às poucas opções sem necessidade de grandes esforços ou excessivo dispêndio de tempo.

Entretanto, o tênis está longe de ser um esporte popular: para o primeiro jogo, de uma hora, o iniciante tem de gastar no mínimo 500 cruzeiros em material—sapato-tênis, meias, camiseta, raquete, aluguel de bola—, devendo pagar uma taxa mensal que varia de 1.400 a 1.700 cruzeiros, conforme o período diurno ou noturno, para aprender a jogar em uma escola especializada. Em São Paulo há apenas duas quadras públicas e o aluguel de uma custa 120 cruzeiros por hora durante o dia e 150 à noite.

Esses custos, porém, não têm impressionado os numerosos adeptos que o tênis vem ganhando. Nem atemorizam os homens de negócios envolvidos em empreendimentos na área: há cerca de 150 mil jogadores em São Paulo e o mesmo número de adeptos que não encontram quadra disponível para praticar o esporte, a despeito dos 54 clubes existentes na capital, com cerca de trezentas quadras.

. . . .

E enquanto as quadras e clubes se deslocam para as vias marginais ou estradas de acesso a São Paulo, em busca de terrenos mais baratos, toda uma indústria paralela se desenvolve em torno do tênis: já existe uma moda do tênis, que inovou os antigos uniformes brancos, há indústrias de raquetes, fábricas de capas para raquetes, de equipamentos para quadras.

"O tênis relaxa os nervos, porque movimenta o corpo, incentiva o espírito competitivo. Os próprios médicos, além de recomendarem sua prática, são alguns dos mais entusiastas praticantes. Homens idosos, ocupados em trabalhos dos mais sérios, transformam-se em verdadeiras crianças nas quadras. Discutem jogadas, repetem histórias e lances de suas partidas com os adversários," diz Alcides Procópio.

Em todas as idades, sob qualquer tempo, jogar tênis passa a sinônimo de ser moderno, de possuir «*status*» elevado. E canaliza para as quadras e para as bolas a competição violenta, a agressividade, os sonhos de uma vitalidade natural e ligada à natureza que a cidade aos poucos rouba do habitante. Mas não deixa de reproduzir, na utilização do tempo de lazer, a vontade de acesso das classes médias à condição de *beautiful people*.

Expressões úteis

1. passar a	…**passou a** trocar seu piano pela raquete.
	…he *went on* to exchange his piano for a racquet.
2. cerca de	…**cerca de** trezentas quadras.
	…*nearly (about)* three hundred courts.
3. em busca de	…**em busca de** terrenos mais baratos.
	…*in search of* cheaper land.
4. de maiô (vestido, etc.)	…**de maiô** não seria notícia.
	…*wearing a bathing suit* would be nothing new.
5. o primeiro…a	…**o primeiro** brasileiro **a** jogar em Wimbledon.
	…*the first* Brazilian *to* play at Wimbledon.
6. conforme	…**conforme** o período diurno ou noturno.
	…*according to* day or night time.
7. aos poucos	…que a cidade **aos poucos** rouba do habitante.
	…which the city robs *little by little* from the resident.

Perguntas

1. Como é que a posição «social» do tênis tem mudado ultimamente?
2. O que se tem que fazer para chamar atenção numa piscina?
3. Quem é o *beautiful people*? Você é membro desse grupo?
4. Por que a classe média é atraída pelo tênis? Você concorda com isso?
5. Qual é outro nome que a gente dá ao tênis?
6. Qual é um dos esquemas dos «empreendimentos» imobiliários?
7. Quais algumas das vantagens do tênis?
8. Segundo a leitura, o tênis é um esporte barato? Explique. Isso tem conseqüências?
9. Quais são algumas indústrias paralelas criadas por essa moda?
10. O tênis é um esporte ou somente uma «novidade»? Justifique a sua resposta.

Os passatempos

Aqui você tem os nomes de alguns esportes (*desportos* em Portugal):

o basquete
o beisbol
o hóquei
o voleibol
o golfe
o pingue-pongue

o polo
o rúgbi
o futebol (*soccer*)
o futebol americano (*football*)
o boliche (*bowling*)

E outros:

Esporte	*Verbo de ação*	*Esportista*
o esqui (*skiing*)	esquiar	esquiador / a
a natação (*swimming*)	nadar	nadador / a
a patinação (*skating*)	patinar	patinador / a
patinagem (*in Portugal*)		
a esgrima (*fencing*)	esgrimir	esgrimista
o remo (*rowing*)	remar (fazer remo)	remador / a
o ciclismo (*cycling*)	andar de bicicleta,	ciclista
	— de motocicleta	
o mergulho (*diving*)	mergulhar	mergulhador / a
o alpinismo (*mountain climbing*)	praticar alpinismo	alpinista
a navegação (*boating*)	navegar	o navegador / a
a vela (*sailing*)	velejar	velejador / a
a equitação (*horseback riding*)	andar a cavalo	equitador / a

jogar —— 'to play ——': jogar tênis
jogador de —— '—— player': jogador de tênis

E também há jogos menos fatigantes:

as cartas (*cards*)
o xadrez (*chess*)
as damas (*checkers*)

o dominó (*dominoes*)
o jogo de gude (*marbles*)
o loto (*bingo*)

E as crianças gostam do brinquedo de esconder (*jogar às escondidas* em Portugal) (= 'hide-and-seek') e da amarelinha (= 'hopscotch').

Perguntas

1. Há gente que considera **a caça** e **a pesca** como esportes? Você também? Por quê?
2. Qual seu esporte favorito? Descreva brevemente como se joga.
3. Você tem outros passatempos favoritos?
4. Qual seu esporte favorito dos jogos olímpicos de verão? e de inverno?
5. Qual o esporte mais estúpido que você conhece? Por que o acha assim?

Clubes de Futebol

Brasil	Portugal
América do Rio de Janeiro	Académica
Atlético Mineiro	Alverca
Botafogo	Beira Mar
Corinthians	Benfica
Cruzeiro	Boavista
Flamengo	Estrella Amadora
Fluminense	Gil Vicente
Goias	Marítimo Funchal
Gremio de Porto Alegre	Moreirense
Internacional de Porto Alegre	Nacional
Palmeiras	Oporto
São Paulo	Os Belenenses
Santos	Pazos Ferreira
Vasco da Gama	Rio Ave
	Sporting Braga
	Sporting Lisboa
	Union Leiria
	Vitória Guimarães

1. Como é possível que a Bayer acompanhe o atleta desde o início do seu treinamento?
2. Quantos produtos a Bayer fabrica?
3. Qual é um dos objetivos da Bayer?
4. Você gostaria de ter um poster do atleta? Preencha o cupom e envie-o à Bayer.

Exercícios de verificação: o futuro do subjuntivo

Substitua o sujeito do segundo verbo das seguintes orações.

1.   Todos vão sair quando **ele** chegar.
    eu   Todos vão sair quando **eu** chegar.
    vocês   Todos vão sair quando **vocês** chegarem.
    nós   Todos vão sair quando **nós** chegarmos.
    o papai   Todos vão sair quando **o papai** chegar.
    elas   Todos vão sair quando **elas** chegarem.

2.   Eles jogarão tênis enquanto **nós** ouvirmos música.
    eu   Eles jogarão tênis enquanto **eu** ouvir música.
    elas   Eles jogarão tênis enquanto **elas** ouvirem música.
    você   Eles jogarão tênis enquanto **você** ouvir música.
    as meninas   Eles jogarão tênis enquanto **as meninas** ouvirem música.
    nós   Eles jogarão tênis enquanto **nós** ouvirmos música.

3.   Vão à partida assim que **o papai** der licença?
    eu   Vão à partida assim que **eu** der licença?
    os seus pais   Vão à partida assim que **os seus pais** derem licença?
    ela   Vão à partida assim que **ela** der licença?
    nós   Vão à partida assim que **nós** dermos licença?
    o vovô   Vão à partida assim que **o vovô** der licença?

4.   Jantaremos depois que **a mamãe** puser tudo na mesa.
    eu   Jantaremos depois que **eu** puser tudo na mesa.
    elas   Jantaremos depois que **elas** puserem tudo na mesa.
    os filhos   Jantaremos depois que **os filhos** puserem tudo na mesa.
    ele   Jantaremos depois que **ele** puser tudo na mesa.
    você   Jantaremos depois que **você** puser tudo na mesa.

5.   Eles podem jogar cartas sempre que **elas** quiserem.
    nós   Eles podem jogar cartas sempre que **nós** quisermos.
    os rapazes   Eles podem jogar cartas sempre que **os rapazes** quiserem.
    eu   Eles podem jogar cartas sempre que **eu** quiser.
    vocês   Eles podem jogar cartas sempre que **vocês** quiserem.
    o Zé   Eles podem jogar cartas sempre que **o Zé** quiser.

Exercícios escritos

1. Complete os espaços em branco com a forma adequada do verbo entre parênteses.

  1. Vamos a uma partida de futebol logo que o meu irmão _____ (conseguir) os bilhetes.

2. Vou pagar a conta assim que eles me _____ (dar) o dinheiro.
3. Você pode se hospedar na minha casa sempre que _____ (vir) ao Rio.
4. Eles se divertirão enquanto _____ (estar) de férias.
5. Visite a Torre de Belém quando _____ (ir) a Lisboa.
6. Quando nós _____ (estar) lá iremos à praia sempre que _____ (fazer) calor.
7. Vou lhe arranjar um bom emprego logo que (eu) _____ (poder).
8. Vocês que tomem uma batida enquanto nós _____ (dançar).
9. Eles podem sair logo que (eles) nos _____ (dizer) a verdade.
10. Estamos dispostos a falar sobre isso quando _____ (haver) mais possibilidades.

2. Responda às seguintes perguntas segundo as sugestões, acrescentando uma frase adequada.

> Você vai jogar boliche hoje? (*quando o meu amigo...*)
> Vou jogar boliche hoje quando o meu amigo (*me telefonar*).

1. Vocês vão ao correio hoje? (*depois que meu filho...*)
2. A empregada vai limpar a casa? (*enquanto as crianças...*)
3. Você vai à festa do meu aniversário? (*assim que eu...*)
4. Eles trarão vinho para a festa? (*logo que vocês...*)
5. Vamos jantar naquele restaurante? (*quando você...*)
6. Você vai fazer compras hoje? (*logo que o meu marido...*)
7. O nosso clube de futebol vencerá? (*sempre que os jogadores...*)
8. Vamos nadar na piscina hoje? (*quando nós...*)

Gramática

1. The Subjunctive in adjective and adverb clauses
/O subjuntivo nas orações adjetivas e adverbiais

1. Adjective clauses.

Like noun clauses, adjective clauses begin with **que**, but they are distinguished from other types of clauses because the **que** of an adjective clause follows (and the entire clause modifies) a noun or pronoun. Adjective clauses also differ from noun clauses in that they allow the *future* subjunctive as well as the past and present subjunctive. The indicative is used if the noun or pronoun that the clause modifies is known to exist by the speaker (the speaker affirms its existence), whereas the subjunctive is used if the noun or pronoun is not known to exist (the speaker can't be sure of its existence):

Affirmation of Existence (Indicative)	*Non-Affirmation of Existence (Subjunctive)*
Tenho um amigo que mora em Lisboa.	Não tenho um amigo que more em Lisboa.
I have a friend who lives in Lisboa.	I don't have a friend who lives in Lisboa.
Eles compraram um carro que tinha quatro portas.	Eles queriam comprar um carro que tivesse quatro portas.
They bought a car that had four doors.	They wanted to buy a car that had four doors.
Conheço um aluno que estudava lá.	Não conheço nenhum aluno que estudasse lá.
I know a student who studied there.	I don't know any student who studied there.
João comprou os livros que custavam menos.	João vai comprar os livros que custarem menos.
João bought the books that cost less.	João is going to buy the books that cost less.

Notice that if the clause describes a negative indefinite pronoun (**nada, ninguém,** etc.), or if questions explicitly inquire about the existence of something, the subjunctive is used:

Não há ninguém aqui que fale alemão.	There's no one here who speaks German.
Existe um livro que explique isso?	Is there a book that explains that?

The present subjunctive is used if the verb of the dependent clause refers to the present, the past subjunctive is used if it refers to the past, and the future subjunctive is used for the future. However, the distinction between the present and the future is not always clear:

> Vou comprar o carro que custe menos.
> Vou comprar o carro que custar menos.
> I am going to buy the car that costs less.

Although my action is definitely planned for the future, the present subjunctive suggests that the pricing of the car belongs to the present, whereas the future subjunctive says that the pricing belongs to the future. In general, the future subjunctive is used if the verb of the main clause expresses futurity (future tense + infinitive, or a verb denoting the future like **poder** of **querer**). This is only a rule of thumb, since it must be kept in mind that the speaker is always allowed to bring a future action into the present by using the present tense (note the previous example).

2. Adverb Clauses.

Adverb clauses are easy to recognize because the first word is always an adverbial conjunction (**quando, até que,** etc.). Generally speaking, the indicative is used if the speaker considers the situation of the adverb clause to be part of his/her experience (affirms its validity), while the subjunctive is used if the speaker has not experienced the situation (cannot affirm that it's part of his/her experience).

A few adverbial conjunctions will always be followed by the indicative since their meanings suggest that the information of the dependent clause is part of the speaker's experience:

Always followed by indicative:

porque because

já que
visto que   since
dado que
posto que

Ele ficou em casa porque não quisemos ir com ele.
He stayed at home because we refused to go with him.

Já que chove muito aqui a gente anda agasalhada.
Since it rains a lot here we go around all covered up.

The following adverbial conjunctions will always be followed by the subjunctive since their meanings suggest non-experience on the part of the speaker. Furthermore, only the past and present subjunctive are used with these conjunctions—**the future subjunctive will never be used with this particular set of conjunctions.**

Always followed by the Subjunctive
(Present or Past, never *Future)*

contanto que provided that

antes (de) que before

sem que without/unless

para que
a fim de que   in order that
de modo que
de maneira que

ainda que
mesmo que
mesmo se even if/though
se bem que
embora

Temos que preparar tudo antes que eles cheguem em casa.
We have to prepare everything before they arrive home.

Eles queriam jogar ainda que estivesse chovendo.
They wanted to play even though it was raining.

Vou lhe fazer essa brincadeira sem que saiba da minha presença.
I'm going to play that joke on him without his being aware of my presence.

Embora os preços subissem muito sempre havia férias.
Even if prices went up a lot, there were always vacations.

The use of the subjunctive with these conjunctions is generalized in spoken Portuguese. However, in writing and occasionally in the spoken language some of them will be followed by the indicative if the context of the information clearly denotes experience:

Eles estudam muito de modo que aprendam tudo.
They study a lot in order to learn everything.
Eles estudaram muito de modo que aprenderam tudo.
They studied a lot in order to learn everything. (_And they did learn everything._)

Vou à praia ainda que esteja nevando.
I'm going to the beach even if it's snowing.
Vou à praia ainda que está nevando.
I'm going to the beach even though it's snowing. (_I know it's snowing._)

Since the subjunctive in these sentences would also be considered correct even when the situation is known to be part of experience, you may safely disregard this usage for the time being.

For all other adverbial conjunctions, either the indicative or the subjunctive may be used, depending on whether the speaker is able to affirm that the information of the dependent clause is part of his/her experience. Experience (and thus the indicative) is most often expressed 1) by the use of the present indicative in both the main clause and the adverb clause to express a habitual action or an action taking place at the moment of speaking or 2) by the use of the preterit or imperfect indicative to report an action already experienced in the past. Non-experience (and thus the subjunctive in the adverb clause) is expressed by using in the main clause any indicative tense which implies futurity: the future tense, **ir** + **infinitive**, present tense with future reference, or a verb such as **querer** or **poder** that suggests the future. Note the restrictions on the use of the present and future subjunctive:

	Experience *(Indicative)*	*Non-Experience* *(Subjunctive: Past or Present* *never Future)*
até que	Estivemos no parque até que começou a chover. We were in the park until it began to rain. (*it did begin to rain*)	Vamos estar no parque até que comece a chover. We're going to be in the park until it begins to rain. (*it hasn't rained yet*)

. . . .

	Experience *(Indicative)*	*Non-Experience* *(Subjunctive: Past or Future* *never Present)*
quando	Ele me telefonou quando chegou em casa. He telephoned me when he got home.	Telefone-me quando você tiver tempo. (*non-experienced future*) Telephone me when you get home.
logo que	Papai sempre nos dá algum dinheiro logo que ele recebe o ordenado. Dad always gives us some money as soon as he gets paid.	Papai ia nos dar algum dinheiro logo que ele recebesse o ordenado. Dad was going to give us some money as soon as he got paid. (*payday was anticipated*)
enquanto	Os alunos trabalham enquanto os professores descansam. The students work while the teachers rest.	Você quer lavar o carro enquanto eu arrumar a casa? Do you want to wash the car while I clean the house?

depois que	'after'
assim que	'as soon as'
sempre que	'whenever'
se	'if'

Note: Some speakers will replace the future subjunctive with the present subjunctive since as we have already seen it is not easy to separate the future from the extended present. However using the future subjunctive will always be correct.

. . . .

	Experience *(Indicative)*	*Non-Experience* *(Subjunctive: Past, Present or Future)*
onde	Coloquei a mesa onde você disse. I put the table where you said.	Colocarei a mesa onde você disser. I will put the table where you say. (*you haven't said yet*)

como	O Zé fez tudo como quisemos.	O Zé queria fazer tudo como nós pedíssemos.
	Zé did everything like we wanted.	Zé wanted to do everything like we asked.
quanto	Ela pagou quanto pôde.	Pague quanto possa.
	She paid as much as she could.	Pay as much as you can.

Note: The difference between the present and the future subjunctive with these conjunctions is sometimes very subtle. In **Faça-o como queira/quiser** the present subjunctive associates wanting with the present whereas the future subjuntive associates it with the future. In both cases the speaker does not know how the addressee wants to do it.

Exercícios de verificação: o futuro do subjuntivo

1. Faça as seguintes substituições.

		Eu quero um amigo que saiba português.
	falar	Eu quero um amigo que fale português.
precisava		Eu precisava de um amigo que falasse português.
	bater à máquina	Eu precisava de um amigo que batesse à máquina.
tenho		Eu tenho um amigo que bate à máquina.
	poder me ajudar	Eu tenho um amigo que pode me ajudar.
vou achar		Eu vou achar um amigo que possa/puder me ajudar.
	ter esse livro	Eu vou achar um amigo que tenha/tiver esse livro.
não conheço ninguém		Eu não conheço ninguém que tenha esse livro.
	entender japonês	Eu não conheço ninguém que entenda japonês.
telefonarei para esse rapaz		Eu telefonarei para esse rapaz que entende japonês.
	jogar xadrez	Eu telefonarei para esse rapaz que joga xadrez.
não houve ninguém		Não houve ninguém que jogasse xadrez.

2. Faça as seguintes substituições.

		Eles jogam tênis contanto que o tempo esteja bom.
	já que	Eles jogam tênis já que o tempo está bom.
vão jogar		Eles vão jogar tênis já que o tempo está bom.
	quando	Eles vão jogar tênis quando o tempo estiver bom.
sempre jogavam		Eles sempre jogavam tênis quando o tempo estava bom.
queriam jogar		Eles queriam jogar tênis quando o tempo estivesse bom.
	onde	Eles queriam jogar tênis onde o tempo estivesse bom.

jogarão		Eles jogarão tênis onde o tempo estiver bom.
	caso	Eles jogarão tênis caso o tempo esteja bom.
iam jogar		Eles iam jogar tênis caso o tempo estivesse bom.
	logo que	Eles iam jogar tênis logo que o tempo estivesse bom.
	porque	Eles iam jogar tênis porque o tempo estava bom.

Exercícios orais

1. Responda segundo o modelo.

MODELO: PROFESSOR   Sônia, você conhece alguém que me possa ajudar com o meu inglês?
            1º ALUNO   Sim, conheço alguém que pode ajudar.
            PROFESSOR   João, isso é verdade?
            2º ALUNO   Não, ela não conhece ninguém que possa ajudar.

1. Você conhece uma pessoa que ensine tênis?
2. Seu amigo encontrou um carro que tivesse oito cilindros?
3. No ano que vem haverá um aluno que possa ganhar o prêmio?
4. Você pode me dizer um apelido que seja engraçado?
5. O bibliotecário conseguiu alguns livros que fossem de mistério?
6. Você encontrou uma boutique que fosse mais barata do que esta?
7. O chefe vai obter uma secretária que trabalhe oito horas?
8. O professor falou num tema que fosse familiar?
9. Você procurou um banco que ficasse pertinho do hotel?
10. Na festa houve pessoas que chamassem a atenção de todos?

2. Diga e escreva em português:

1. I was looking for a book that explains that very point.
2. I hope to find a job that pays well and leaves me a lot of leisure hours.
3. Do you know the man I was talking to? He was the first Portuguese to participate in the Olympics.
4. Give me the name of a hotel that they say is good.
5. I'll introduce you to all the players I know, or at least to some of them.
6. I used to have a stamp collection that I sold for a good price.
7. We would like to try a dish that isn't too spicy.
8. Can you tell me where there's a bank that stays open until 8:00 p.m.?

3. Responda segundo o modelo.

> Para que você está arrumando toda a casa? _(para que meus pais...)_
> Estou arrumando toda a casa para que meus pais _(estejam contentes)._

1. Por que você está ficando em casa? _(caso meu noivo...)?_
2. Vocês vão dar algum dinheiro aos filhos? _(contanto que eles...)_
3. Vocês sempre festejam o aniversário da sua mãe? _(mesmo se ela...)_
4. Eles pediram emprestado naquele banco? _(ainda que eles...)_
5. O João vai descontar um cheque hoje? _(antes que o banco...)_
6. Vocês não pediam a pensão completa? _(a não ser que a comida...)_
7. Vocês vão visitar os primos em agosto? _(desde que eles...)_
8. Vocês vão reclamar a bagagem? _(já que elas...)_
9. Por que você desligou o telefone? _(porque ninguém...)_
10. Esse passageiro clandestino desembarcou? _(sem que as aeromoças...)_
11. Vocês vão se casar logo? _(de modo que nós...)_
12. Você prefere ir de férias em julho? _(porque os meus amigos...)_
13. Você bebeu o vinho rosé? _(mesmo que eu...)_
14. Toda a família jantou naquele restaurante? _(já que a empregada de casa...)_
15. Você vai pedir o prato do dia? _(embora ele...)_

4. Responda segundo os modelos:

> Você vai sair hoje à noite? _(depois que os meus pais...)_
> Vou sair hoje à noite depois que os meus pais _(se deitarem)._
>
> Você saiu ontem à noite? _(depois que os meus pais...)_
> Saí ontem à noite depois que os meus pais _(se deitaram)._
>
> Você sempre sai à noite? _(depois que os meus pais...)_
> Sempre saio à noite depois que os meus pais _(se deitam)._

1. Vocês vão praticar o golfe? _(quando os outros...)_
2. Eles iam jogar basquete hoje? _(depois que nós...)_
3. Vocês podem ir conosco? _(logo que eu...)_
4. A sua irmã pagou a conta ontem? _(assim que ela...)_
5. Vocês sempre esperam no vestíbulo? _(enquanto o recepcionista...)_
6. Você prefere almoçar nesse restaurante? _(sempre que eu...)_
7. Seu pai deixou uma gorjeta para o moço? _(depois que a mamãe...)_
8. Você passará à caixa? _(quando o caixa...)_

5. Responda segundo o modelo.

> Quanto tempo você esperou na esquina? (*até que o ônibus...*)
> Esperei na esquina até que o ônibus (*chegou*).
>
> Quanto tempo você vai esperar na esquina? (*até que o ônibus...*)
> Vou esperar na esquina até que o ônibus (*chegue*).

1. Você sempre estuda na biblioteca? (*até que meus amigos...*)
2. Os seus primos vão morar com você? (*até que eles...*)
3. Você falou com o piloto? (*até que eles...*)
4. As pessoas sempre apertam o cinto? (*até que o avião...*)
5. Até quando os avós ficaram lá? (*até que meu pai...*)
6. Até quando vocês vão esperar a sua vez? (*até que o garçom...*)

6. Mude as seguintes orações segundo o modelo.

> Ele estudou quando voltou para casa. / vai estudar
> Ele vai estudar quando voltar para casa.

1. Eu recitava versos enquanto jogava tênis. (*recitarei*)
2. Logo que os trocou, ele saiu. (*ia sair*)
3. Queríamos fazer tudo antes que anoitecesse. (*vamos fazer*)
4. Eu não li nada porque os outros estavam ouvindo música. (*não vou ler*)
5. Eles beberam uma cerveja conosco depois que chegaram. (*vão beber*)
6. Você riu quando o viu. (*rirá*)
7. Ainda que goste muito ele não irá. (*não foi*)
8. Embora machuque a mão ele quer jogar. (*queria*)

7. Revisão de orações substantivas. Faça as seguintes substituições.

Espantou-me que nevasse tanto ontem.

Foi ridículo	
	ele estar doente
É pena	
	ela quebrar uma perna
É bom	
	eles comprar café barato
Foi certo	
	nós ter uma festa
Seria melhor	
	chover hoje
Deprime-me	
	a criança chorar o dia inteiro

8. Revisão de orações substantivas: siga o modelo.

MODELO: PROFESSOR Por que eles querem voltar? (*o chefe pediu*)
     1º ALUNO O chefe pediu que voltassem.
     2º ALUNO Pois, diga-lhes que não voltem.

     PROFESSOR Por que eles querem voltar? (*o chefe fez*)
     1º ALUNO O chefe fez com que voltassem.
     2º ALUNO Pois, diga-lhes que não voltem.

1. Por que eles querem fazer isso? (*o chefe mandou*)
2. Por que ele quer estar em férias? (*o chefe escreveu*)
3. Por que elas querem chegar tão cedo? (*o chefe disse*)
4. Por que eles querem trabalhar nove horas? (*o chefe fez*)
5. Por que ela quer fazer tudo tão devagar? (*o chefe pediu*)
6. Por que eles querem pôr fim a esse costume? (*o chefe insistiu*)
7. Por que ele quer embrulhar esses pacotes? (*o chefe me telefonou*)
8. Por que elas querem bater tudo à máquina? (*o chefe sugeriu*)

Exercício escrito

Complete as seguintes orações com uma forma adequada do verbo entre parênteses.

1. Eu lhe pedi que _____ (pegar) o telefone.
2. É verdade que o seu número se _____ (encontrar) no catálogo.
3. Vai lhes dizer que _____ (reservar) um quarto com chuveiro.
4. Parece que a empregada já _____ (sair).
5. Deixaremos a chave na recepção para que você _____ (poder) voltar quando _____ (querer).
6. Deixe-lhe uma gorjeta que lhe _____ (satisfazer).
7. Sugeriu-me que _____ (abrir) uma conta corrente.
8. Prefiro que vocês não _____ (descontar) todos os cheques.
9. Sabíamos que você _____ (ir) fazer anos.
10. Ficaremos aqui até que todos os parentes _____ (voltar).
11. Há dúvidas que ele ainda se _____ (lembrar) disso.
12. Você acha que se _____ (construir) um aeroporto novo?
13. Estarei no bar caso vocês _____ (querer) falar comigo.
14. Não podíamos apertar o cinto sem que a aeromoça nos _____ (ajudar).
15. O calendário que você me _____ (dar) está errado porque só _____ (ter) onze meses.
16. Lavo os pratos contando que ela _____ (limpar) a casa.
17. Pedimos a comida depois que o garçom nos _____ (servir) uma bebida.

18. Jantaremos logo que papai _____ (chegar) em casa.
19. Você conhece um prato bem brasileiro que _____ (ser) gostoso?
20. É certo que nós _____ (comprar) selos demais.
21. Eles queriam que todos _____ (saber) a verdade sobre isso.
22. Naquela loja não há nenhuma coisa que me _____ (agradar)!
23. Sempre falamos com eles quando _____ (ter) tempo.
24. Vou estar no parque enquanto eles _____ (fazer) compras.
25. É pena que não _____ (haver) muita gente na festa.

Leitura II
A revolução dos animais já alcançou o Brasil

A onda chega ao Brasil. Não só dos macacos, que passaram a inspirar programas de tevê e comportamento de pessoas—além de serem adotados com mimos de filhos—como de corujinhas, papagaios ou tamanduás. Ninguém está livre de bater à porta de um amigo e ser recebido por uma jibóia. Mais de um cidadão alarmado, julgando-se vítima de alucinações, telefonou para as autoridades competentes, noticiando o seu encontro com um crocodilo, bichinho de estimação de algum descuidado. Os anúncios em busca de cães ou gatos desaparecidos são, pelo menos, patéticos. Indústrias alimentícias prosperam, fabricando rações para cachorros em sedutoras embalagens. Butiques, cabeleireiros, clínicas—até mesmo psiquiátricas—se espalham pelo país a serviço da bicharada. Em Porto Alegre, um sacerdote usou o púlpito na semana passada para condenar como idólatra a idéia de fazer *mis-en-plis* em cachorro. Mas já as pessoas confusas se perguntam: eram os deuses animais? Pelo jeito que com os bichos de estimação são tratados pelos homens, parece que sim.

Nos Estados Unidos, a *Revolução dos Animais*, profetizada por George Orwell, já começou. Quando o falecido presidente Lyndon Johnson puxou, em público, a orelha de um dos seus *beagles* recebeu mais cartas de protesto do que pela ação dos EUA na guerra do Vietnã. Em todo o país, existem cinco mil espécies diferentes de animais domésticos que consomem, em alimentação específica, 2,5 bilhões de cruzeiros por ano (o equivalente ao orçamento de uma republiqueta). Na Conferência Mundial de Alimentação, realizada em Roma, em 1974, ficou decidido que os países ricos concederiam aos países pobres 114 milhões de cruzeiros[1] anuais em alimentos. Durante os debates, foi estabelecido que a população mundial—em razão do consumo de alimentos—não era de quatro bilhões, mas de 19 bilhões de criaturas, precisando de proteínas. Quinze milhões eram gatos e cachorros. Os últimos números sobre população animal começam a alarmar as pessoas mais

_____
[1] *cruzeiro = antiga moeda brasileira*

dotadas de imaginação. Nos Estados Unidos, existem 100 milhões de gatos e cachorros, que se reproduzem na base de 3.000 filhotes por hora, contra apensa 415 bebês humanos, nascidos no mesmo espaço de tempo. Calcula-se, também, que 60% dos 70 milhões de lares americanos tenham animais de estimação, entre os quais 350 milhões de peixes e 22 milhões de cavalos. Recentemente, fugas de alguns desses animais causaram comoção pública. Crocodilos conseguiam escapar dos seus viveiros domésticos e entravam nos esgotos públicos, procriando; piranhas importadas da América do Sul deixavam seus aquários e infestavam rios do sul do país. Cobras—inocentes apenas para seus donos—escapavam dos viveiros, aterrorizando quarteirões. Até periquitos argentinos e caracóis já destruíram pomares na região centro-oeste americana. E um canguru de estimação, em Illinois, pulou 250 milhas, enfrentando guardas—e derrubando-os, como peças de boliche. Em todo o mundo, cresce a indústria de alimentação e de produtos de beleza para animais. Os 2,5 bilhões de dólares que os americanos gastaram com esses artigos no ano passado dariam para alimentar um terço da população mundial que passa fome e foram uma quantia seis vezes maior do que a aplicada no mesmo ano com alimentação infantil.

No Brasil, já existem muitas indústrias dedicadas à fabricação de rações balanceadas—contendo vitaminas e sais minerais, que manterão o cãozinho ou o gato em perfeito estado de saúde e nutrição. E os cachorros preferidos freqüentam o cabeleireiro com tanta regularidade como as moças elegantes. Vão para um banho refrescante, uma tosada mais sofisticada no pelo ou para experimentar o novo esmalte de unhas—quase sempre importado. Nas capitais brasileiras existem elegantes butiques e institutos de beleza para cães e gatos exigentes.

Uma loja carioca tem uma decoração para cachorro nenhum botar defeito: além dos tapetes felpudos, cortinas, ar condicionado, dispõe de música estereofônica "para acalmar os bichinhos." Embora não se conheça nenhum cão que se tenha tornado crítico de arte, na parede há uma tela de 300 mil cruzeiros. A proprietária—que gastou 1 milhão de cruzeiros com a decoração— acha que pode recuperar o dinheiro em cerca de dois anos, "pois muitas pessoas donas de cães querem estar tranqüilas quando levam seus animais a clínicas de beleza."

Ela provavelmente está certa, pois, sem muita propaganda, a butique já recebe de sete a 17 clientes por dia, para banho e tosa. E ninguém reclama dos preços, que variam de 40 a 150 cruzeiros o banho, e de 50 a 120 o corte de cabelo, dependendo da raça. Na sala de espera, enquanto aguarda a vez de seu _yorkshire_ tomar banho, D. Suzie Martins fala do cãozinho.

—Meg tem um ano e meio. Come ração balanceada importada, legumes, miúdos de frango e filé. Ela vem ao instituto de beleza toda semana, para tomar banho e fazer as unhas. Por mês, Meg me dá uma despesa de 500 a 600 cruzeiros, incluindo o veterinário.

Ainda pequeno, Larrau precisa se alimentar de hora em hora, para crescer sadio. Enquanto espera sua vez—banho e penteado—toma leite em mamadeira importada. Sua dona, Sônia Maria Geremberg, explica que Larrau é uma Lhassa Apso, originário do Tibete.

—Ele custou cinco mil cruzeiros e é um cachorrinho muito terno. Só come carne de primeira, cenoura e mingáu de arroz, além de tomar cálcio e vitamina. Vem ao instituto de beleza de 15 em 15 dias. Não consome mais de uns 350 ou 500 cruzeiros por mês.

José Carlos diz que o cabeleireiro Oldy tem um Afghan e mandou fazer um trono de lamê dourado para ele; já uma conhecida figura do soçaite carioca teria mandado treinar o seu cão, da mesma raça, para ficar imóvel numa poltrona, durante as recepções.

—Ora, os Afghans são cães de caça, detestam plumas e paetês. Fora as rações, quase todos os produtos para cães e gatos são importados, com preços que variam de três cruzeiros, o chiclete canino, a 1.000 cruzeiros—a casa de fibra-de-vidro, para transporte de animais.

Nessas lojas especializadas, pode-se conseguir até mesmo a importação de cães de raça que já chegam vacinados, com atestado de *pedigree* e seguro. Atendendo aproximadamente 40 fregueses por dia, as melhores dessas lojas têm xampus, esmaltes, vitaminas, vacinas, calcinhas higiênicas (para usar no período de cio das cadelas), balas, bombons, *sprays* para repelir os machos (quando eles querem e elas não), pílulas anticoncepcionais, dentaduras, talcos, brinquedos de borracha, sapatinho de couro para não molhar as patas, roupas, agasalhos ou mamadeiras de cinco bicos. Para cães mais vaidosos, há até um pente americano que custa 200 cruzeiros.

Tanto quanto a beleza, a saúde dos animais também é muito bem cuidada. Trinta clínicas no Grande Rio atendem os bichos de estimação. Em Teresópolis, há um famoso psiquiatra para cachorros e numa clínica em Niterói existe, até, um circuito interno de televisão. Numa dessas clínicas de luxo, com várias filiais, há uma média de 50 cirurgias por mês, 3.000 atendimentos, 800 exames de laboratório, 300 raios X e 95 electrocardiogramas. Um parto normal de cadelinha custa 240 cruzeiros, uma cirurgia de cérebro vai a 1.500 cruzeiros. Fora as consultas—na clínica ou na casa do *doente*—e a hospitalização, com diária até 70 cruzeiros.

Mas nem só de cães e gatos vivem essas clínicas. No plantão do veterinário Joseli Nunes, já apareceu uma cobra com o rabo quebrado. E passarinhos na mesma situação.

O interesse por cães no Brasil aumentou tanto que os Kennel Clubes do Rio e de São Paulo já têm aproximadamente 10.000 associados. Em todo o Brasil, há 10 jornais especializados e, no Rio, *Atualidades Caninas e Veterinárias*, órgão oficial da Sociedade Brasileira de Medicina Veterinária, fatura quase 100 mil cruzeiros por mês, em publicidade.

Os psicanalistas ainda não se preocuparam com o que significa tanto amor dos homens aos animais e parece que nenhum psicólogo se debruçou, ainda, sobre as lápides dos Cemitérios de Pequenos Animais, do Instituto de Veterinária de Prefeitura do Rio de Janeiro, onde há duas mil sepulturas. Os epitáfios são expressivos. Entre eles, o que Guimarães Rosa escreveu para o seu cachorro, enterrado ali: SUNG. SUNGUINHO DE DEUS. ARACY E GUIMARÃES ROSA.

Inaugurado em 1934, pelo então prefeito Pedro Ernesto, o Cemitério já fez 30.760 sepultamentos e tem forno crematório. Neste cemetério, há túmulos de até 30 mil cruzeiros e Galdino Pinto Ribeiro, que lá trabalha há 32 anos, diz que já viu "coisas que até Deus duvida em enterro de cachorro: gente que chora e até desmaia." Mas além dos cães e gatos, há outros animais considerados de estimação: leões, pumas, jibóias, sucuris, cacatuas, jacarés, gaviões—todos domesticados. Pedro Gama Filho, 31 anos e vice-chanceler da Universidade Gama Filho, tem um verdadeiro minizoo particular: leoa, dois pumas, um chimpanzé e 26 cães de raça. Ele é talvez o maior entusiasta da criação do Fila Brasileiro e, em seu canil, há 21 cães desta raça.

Em todo o país, esse amor aos bichos faz crescer o comércio de animais. A maioria deles é vendida clandestinamente. Muitos vêm do Pantanal Mato--Grossense e, boa parte, da Amazônia. Um chimpanzé—animal de difícil importação—já está valendo cerca de 100 mil cruzeiros. Pumas e onças custam perto de 30.000 cruzeiros e para adquiri-los o candidato deve ficar pelo menos um ano na fila. Recentemente, um jornal de Curitiba registrou o caso de um casal que coleciona minipôneis argentinos—cavalinhos de 80 centímetros de altura—e tentou se hospedar com um deles, num hotel da cidade. Barrados, acabaram indo para um hotel menos luxuoso, onde acabaram dormindo no mesmo quarto—marido, mulher e pônei.

O Ministério da Agricultura brasileiro não tem estatísticas de controle dos animais domésticos ou dos selvagens que foram domesticados. Mas nos Estados Unidos, 10.000 pessoas criam animais selvagens de toda espécie e até elefantes são adotados. A maioria desses animais vive mais confortavelmente do que a maioria das pessoas. Nenhum pode alegar vida de cachorro.

Expressões úteis

1. estar livre	Ninguém **está livre** de bater à porta e ser recebido por uma jibóia. No one *is free from* knocking at the door and being received by a boa constrictor.
2. gastar com	...que os americanos **gastaram com** esses artigos. ...that Americans *spent on* those articles.

3. estar certo ...ela provavelmente **está certa**.
...she probably *is* right.

4. depender de ...**dependendo d**a raça.
...*depending on* the breed.

5. aguardar/esperar a ...enquanto **aguarda/espera sua vez**.
vez. ...while he *waits for* his turn.

6. no mínimo/pelo **no mínimo/pelo/ao menos** um ano na fila.
menos/ao menos *at least* one year in line.

7. tanto quanto **tanto quanto** a beleza.
as much as beauty.

8. fora **fora** as consultas.
besides the consultations.

9. em razão de **em razão d**o consumo de alimentos.
due to the consumption of food.

10. botar defeito ...nenhum **bota defeito**.
...no one can *find fault with*.

Perguntas

1. Qual a onda que chega ao Brasil?
2. Por que os anúncios em busca de cães ou gatos desaparecidos são patéticos?
3. Quem é que tira vantagem desta revolução?
4. Quem profetizou a revolução dos animais? Quem é esse senhor?
5. Quantas espécies diferentes de animais domésticos existem? Você acha esse número grande ou pequeno?
6. Qual é a população do mundo? Como se chega a essa cifra?
7. Que perigos existem devido a esta explosão animal?
8. Quais são os tipos de indústrias que já apareceram no Brasil?
9. O que é que a proprietária de uma loja fez?
10. Quem é Meg? E Larrau?
11. Dê os nomes de alguns produtos que estas lojas vendem.
12. E o que se diz das clínicas? E dos cemitérios?
13. Além de gatos e cachorros, quais outros animais servem de animal de casa?
14. O que se vende clandestinamente? Por quê?
15. Que animais você tem em sua casa?
16. Como lhe parece este artigo?
17. Parece-lhe bem que alguns animais vivam melhor do que a maior parte das pessoas? Justifique a sua opinião.

18. Se você tivesse a oportunidade de ter um animal selvagem na sua casa, qual escolheria? Por quê?

LIDERANÇA MUNDIAL
O Brasil foi o único país a participar de todas as 16 Copas disputadas até hoje

	Copas	Jogos	Vitórias	Empates	Derrotas	Pontos*
BRASIL	16	80	53	14	13	120
Alemanha	14	78	45	17	16	107
Itália	14	66	38	16	12	92
Argentina	12	57	29	10	18	68
Inglaterra	10	45	20	13	12	53
França	10	41	21	6	14	48

Exercício escrito

1. He is a man who is far from being appreciated by everyone.
2. I called attention to the fact that I would do it as soon as I talked to the boss in person.
3. I don't know why he insisted that we walk around in our bathing suits.
4. At that time, more than a third of the people went hungry until the fad of dieting went out of style.
5. There are nearly thirty tennis courts in this town but it always takes me at least a half hour to find a free one.
6. She is right. The money that is spent on feeding pets could be put to a better use.
7. It is ridiculous that so many people play golf nowadays. I think swimming is much better for one's health.
8. Depending on what you say I will patiently wait my turn until he informs me otherwise.

Temas para conversação ou redação

1. Meu esporte favorito.
2. A minha própria mania.
3. Escreva um anúncio para recobrar seu gato perdido.
4. Uma experiência num salão de beleza para cachorros.
5. A comida natural: outra mania?

Unidade Onze

O automóvel

Recapitulação

Perfect tenses/Os tempos compostos

The **perfect tenses** are formed by using the appropriate form of the verb **ter** (or **haver** in the written language) and the **-do** form (past participle) of the verb (see Grammar Section 1 of Unit 6 for the formation of the past participle).

1. Future perfect (use future tense of **ter**): "I, etc., **will have studied**."

terei estudado	teremos estudado
terás estudado	[tereis estudado]
terá estudado	terão estudado

2. Conditional perfect (use conditional tense of **ter**): "I, etc., **would have studied**."

teria estudado	teríamos estudado
terias estudado	[teríeis estudado]
teria estudado	teriam estudado

3. Past perfect (use imperfect tense of **ter**): "I, etc., **had studied**."

tinha estudado	tínhamos estudado
tinhas estudado	[tínheis estudado]
tinha estudado	tinham estudado

4. Present perfect (use present tense of **ter**): "I, etc., **have been studying** (since a time in the past)."

tenho estudado	temos estudado
tens estudado	[tendes estudado]
tem estudado	têm estudado

5. A simple (one-word) verb form may be used to replace the past perfect for literary usage only. This set of forms is called the "pluperfect" and is formed by eliminating the **-am** ending of the 3rd person plural of the preterit (amar**am**), and adding the endings given below:

amar **a**	amár **amos**
amar **as**	[amár **eis**]
amar **a**	amar **aram**

viver: vivera, viveras, vivera, vivêramos, etc.
ter: tivera, tiveras, tivera, tivéramos, etc.
partir: partira, partiras, partira, partíramos, etc.

Notice that the **nós** and **vós** forms take a written accent mark: (´) for **A** and **I** verbs which have a regular preterit stem, (^) for **E** verbs which have a regular preterit stem, and (´) for any verb which has an irregular stem.

Vocabulário Temático

O automóvel

	Brasil e Portugal	Brasil	Portugal
car	o automóvel o carro		
driver	o motorista		
driver's license		a carteira de motorista	a carta de condução
steering wheel	o volante	a direção	a direcção
dashboard	o painel (de instrumentos)		o tablier
glove compartment	o porta-luvas		o guarda-luvas
seat	o assento		
gauge	o indicador de nível (de——)		
speedometer	o velocímetro		
rear-view mirror	o espelho retrovisor		
horn	a buzina		
to blow —	buzinar, tocar a buzina		
pedal	o pedal		
brake		o freio	o travão
clutch		a embreagem	a embraiagem
automatic transmission	transmissão automática		
stick-shift	transmissão mecânica		
first gear		a primeira marcha	a primeira velocidade
reverse		a marcha à ré	a marcha atrás

	Brasil e Portugal	Brasil	Portugal
traffic	o tráfego (tráfico) o trânsito		
— light	o sinal luminoso, o semáforo		
— sign	o sinal de trânsito		
fine / ticket	a multa		
gas station		o posto de gasolina	a bomba
— pump	a bomba		
to fill	encher (o depósito)		
gas tank		o tanque de gasolina	o depósito de gasolina
breakdown		o enguiço, a pane	a panne, a avaria
to fix	consertar		
to tow	rebocar		
to jack up	levantar com macaco		
puncture	furar (o pneu)		
garage (shop)	a oficina	a garage	a garagem
mechanic	o mecânico		
engine tune-up	a revisão	a regulagem	a afinação
to grease	lubrificar	engraxar	
parking lot	o estacionamento		parque de estacionamento
to park	estacionar		
engine	o motor		
spark plug	a vela		
cylinder	o cilindro		
battery	a bateria		
radiator	o radiador		
wheel	a roda		
tire	o pneu		
hood	o capô		o capot
bumper	o pára-choque		
head light	o farol dianteiro		
tail light	a luz traseira		
turn signal	o pisca-pisca		
windshield	o pára-brisa		
— wiper	o limpador de (o limpa) —		
trunk		o porta-mala	a bagageira, a mala
license plate		a chapa de licença	a chapa de matrícula

	Brasil e Portugal	Brasil	Portugal
to drive		dirigir	conduzir, guiar
to start	arrancar	dar partida (no carro)	
to put in gear	pôr em marcha		pôr em (meter uma) velocidade
to accelerate	acelerar		
to turn	virar (o carro), dobrar (a esquina)		
to brake		frear	travar

Diálogo

No posto de gasolina

Doralice chega no seu Opala SS ao posto para botar gasolina no carro. Freia e o carro começa a puxar para a direita antes de parar. O empregado a olha com cara de surpresa:

EMPREGADO Algum problema com os freios?

DORALICE Parece. Encha o tanque com azul,[1] por favor.

EMPREGADO Não temos gasolina azul. Pode ser da comum?[2]

DORALICE: Pode.

Doralice lhe dá a chave do tanque e começa a buscar o manual de manutenção que deve estar em alguma parte do porta-luvas. Quanto tempo fazia que não verificava os freios? É capaz de já estarem gastos.
O empregado lhe devolve a chave.

EMPREGADO   R$ 38,40.

Como tem subido a gasolina! Enquanto o empregado olha a água da bateria e o óleo, Doralice lhe pede para olhar o nível do fluído do freio também. O líquido está quase no fundo do cilindro, e ainda mais, tem bolhas. Isto indica com certeza um vazamento no sistema.

EMPREGADO   Posso botar fluído mas me parece que não durará muito. O mecânico está na oficina... ele pode lhe dizer se é grave ou não. Na minha opinião, uma boa freada e será a última.

Marca uma hora para quinta-feira que vem. Além de consertarem os freios darão uma olhada nas velas, regularão o motor e engraxarão o carro. Ficará perfeito para a viagem ao norte. Melhor não perguntar a grana que vai lhe custar! Essa máquina não queima só gasolina e óleo! E ainda pensando no que disse o empregado, ela engata uma primeira[3] e sem acelerar demais vai saindo do posto.

¹ gasolina azul = "premium"
² gasolina comum = "regular"
³ engatar uma primeira = pôr em primeira (velocidade)

Perguntas sobre o diálogo

1. Por que Doralice vai ao posto de gasolina?
2. O que se passa com o carro dela?
3. Quanta gasolina bota? Que é gasolina azul? e comum?
4. Por que ela dá a chave do tanque ao empregado?
5. O que pensa Doralice dos freios?
6. Que mais verificam?
7. Por que botam fluído de freio?
8. O que fará o mecânico quinta-feira que vem?
9. Aonde Doralice pensa ir?
10. Por que sai do posto sem acelerar demais?

Perguntas diversas

1. Que tipo de carro você dirige?
2. Conte uma das suas aventuras automobilísticas.
3. Quais são algumas das precauções que se deve tomar para evitar acidentes?
4. Explique a maneira de mudar um pneu.
5. Quais são algumas das regras de trânsito?
6. Qual é a marca de carro que você prefere?
7. Quais são os instrumentos do painel do carro?
8. O que se guarda no porta-luvas?
9. O seu carro foi rebocado alguma vez? Explique a situação.
10. Ao abrir o capô quais são as partes do motor que você reconhece?
11. Para que serve o espelho retrovisor?

Gramática

1. Uses of the perfect tenses/
Usos dos tempos compostos

The perfect tenses are used to situate an event anterior to another point in time, or anterior to another event.

1. The **past perfect** says that the reported event took place prior to a time in the past:

> Elas já **tinham saído** às oito (quando eu cheguei, etc.).
> They _had already left_ at eight (when I arrived, etc.).

2. The **future perfect** says that the reported event will take place prior to a time in the future:

> **Teremos acabado** para as sete (antes deles chegarem, etc.).
> We _will have finished_ before seven (before they arrive, etc.).

3. The **conditional perfect** situates a hypothetical situation prior to the moment of speaking:

> Eu **teria feito** isso se...
> I _would have done_ that (by now) if...

4. The **present perfect** also says that an event took place prior to another point in time, i.e., before the moment of speaking. But unlike the other perfect tenses, the present perfect reports the event as on-going (or repeated) from the point in the past in which it began up to and including the present:

> **Tenho estudado** muito nestes dias.
> I _have been studying_ a lot these days.

> Que calor **tem feito**!
> How hot _it has been_! (and still is)

> Você **tem visto** seus pais muito ultimamente.
> You _have been seeing_ your parents a lot lately.

Notice that although English uses the present perfect or the simple past to report a completed event in the past, Portuguese uses only the preterit:

> I saw that movie
> I have seen that movie.   Eu vi esse filme.

Eu tenho visto esse filme is the equivalent of _I have been seeing that movie._

Perfect tenses may also be combined with the progressive:

Nós **tínhamos estado dormindo.**   We *had been sleeping.*
Ele **teria estado estudando.**   He *would have been studying.*

Like all future and conditional forms, the future perfect and the conditional perfect may be used to express conjecture:

a. The future perfect is used to conjecture about the completion of an event at the moment of speaking:

Eles **terão saído** já?
    I wonder if they *left* (have left) yet.

Não vejo ninguém. Eles **terão entrado.**
    I don't see anyone. They *must have entered.*

b. The conditional perfect is used to conjecture about the completion of an event in the past:

Ele **teria falado** com papai?
    I wonder if he *had spoken* with Dad.

O professor **teria** nos **dito** isso.
    The teacher probably *had told* us that.

Exercícios de verificação: os tempos compostos

1. Faça as seguintes substituições.

1.
	Ele terá consertado o carro.
o mecânico	O mecânico terá consertado o carro.
eu	Eu terei consertado o carro.
as irmãs dele	As irmãs dele terão consertado o carro.
nós	Nós teremos consertado o carro.
alguém	Alguém terá consertado o carro.

2.
	A Maria já tinha regulado o motor.
eu	Eu já tinha regulado o motor.
nós	Nós já tínhamos regulado o motor.
o Pedro e o João	O Pedro e o João já tinham regulado o motor.
eles	Eles já tinham regulado o motor.
o assistente	O assistente já tinha regulado o motor.

3.
	Ultimamente os freios tem funcionado mal.
a luz	Ultimamente a luz tem funcionado mal.
os cilindros	Ultimamente os cilindros têm funcionado mal.
os sinais	Ultimamente os sinais têm funcionado mal.
o rádio	Ultimamente o rádio tem funcionado mal.
a direção	Ultimamente a direção tem funcionado mal.

4.
	O pobre motorista tinha guiado muito de pressa.
eu	Eu tinha guiado muito de pressa.
as vítimas	As vítimas tinham guiado muito de pressa.
nós	Nós tínhamos guiado muito de pressa.
o polícia	O polícia tinha guiado muito de pressa.
as duas freiras	As duas freiras tinham guiado muito de pressa.

5.
	Eu teria pago a multa.
eles	Eles teriam pago a multa.
o papai	O papai teria pago a multa.
nós	Nós teríamos pago a multa.
o José	O José teria pago a multa.
qualquer pessoa	Qualquer pessoa teria pago a multa.

2. Mude as seguintes frases segundo o modelo, substituindo o particípio de cada frase com a forma adequada do indicado infinito.

MODELO:

Nós tínhamos recebido a conta dela. (_pagar_)
Nós tínhamos pago a cointa dela.

1. Eu tinha fechado a porta. (_abrir_)
   Eu tinha aberto a porta.
2. Maria tinha recebido um pacote. (_entregar_)
   Maria tinha entregado/entregue um pacote.
3. Nós tínhamos ido para lá. (_vir_)
   Nós tínhamos vindo para lá.
4. Eles tinham recusado as ordens. (_aceitar_)
   Eles tinham aceitado/aceito as ordens.
5. Eles tinham guardado todo o dinheiro. (_gastar_)
   Eles tinham gastado/gasto todo o dinheiro.
6. Eu tinha escrito o trabalho. (_fazer_)
   Eu tinha feito o trabalho.
7. O namorado dela tinha reservado um quarto de casal. (_pedir_)
   O namorado dela tinha pedido um quarto de casal.
8. Tínhamos arrumado a mesa. (_pôr_)
   Tínhamos posto a mesa.

Exercícios orais

1. Responda segundo o modelo.

MODELO: A empregada encheu os pneus?
          Quando eu a vi ainda não (os) tinha enchido.

1. A secretária telefonou para a agência de viagens?
2. O João já levou o carro à revisão?
3. O velocímetro foi consertado?
4. Os meninos escutaram o novo disco?
5. O Antônio mudou os pneus?
6. A Mamãe tirou a carteira de motorista?
7. Eles acharam as chaves?
8. Esse homem disse o número da chapa à polícia?
9. A Elisa viu esse novo filme americano?
10. Os alunos perguntaram isso ao professor?

2. Responda segundo o modelo.

MODELO: Você estuda muito?
          Geralmente não, mas recentemente tenho estudado muito.

1. Vocês recebem muitas multas?
2. O João vai ao cinema com freqüência?
3. Você lê muitos livros?
4. Esse senhor ganha prêmios?
5. O papai gasta muito dinheiro com o seu carro novo?
6. Vocês pagam tudo à vista?
7. Vocês fecham a loja cedo?
8. Mamãe guia muito rápido?
9. Você vê muita televisão?
10. O Rui sai com a namorada do Gilberto?

3. Responda segundo o modelo e sugestão.

MODELO: PROFESSOR Onde estava o dinheiro? (*gastar*).
          1º ALUNO Já tínhamos gasto.
          2º ALUNO Tomara que não tivessem gasto todo o dinheiro.

1. Onde estava a cerveja? (*beber*)
2. Onde estava o feijão? (*comer*)
3. Onde estavam os selos? (*colar nos cartões*)
4. Onde estavam as revistas? (*jogar fora*)
7. Onde estavam os livros? (*entregar à biblioteca*)
8. Onde estavam as flores? (*pegar*)

4. Responda segundo o modelo.

MODELO: PROFESSOR Todos os alunos disseram a verdade?
                ALUNO Não disseram, não. Não acho que tivessem dito a verdade.

1. Eles encheram o tanque?
2. A polícia abriu o porta-mala?
3. Os seus pais deram a ela um carro de segunda mão?
4. As crianças se espantaram com tanta buzina?
5. O mecânico aconselhou a comprar outra bateria?
6. O vento quebrou o pára-brisa?
7. O lançamento desse novo modelo atraiu os compradores?
8. Vocês se perguntaram se era certo?

2. Indicative vs. Subjunctive in se clauses/
Indicativo vs. subjuntivo nas orações com se

We have already seen that **se** clauses, like other adverb clauses, may be used for statements of experience or non-experience:

Se vocês pagarem à vista, não haverá juros. (_future subjunctive_)
If you pay in cash there won't be any interest.

Ele sempre me telefonava se queria falar comigo. (_indicative_)
He always called me if he wanted to talk with me.

Se clauses also combine with the conditional tense of a main clause to make contrary-to-fact statements. The conditional form of the verb reports a hypothetical statement about what _would be true_ in the present or future, _if_ another situation were true. It is the information contained in the **se** clause that reports the other situation, and the verb of the **se** clause is always in the past subjunctive:

Se **tivesse** mais dinheiro...
If I _had_ more money... (but I don't have more money)

Thus if the main verb of the sentence is in the conditional (hypothetical situation), then the verb of the **se** clause must be in the past subjunctive (contrary-to-fact statement). Notice the following examples:

Se na verdade o carro estivesse enguiçado eu o levaria para a oficina.
Se nevasse amanhã nós esquiaríamos.
Seria ótimo se o carro tivesse quatro cilindros.
Se o carro fosse amarelo, veriam-no melhor na estrada.
Se você não fumasse tanto, (você) se sentiria melhor.

All of these sentences are contrary-to-fact statments which center around the present (if *x* were possible now, then *y* would also be true now or in the future). But it is also possible to make contrary-to-fact statements about the past (if *x had been* true at that time, then *y would have been* true at that time). Such statements about the past will also have a conditional form as the main verb of the sentence, and a past subjunctive form in the **se** clause. Reference to the past, however, is accomplished by the use of the **perfect** tenses:

> Se você **tivesse estado** aqui, eu o teria apresentado a meus amigos.
> If you *had been* here I *would have introduced* you to my friends.

Notice that the main verb is in the **conditional perfect** form (conditional of **ter** + **-do** form) and the main verb of the **se** clause is in the **past perfect subjunctive** (past subjunctive of **ter** + **-do** form). More examples are:

> Mas se o cão tivesse latido a noite toda essa vizinhança teria se queixado.
> Ele já estaria viajando pelo mundo se tivesse ganho o prêmio.
> Se tivéssemos comido mais teríamos ficado doentes.
> Se tivesse nevado não teríamos partido ontem.
> A gente não teria mudado na semana passada se a casa não tivesse estado acabada.

Thus it is possible to make contrary-to-fact statements which center exclusively around the present/future or the past. But it is also possible to report a situation in which a (hypothetical) situation would be true in the present *if* another situation had been true in the past:

> Se (você) **tivesse ido** à festa você o **conheceria** melhor agora.
> If you *had gone* to the party, *you would* know him better now.

And likewise, a hypothetical situation in the present could have consequences for a situation in the past:

> Se (eu) **fosse** rico eu **teria convidado** vocês para me acompanhar.
> If I *were* rich, I *would have invited* you to go with me.

Another way of expressing a contrary-to-fact situation is by the use of **como se** 'as if', which will always be followed by the past subjunctive or the past perfect subjunctive since it always entails a contrary-to-fact situation:

> Ele fala como se soubesse tudo.
> He talks as if he knew everything.

> Ele está comendo como se fosse a última oportunidade de sua vida.
> He's eating as if it were the last chance in his life.

> A criança se comporta como se tivesse feito uma coisa muito má.
> The child is acting as if he had done something really bad.

Note: Remember that a **se** clause may function as a noun clause after verbs such as **saber, dizer, informar,** etc., in which case the indicative is always used since the meaning of **se** is 'whether or not':

Não sei se ele poderá fazer tudo antes das nove.
I don't know if (*whether or not*) he will be able to do everything before nine.

Eles me perguntaram se havia uma festa para festejar o meu aniversário.
They asked me if there was a party to celebrate my birthday.

Exercícios de verificação: orações com se

1. Responda segundo o modelo, traduzindo sua resposta para o inglês.

MODELO:

> Você tem suficiente dinheiro? Você vai para o Brasil?
> Se tivesse suficiente dinheiro eu iria para o Brasil.
> If I had enough money I would go to Brazil.

1. Vocês sabem a verdade? Estão contentes?
   Se soubéssemos a verdade nós estaríamos contentes.
   If we knew the truth we would be happy.
2. Ele tem um estereofônico? Pede os meus discos novos?
   Se tivesse um estereofônico ele pediria os seus discos novos.
   If he had a stereo he would ask for your new records.
3. Você marca uma hora? Pode falar com o médico?
   Se marcasse uma hora eu poderia falar com o médico.
   If I made an appointment I could speak with the doctor.
4. Os seus pais vêm aqui? Visitam o museu?
   Se viessem aqui os meus pais visitariam o museu.
   If they came here my parents would visit the museum.
5. Vocês sempre pagam a prazo? Têm muitas dívidas?
   Se pagássemos a prazo nós teríamos muitas dívidas.
   If we paid by installment we would have a lot of debts.
6. O seu colega viaja de avião? Fica enjoado?
   Se viajasse de avião o meu colega ficaria enjoado.
   If he traveled by plane my friend would get airsick.
7. Eles trazem a t.v. nova? Você está gostando.
   Se trouxessem a t.v. nova eu estaria gostando.
   If they brought the new t.v. I'd like it.
8. Ela faz uma boa feijoada? Vocês comem conosco?
   Se ela fizesse uma boa feijoada nós comeríamos com vocês.
   If she made a good feijoada we would eat with you.

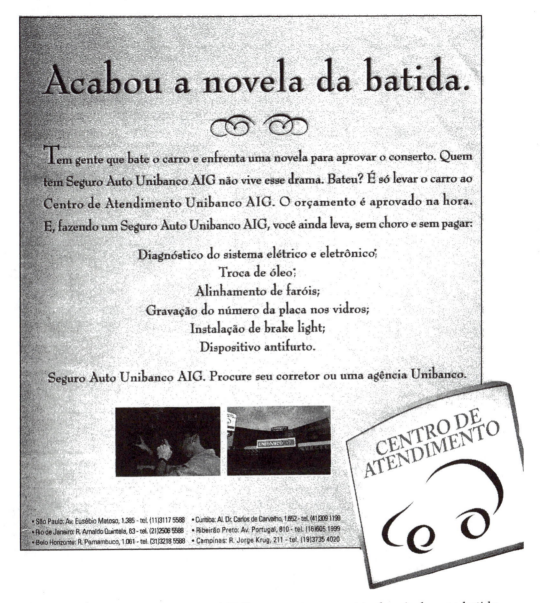

Acabou a novela da batida.

Tem gente que bate o carro e enfrenta uma novela para aprovar o conserto. Quem tem Seguro Auto Unibanco AIG não vive esse drama. Bateu? É só levar o carro ao Centro de Atendimento Unibanco AIG. O orçamento é aprovado na hora. E, fazendo um Seguro Auto Unibanco AIG, você ainda leva, sem choro e sem pagar:

Diagnóstico do sistema elétrico e eletrônico;
Troca de óleo;
Alinhamento de faróis;
Gravação do número da placa nos vidros;
Instalação de brake light;
Dispositivo antifurto.

Seguro Auto Unibanco AIG. Procure seu corretor ou uma agência Unibanco.

CENTRO DE ATENDIMENTO

• São Paulo: Av. Eusébio Matoso, 1.385 - tel. (11)3117 5588 • Curitiba: Al. Dr. Carlos de Carvalho, 1.652 - tel. (41)309 1199
• Rio de Janeiro: R. Arnaldo Quintela, 83 - tel. (21)2506 5588 • Ribeirão Preto: Av. Portugal, 810 - tel. (16)605 1999
• Belo Horizonte: R. Pernambuco, 1.061 - tel. (31)3218 5588 • Campinas: R. Jorge Krug, 211 - tel. (19)3735 4020

1. Segundo o anúncio, geralmente é fácil aprovar o orçamento depois de uma batida de carros?
2. O que é que o Seguro Auto Unibanco promete? O que é que a companhia oferece além do serviço eficiente?
3. Você pode contar alguma estória sobre uma experiência na qual precisasse de pedir aprovação?

2. Mude as respostas do exercício anterior para o passado segundo o modelo.

MODELO:

      Se tivesse suficiente dinheiro eu iria para o Brasil.
      Se tivesse tido suficiente dinheiro eu teria ido para o Brasil.
      If I had had enough money I would have gone to Brazil.

1. Se soubéssemos a verdade nós estaríamos contentes.
   Se tivéssemos sabido a verdade nós teríamos estado contentes.
   If we had known the truth we would have been happy.
2. Se tivesse um estereofônico ele pediria os seus discos novos.
   Se tivesse tido um estereofônico ele teria pedido os seus discos novos.
   If he had had a stereo he would have asked for your new records.
3. Se marcasse uma hora eu poderia falar com o médico.
   Se tivesse marcado uma hora eu teria podido falar com o médico.
   If I had made an appointment I could have spoken with the doctor.
4. Se viessem aqui os meus pais visitariam o museu.
   Se tivessem vindo aqui os meus pais teriam visitado o museu.
   If they had come here my parents would have visited the museum.
5. Se pagássemos a prazo nós teríamos muitas dívidas.
   Se tivéssemos pago a prazo nós teríamos tido muitas dívidas.
   If we had paid by installment we would have had a lot of debts.
6. Se viajasse de avião o meu colega ficaria enjoado.
   Se tivesse viajado de avião o meu colega teria ficado enjoado.
   If he had traveled by plane my friend would have gotten airsick.
7. Se trouxessem a t.v. nova eu estaria gostando.
   Se tivesse trazido a t.v. nova eu teria estado gostando.
   If they had brought the new t.v. I would have liked it.
8. Se ela fizesse uma boa feijoada nós comeríamos com vocês.
   Se ela tivesse feito uma boa feijoada nós teríamos comido com vocês.
   If she had made a good feijoada we would have eaten with you.

Exercícios orais

1. Responda segundo o modelo.

MODELO: Vocês vão devolver as chaves?
         Se tivéssemos tempo nós as devolveríamos.

         Vocês devolveram as chaves?
         Se tivéssemos tido tempo nós as teríamos devolvido.

1. Vocês visitaram todos os pontos turísticos de Lisboa?
2. Vocês vão engraxar o carro?
3. Vocês acabaram o dever de casa?

4. Você vai consertar o carro?
5. Vocês vão ler os anúncios dos jornais?
6. Vocês pintaram toda a casa?
7. Você vai escrever uma carta para esse consultório sentimental?
8. Você vai levar a Meg ao instituto de beleza?
9. Você comprou um (guia) *Quatro rodas?*
10. Vocês vão pedir um novo farolete para seu carro?

2. Mude as seguintes orações ora para o passado, ora para o presente.

1. Se há muito barulho não posso dormir.
   Se havia muito barulho não podia dormir.
2. Se os alunos não estudavam não passavam no exame.
   Se os alunos não estudam não passam no exame.
3. Se havia gelo na estrada eu não queria conduzir.
   Se há gelo na estrada eu não quero conduzir.
4. Se nós praticamos muito tênis sempre ganhamos o torneio.
   Se nós praticávamos muito tênis sempre ganhávamos o torneio.
5. Se o telefone tocava constantemente ela não podia trabalhar.
   Se o telefone toca constantemente ela não pode trabalhar.

3. Complete as frases usando a sua imaginação.

   O Luís toca o piano como se...
   O Luís toca o piano como se (*soubesse ler música; tivesse estudado cem anos*).

1. Aquela garota dança como se...
2. O seu marido gasta dinheiro como se...
3. O velhote está falando de suas doenças como se...
4. A Margarida bebe como se...
5. A secretária faz chamadas interurbanas como se...
6. Meus filhos estão nadando como se...
7. O time joga futebol como se...
8. Ela conserta os carros como se...

4. Responda inventando uma oração com **se** segundo o modelo.

MODELO: Você vai ao cinema hoje?
         Sim, vou ao cinema...(*se a sessão não estiver esgotada*).

1. Vocês jantam num restaurante hoje à noite?
2. Os convidados chegarão a tempo?
3. Seus pais festejam seu quinto aniversário hoje?
4. Você vai me telefonar às seis?
5. Os meninos poderão brincar fora?

6. Encontramo-nos às nove?
7. Vocês terão tempo para falar com o mecânico?
8. Você vai poupar suficiente dinheiro para fazer a viagem?
9. Nosso time vai fazer sucesso no estrangeiro?
10. Você vai ultrapassar esse ônibus na próxima reta?

Rodovia do Mercosul

■ **Duplicação de Belo Horizonte (MG) a Porto Alegre (RS), 70% das obras concluídas.**

■ **Maior obra rodoviária em andamento na América Latina.**

1. O que é o Mercosul?

Revisão do pretérito perfeito e pretérito imperfeito

Preencha com uma forma adequada do verbo:

Automóveis

O primeiro automóvel que possuí na vida _____ (custar) dois contos e quinhentos. Overland capota de lona, não era de segunda mão, mas de sétima ou oitava. Só _____ (ter) um defeito grave: quando se _____ (arriar) a capota e o carro _____ (estar) correndo, ela, a capota, não _____ (segurar) bem no seu lugar e _____ (ficar) flutuando atrás, como uma cauda de cometa.

No mais _____ (ser) um bom carrinho, do qual só _____ (pagar) mesmo a primeira letra de 250 mil-réis. Meu Deus, eu _____ (ter) dezenove anos e _____ (ocupar) o meu primeiro, único e fugaz emprego público, com 400 mil-réis por mês. Mas com dez dias de motorista _____ (fazer) o meu desastre, _____ (derrubar) duas colunas da varanda de casa e quase _____ (sepultar) sob os encombros meu pai, que ficara a bracejar e a me dar instruções enquanto o telhado lhe caía sobre a cabeça. Ele aí _____ (fazer) a chantagem: _____ (pagar) os prejuízos, responsabilizava-se pelas nove letras restantes, contanto que eu jurasse nunca mais botar as mãos numa direção—isso tudo sob a alegação que eu "além de maluca _____ (ser) cega"—verdades ambas parciais.

_____ (Relutar), mas a pressão era forte e o emprego interino. Curioso é que _____ (cumprir) o juramento extorquido e até hoje nunca mais _____ (guiar) um carro.

RACHEL DE QUEIROZ

De *O brasileiro perplexo*

3. Impersonal expressions/Expressões impessoais

In English it is common to use "one," "they," or "you" as impersonal subjects, i.e., subjects which refer to no particular person:

> One doesn't do that around here.
> How do you get out of here?
> They don't like strangers in this town, do they?

In Portuguese, these subjects are rendered by:

1. The use of **se** with the third person singular form of the verb:

Estuda-se muito nesta universidade.
   One studies a lot in this university.

Não se fumava na aula.
   One didn't smoke in class.

Não se faz isso por aqui.
   One doesn't do that around here.

Como se sai daqui?
   How do you (does one) get out of here?

2. The use of the third person plural of the verb:

Fumam muito no Brasil, não é?
They smoke a lot in Brazil, right?

3. The use of **a gente** to mean "people" or "we":

A gente não diz coisas assim.
People (*we*) don't say things like that.

A gente não está entendendo nada.
People (*we*) aren't understanding a thing.

We have already seen (in Grammar Section 2 of Unit 6) that the *true passive* is formed by using **ser** with the past participle of the verb:

Esse mecânico consertou o carro. (*That mechanic fixed the car.*)
O carro foi consertado pelo mecânico. (*The car was fixed by that mechanic.*)

The true passive construction is used only if the doer of the action is stated or strongly implied. If the doer of the action is not relevant or unknown, then the "false passive" construction is used, formed by using the appropriate 3rd person form of the verb with **se** (similar to 1 above):

Vende-se vinho nesse supermercado.	Wine is sold in that supermarket.
Consertou-se o carro.	The car was fixed.
Alugam-se casas bonitas e baratas.	Pretty and cheap houses (are) rented.
Subitamente se fechou a porta.	Suddenly the door (was) closed.
Não se vendem cigarros aqui.	Cigarettes are not sold here.

Notice that with the **se** passive the verb is in the singular if the "done-to" object is in the singular, and in the plural if the object of the action is in the plural.

Exercícios orais

1. Mude as seguintes frases segundo o modelo.

MODELO: Dirigem muito rápido no Rio.
Dirige-se muito rápido no Rio.

1. Diminuem a velocidade nas curvas.
2. Dirigem com luz baixa.
3. Não revisam os automóveis periodicamente.
4. Descobriram que a situação não era suportável.
5. Não saem de casa àquela hora.
6. Sentiam o perigo.
7. Não podem imaginar uma estrada sem perigo.
8. Trabalham muito lá.

2. Responda segundo o modelo.

MODELO: Consertou-se o carro?
Sim, o carro foi consertado por (*esse mecânico*).

1. Festejou-se a partida dos seus primos?
2. Comprou-se esse carro amarelo de que eu gostava?
3. Aceitou-se a oferta?
4. Publicam-se livros todas as semanas?
5. Construiu-se a casa de que me falou?
6. Perderam-se as chaves do carro?
7. Descobriu-se o contrabando?
8. Não se dá um seminário aos vendedores?

3. Mude segundo o modelo.

MODELO: Esse carro foi vendido pelo irmão dele.
Vendeu-se o carro.

1. Esse bombeiro foi premiado pelo chefe.
2. Aqueles carros foram fabricados na Alemanha.
3. O pára-brisa foi colocado pelo mecânico.
4. As vítimas foram levadas ao hospital.
5. O perigo foi percebido pelos passageiros.
6. A viagem não foi autorizada pelo governo.
7. Todos esses hotéis foram comprados por um milionário.
8. O restaurante foi invadido por uma porção de formigas famintas.

4. Responda segundo o modelo.

MODELO: Quando é que consertarão o carro?
Já se consertou.

1. Quando é que receberão licença para fazer isso?
2. Quando é que devolverão as chaves?
3. Quando é que planejarão a festa?
4. Quando é que distribuirão os prêmios?
5. Quando é que darão a notícia disso?
6. Quando é que festejarão o sucesso?
7. Quando é que escreverão os cartões?
8. Quando é que mudarão as velas?

5. Diga em português.

1. They had a surprise party.
2. One always went there with a bottle of wine.

3. They travel more often now.
4. People work hard in São Paulo.
5. One can really enjoy the warm climate here.
6. One must drive carefully if it's snowing.
7. They fixed the car very quickly, didn't they?
8. Suddenly the window opened.
9. Used books are bought and sold here.
10. Can we talk after dinner?

Diga as instruções em portugês para ver se você sabe como agir com cada um dos sinais de trânsito.

Leitura
Banda branca

Há muitas casas ricas no Rio de Janeiro, meu irmão; e mesmo eu, que não sou comunista nem cristão, mas apenas um homem distraído e medíocre, chego a ficar perplexo, em meu vago humanismo de meio-fio, quando me pergunto aonde vamos parar vendo esses ricos cada vez mais ricos e esses pobres cada dia mais pobres. Já até parece que estes, cansados de sentir revolta, se comprazem na própria miséria (quando pouca, é bobagem, diz velha sentença) e se deixam embalar no batuque dos sambas que lhes dão consolo. E do outro lado os ricos fazem de seus usos grandes abusos e não parecem pensar em outra coisa que mostrar uns aos outros que são ricos e mais ricos que outros ricos.

Quem salta na rua do Rio vindo de outro país se espanta com o enxame de enormes cadilaques e se pergunta se neste país a multidão é milionária, ou os milionários são multidão. Já sem pasmo ouve um brasileiro dizer de outro "que é tão pobre que lava, ele mesmo, seu cadilaque."

Pois, olhe, irmão, a mim que vou inteirando um mês de Rio, os cadilaques já me não espantam, pois a coisa por demais vulgar não mais espanta a ninguém. Há, porém, um detalhe que reparei nos anúncios dos jornais, e depois sobre o asfalto das ruas; vou lhe dizer qual é, e você me dirá se não é, também isso, um sinal dos tempos. Para atrair o comprador, não basta dizer de um carro que ele tem tais e quais apetrechos de nome inglês, e rádio, capa de nylon, tapete azul, ar quente e frio, faroletes, pisca-pisca, relógio, marcando sempre a hora H, e zero quilômetro. Não, o comprador quer mais. Sua ambição vai além do hidramático e do giromático, do overdrive e do fluidrive, e não sei mais que máticos e que drives. O detalhe que nunca é esquecido ainda nos menores anúncios é este, que me parece singular: «banda branca».

A princípio cuidei que fosse uma descoberta nova, quem sabe um pequeno aparelho para guiar por televisão, ou faixa atômica. Não, meu caro: banda branca é apenas a roda pintada de branco. De todos os luxos dos carros de luxo, este deve ser, com certeza, o mais barato; mas como é essencial! Chega a ser humilhante ter um «rabo-de-peixe» sem banda branca. "Tem banda branca?" pergunta Lili a Lalá, que fala do carro em que Lulu a levou ao Joá.

Explique você, como quiser, meu amigo, esse prestígio das bandas brancas. A mim elas fazem pensar em polainas. Depois de tanto tempo voltam os ricos a usar polainas, como para significar que a lama do chão os não macula jamais. Como nunca andam a pé, usam polainas nos carros.

Ao pobre que espera uma hora, ao sol ou à chuva, sua condução, o esguicho de lama que lhe envia às pernas um desses monstros luzidios e buzinadores (que nunca têm um segundo a perder, na urgência terrível de chegar a qualquer parte onde vão fazer coisa nenhuma) deve ser um consolo reparar que pelo menos o carro tinha banda branca.

Você não acredita? Eu acho que sim. Não vejo outro meio de explicar o equilíbrio de uma sociedade que se compraz, meu irmão, em acentuar dia a dia o próprio desequilíbrio.

RUBEM BRAGA

De *A Borboleta Amarela*

Expressões úteis

1. perguntar-se	...ele **se pergunta** se neste país... ...he *wonders* if in this country...
2. cada —— mais / menos	**cada vez mais** ricos. rich*er* and rich*er.* **cada dia mais** pobres. poor*er* and poor*er (each day* poor*er).*
3. ao sol / à chuva	**ao sol** ou **à chuva.** *rain or shine.*
4. andar a pé	...como nunca **andam a pé.** ...since they never *go on foot.*

andar de bicicleta (motocicleta)
       trem
       carro (automóvel)
       avião
       ônibus
       navio
— de / em táxi
montar a cavalo

Perguntas

1. Como é que Braga se descreve?
2. O que é que o autor se pergunta?
3. O que fazem os pobres?
4. O que é que impressiona um estrangeiro que chega ao Rio?
5. O que é que não basta dizer nos anúncios dos jornais?

6. Qual é o detalhe que nunca se esquece? A que se refere?

7. As bandas brancas fazem o autor pensar em quê?

8. Quais são os «monstros luzidios e buzinadores»?

9. Como se comportam estes monstros com os pobres? E como estes se consolam?

10. Por que Braga escolheu as bandas brancas como tema deste conto?

11. Você concorda com o autor? Justifique a sua resposta.

12. Quais são alguns símbolos semelhantes no seu país?

Exercício escrito

Traduza:

1. At what age can you obtain a driver's license in your country?
2. That policeman gave me a ticket because I had parked on the wrong side of the street.
3. When you have a flat, you have to jack up your car in order to change the tire.
4. If lucky Zé had a breakdown in the midst of a traffic jam, there would be a gas station right there!
5. To start the engine, make sure your car is not in gear, insert the key and turn it while accelerating gently.
6. To start the car moving: shift to first gear while using the clutch, then accelerate while letting the clutch up at the same time.
7. If you buy a brand new car, the warranty covers all repairs free of charge for the first year.
8. When there is a car coming from the opposite direction, you must lower your lights.
9. Beware of the curves! They're slippery when wet. Brake before you enter the curve.
10. I find maps really useful. Besides informing us about scenic views, distances and other points worthy of note, they teach us to make choices.

Temas para conversação ou redação

1. O automóvel como «objeto sagrado» para alguns, como simples «meio de transporte» para outros.
2. Experiências e aventuras automobilísticas.
3. O automóvel como símbolo de luxo e prestígio.
4. As marcas de automóveis.
5. O volante muda o temperamento das pessoas.
6. Comparação de atitudes em diferentes países com respeito às leis.
7. Você quer comprar um carro usado; imagine sua conversa com o revendedor.
8. Descreva um acidente. Qual é o procedimento que se deve seguir em tais casos?
9. Você tem uma batida enquanto dirige o carro do seu pai. Conte a conversa com ele.
10. Por que é necessário inspecionar os automóveis? Explique o procedimento.

Unidade Doze

A vida moderna

Recapitulação

-ear and -iar verbs / Verbos em -ear e -iar

Present Tense Indicative

passear

passeio	passeamos
passeias	[passeais]
passeia	**passeiam**

The **nós** and **vós** forms are regular; the other forms insert a glide (pronounced like the *y* of English *yes*) before the person/number endings. Other verbs conjugated in this manner are: **pentear, cear, nomear, recear, rodear, vaguear. Odiar** and **incendiar** are conjugated in the present tense indicative like **-ear** verbs, except the **nós** form which retain the **i** (*odiamos, incendiamos*).

anunciar

anuncio	anunciamos
anuncias	[anunciais]
anuncia	anunciam

The **nós** and **vós** forms are regular; although the other forms are regular in orthography, care must be taken to pronounce them with the stress on the **i** before the person/number marking (anuncío). Other verbs of this type are: **apreciar, copiar, abreviar, ampliar, confiar, fiar, guiar.**

The other tenses of these verbs are formed regularly.

Diálogo

Diálogo da vida moderna

Máquina de fazer doido

O amigo me conta que, mais do que nunca Tia Zulmira está de parabéns, por ter apelidado televisão de «máquina de fazer doido». Embora o apelido seja óbvio, eu perguntei:

—Por quê?

E ele: —Minha filha!

—Ficou doida?

—Está caminhando para isso. Ela só fala em linguagem de televisão. Eu já proibi que ela visse até os programas em que Dom Hélder Câmara tenta explicar à gente que é mais bonzinho que nós, mas quem pode evitar que uma criança veja televisão? Enquanto eu estou em casa ela obedece, mas...e quando eu não estou? ou então: e quando ela está na casa da avó?

E o amigo conta coisas como esta: —Ontem, ela saiu com a empregada para comprar macarrão para o almoço. Quando eu a vi saindo, perguntei onde ia e ela me respondeu cantando, com aquela musiquinha terrivelmente imbecil do Bat Masterson: —"Vou com a copeira lá na rua/Comprar coisas pra refeição/na hora de botar na mesa/Bote macarrão/Bote macarrão."

—Que idade ela tem?— perguntei.

—Doze anos.

—E fez o versinho na hora, inspirada em Bat Masterson?

—Fez.

—Então o caso é grave.

—Gravíssimo— superlativou o amigo, arregalando os olhos. Uma criança que se inspira em Bat Masterson para fazer uma gracinha para o pai, é um futuro debilóide da Pátria.

Concordei, com ar grave, e ele esclareceu que esse é um exemplo em muitos. A televisão está fazendo doido em série, que nem os americanos faziam «jeep», durante a guerra. E contou mais esta:

—Ontem, eu cheguei e, quando ela ouviu barulho de passos na sala, perguntou lá de dentro se era eu. Quando obteve a resposta afirmativa, veio de lá, falando com voz de locutor sensacionalista: "Naquela tarde de agosto da década de trinta, protegida por Elliot Ness e os federais, a menina foi até à sala disposta a dar um beijo no Papai."

Abraçou-o e deu o beijo. Depois fez uma rajada de metralhadora imaginária com a boca: tá-tá-tá-tá-tá-... e caiu «morta» no tapete.

PONTE PRETA

De *Rosamundo e os Outros*

Expressões úteis

1. apelidar——de——	...**por ter apelidado** televisão **de**... ...for *having nicknamed* television...
2. fazer——na hora	E **fez** o versinho **na hora.** And she *made up* the little poem *on the spur of the moment*...
3. fazer——em série	...está **fazendo** doido **em série.** ...it's *mass producing* crackpots.
4. inspirar-se em	...**se inspirou em** Bat Masterson. ...she *was inspired by*...
5. mais——	E contou **mais** esta. And he told this one *also*.
6. que nem——	**que nem** os americanos faziam... *just as* the Americans made...

Perguntas sobre o diálogo

1. Por que a Tia Zulmira está de parabéns?
2. Quem é que fala só em linguagem de televisão? Por quê?

3. Quem pode evitar que uma criança veja televisão?
4. Você acha que controlar o que as crianças vêem é responsabilidade dos pais? da televisão? do governo?
5. Quem é Bat Masterson? Você sabe a musiquinha? Cante-a.
6. De que idade é a menina?
7. Por que ela é «um futuro debilóide da Pátria»?
8. Por que é que a senhora diz que a televisão está fazendo doido em série?
9. Quem é que relata esta história?
10. Por que é que a menina caiu «morta» no tapete?

Perguntas diversas

1. O que você acha da televisão?
2. Você tem um programa favorito? Por que é seu favorito?
3. Qual é o programa que você odeia mais? Justifique sua escolha.
4. É possível utilizar a televisão mais construtivamente? Como?
5. Quando você era mais jovem, agia como essa menina?

Exercícios de verificação: verbos em -ear e -iar

1. Faça as seguintes substituições.

1.
	A que horas nós ceamos?
a gente	A que horas a gente ceia?
os outros	A que horas os outros ceiam?
eu	A que horas eu ceio?
você	A que horas você ceia?
nós	A que horas nós ceamos?

2.
	Eu odeio os exames!
eles	Eles odeiam os exames!
nós	Nós odiamos os exames!
a gente	A gente odeia os exames!
a professora	A professora odeia os exames!
eu	Eu odeio os exames!

3.
	Os detectives rodeiam o esconderijo.
eles	Eles rodeiam o esconderijo.
nós	Nós rodeamos o esconderijo.
os outros ladrões	Os outros ladrões rodeiam o esconderijo.
os policiais	Os policiais rodeiam o esconderijo.

4.   O juiz anuncia os vencedores.

    eu   Eu anuncio os vencedores.

    o João   O João anuncia os vencedores.

    nós   Nós anunciamos os vencedores.

    os outros   Os outros anunciam os vencedores.

    o gerente   O gerente anuncia os vencedores.

5.   Eu aprecio a ajuda dos outros.

    todo o mundo   Todo o mundo aprecia a ajuda dos outros.

    nós   Nós apreciamos a ajuda dos outros.

    Sônia   Sônia aprecia a ajuda dos outros.

    a gente   A gente aprecia a ajuda dos outros.

    eu   Eu aprecio a ajuda dos outros.

6.   Você se penteia com freqüência?

    o namorado dela   O namorado dela se penteia com freqüência?

    nós   Nós nos penteamos com freqüência?

    eu   Eu me penteio com freqüência?

    os outros atores   Os outros atores se penteiam com freqüência?

2. Mude a seguinte frase segundo as palavras chaves.

                     Os meninos passeiam todos os dias.

    vaguear   Os meninos vagueiam todos os dias.

    o cachorro   O cachorro vagueia todos os dias.

    eu   Eu vagueio todos os dias.

    com meus amigos   Eu vagueio com meus amigos.

    cear   Eu ceio com meus amigos.

    o José   O José ceia com meus amigos.

    confiar em   O José confia em meus amigos.

    nos jogadores   O José confia nos jogadores.

    nomear   O José nomeia os jogadores.

    nós   Nós nomeamos os jogadores.

    anunciar   Nós anunciamos os jogadores.

Gramática

1. Sequence of tenses with the subjunctive
/A concordância dos tempos

We have already seen that there are certain restrictions on which subjunctive tenses may be used in a given type of clause:

a. The present or past subjunctive may be used in a noun clause, but the future subjunctive is *never* used in a noun clause.

b. The present, past, or future subjunctive may be used in an adjective clause, depending on the time reference of the verb of the clause.

c. For adverb clauses, those adverbial conjunctions which *require* the subjunctive (**antes que**, etc.) may have the present or past subjunctive, but *never* the future subjunctive (this is also true of **até que** when used with the subjunctive). The rest of the adverbial conjunctions are divided into two groups: those which may have the past or future subjunctive (such as **quando**) and those which may be used with the past, present, or future subjunctive (such as **como**).

Beyond these restrictions of the choice of subjunctive tense, there are other notions of usage which relate to the tenses used in the main clause and the dependent clause:

1. Usually, if the main verb of the sentence is in the preterit, imperfect, or conditional, the past subjunctive is used in the embedded clause:

> Não foi bom que ele estivesse com ela.
> O professor duvidava que todos estivessem na aula.
> Telefonaram-nos antes que o meu pai chegasse em casa.
> Preferiríamos um carro que custasse menos.

2. Usually, if the main verb of the sentence is in the present, future, or is a direct command, a non-past subjunctive (present or future) is used in the embedded clause.

> É impossível que ele venha aqui de novo.
> Vamos ver os avós quando voltarem de férias.
> Diga-lhe que não faça isso.

In these sentences it is assumed that the time reference of the embedded clause is the same as the time reference of the main clause. However, it is possible for the "idea" of the main verb to have a time reference other than that of the embedded verb.

> É ridículo que ninguém fosse a sua casa ontem.
> Ele queria me comprar um presente que me agrade (agora).

Note: Compound forms (perfect tenses and progressive constructions) may be used in the subjunctive _if_ the subjunctive is required:

Achávamos bom que eles tivessem falado com o professor.
Espero que o Antônio tenha estudado muito.
Espero que ela ainda esteja estudando depois que fizermos nossas compras.

Exercício escrito

Complete as seguintes orações com uma forma adequada do verbo.

1. Acho que ele já _____ (saber) a verdade quando você lhe disse isso.
2. O Fábio sempre queria que nós _____ (visitar) a selva amazônica.
3. O papai lamentava que o hotel _____ (cancelar) a reserva.
4. O motorista pede que a gente não lhe _____ (dar) notas de cem escudos.
5. É curioso que a Maria ainda não _____ (chegar).
6. O seu namorado nos mandou um convite para que _____ (assistir) ao concerto.
7. Tomara que o Jura _____ (encontrar) um restaurante que _____ (servir) comida típica.
8. Sempre que _____ (escutar) esse disco a gente fica com saudade.
9. Em Portugal há muita gente que não _____ (jantar) antes das nove.
10. Se você _____ (continuar) se portando dessa maneira nunca vai ter verdadeiros amigos.
11. É imprescindível que nós _____ (telefonar) para ele.
12. Logo que o Guilherme _____ (chegar) em casa ele se põe a ver televisão.
13. Eu disse às garotas que _____ (poder) sair e brincar depois que _____ (terminar) a tarefa.
14. Esse senhor joga como se _____ (ser) o campeão.
15. Se eles _____ (ter) preparado a comida nos _____ (ter) que lavar os pratos.
16. O policial me deu uma multa porque não _____ (levar) a carteira de motorista.
17. A Inês não vai jantar conosco porque _____ (estar) se sentindo muito mal.
18. Os seus pais ignoram que eles _____ (pretender) se casar amanhã.
19. Elas querem estudar até que nós _____ (voltar) do cinema.
20. É verdade que o terremoto de ontem _____ (causar) muitos prejuízos.
21. Sempre fala em linguagem de televisão mesmo se a gente não _____ (gostar).
22. Se _____ (haver) mais tempo você poderia fazê-lo melhor.

23. Aquele homem trabalha muito para que os filhos _____ (ter) de tudo.
24. Pretendemos comprar um carro que _____ (custar) menos.
25. Eu tinha a impressão de que todos _____ (estar) muito confusos.
26. Eu vou colocá-lo onde você _____ (preferir).
27. Aquela bruxa procurava um marido que _____ (ser) milionário e que _____ (ter) pelo menos noventa anos de idade.
28. Esse maluco me pediu um bife que _____ (estar) bem suculento e agora me está dizendo que ele _____ (ser) vegetariano.
29. A mamãe proibiu que sua filha _____ (abraçar) o velhote.
30. Esse louco fez versinhos na hora como se _____ (engolir) um gravador.

2. Dependent clause vs. personal infinitive/
Orações subordinadas vs. infinito pessoal

We have already seen that it is possible in many cases to have sentences with a dependent clause _or_ a personal infinitive construction:

É bom que a gente beba cerveja.	É bom a gente beber cerveja.
O papai fez com que o menino fizesse tudo sozinho.	O papai fez o menino fazer tudo sozinho.
Ela vai me chamar antes que a gente parta.	Ela vai me chamar antes da gente partir.

It is not possible to say that _one_ of these sentence constructions is more correct than the other, nor is it possible to set forth rules which specify when one or the other is used. This is due to the fact that differences occur in spoken language as opposed to written language, in informal language as opposed to formal language, and in one dialect as opposed to another. However, the following comments may serve as guidelines for the use of these constructions in _informal, spoken_ Portuguese.

The personal infinitive is used frequently after prepositions, particularly the following:

depois de	Depois de termos chegado ela saiu.
até	Até começarmos estava tudo bem.
antes de	Antes de começar a aula sempre tomamos um lanche.
sem	Saí da casa sem ninguém me ver.
no caso de	No caso dele viver, não haverá herança.
para	Ela tinha resolvido ir lá para lembrarem do passado.

The use of the constructions **depois que, até que, antes que, sem que, caso (que),** and **para que,** would not be incorrect, but many speakers prefer the personal infinitive in informal speech.

2. The personal infinitive is used frequently with impersonal expressions, but in many cases the embedded clause construction is preferred in speech. Although there is variation among speakers in such usage, the following impersonal expressions seem to be used often with the personal infinitive:

ser bom	Foi bom termos jantado com ele ontem.
ser preferível	É preferível estarmos aqui às oito.
ser ridículo	É ridículo estarmos sentados enquanto os outros trabalham.
ser importante	É importante sairmos cedo.
ser conveniente	É conveniente eles falarem a verdade.
ser fácil, difícil	É difícil ganharmos muito trabalhando pouco.
ser uma vergonha	É uma vergonha ela comer tanto.
parecer + adjective	Parece estranho ele ter tanto dinheiro.

3. The personal infinitive is not used normally after "personal verbs" of information, desire/wish, or like/dislike. Thus, a dependent clause construction should always be used after verbs such as the following:

esperar	Espero que você chegue a tempo.
achar	Acho que...
querer	Querem que...
preferir	Prefiro que...
desejar	Desejo que...
acreditar/crer	Cremos que...
pensar	Penso que...
confessar	Confessamos que...
saber	Sei que...
gostar	Gostam que...
ter vergonha	Tenho vergonha que...
sugerir	Sugiro que...

dizer		Digo que ele chegou a tempo...
escrever	_as verbs_	Escrevo que...
insistir	_of report_	Insisto que...
telefonar		Telefono que...

However, the personal infinitive is generally used with **achar** + **adjective**:

Achei ótimo ele fazer tudo isso.

4. The personal infinitive is often used with certain cause/effect verbs:

deixar	A professora não deixou os alunos saírem.
fazer	Ele vai fazer o menino estudar.
mandar	Nós vamos mandar o trabalho parar.
avisar para	Ela me avisou para eles começarem cedo.
dizer para	Eu vou dizer para elas trabalharem bastante.
pedir para	Vou pedir para eles me pagarem mais.
insistir para	Nós insistimos para ninguém sair machucado.
telefonar para	Eu vou telefonar para ele sair de casa.

Again, the use of a **que** construction would not be incorrect in these sentences, but the personal infinitive is very common in speech.

Exercício escrito

Ponha as seguintes frases em português usando ou uma oração subordinada ou um infinito.

1. I'm glad the players are inspired by their last victory.
2. It seems strange that they were mass producing copies of the exam.
3. Remember to pay your bills before spending the rest of your salary in one blow.
4. They said that they were going to stop by here after we finish dinner.
5. It is easy for you to talk like that instead of behaving like an adult.
6. The parking attendant suggested we look for another lot because that one was full.
7. Our friends wrote us a detailed letter in order that we not have difficulty with anything as simple as clothing.
8. Father made us promise not to go over the speed limit.
9. It is important for you guys to make a reservation ahead of time if you want to dine in that seafood restaurant I told you about.
10. The old man left all of his pets for me to take care of while he was on vacation.
11. People are insisting that they build enough tennis courts in the new park.
12. Don't leave your windows open in case it rains tonight.
13. If you hadn't locked yourself out of the house, we could be watching TV instead of your being so upset.
14. It looks like he's going to play the lottery until he wins first prize.
15. I doubt the letter got lost in the mail. Probably it was never written.

Leitura I

Brasil, 2063

O filho perdera o foguete das 7 para o colégio e passara o dia inteiro em casa, chateando. Agora pedia para ir brincar um pouco lá fora, antes do jantar, e a jovem senhora concordou. Ajeitou a camisa de plástico antiradioativo do garoto e recomendou: —Mas brinque aqui mesmo na Terra, hein? Seu pai não gosta que você atravesse a galáxia sozinho.

Voltou para o quarto e sentou-se desanimada diante do espelho. Depois começou a passar o removedor atômico no rosto. A folhinha electrônica em cima da mesinha marcava a data: 30 de julho de 2063. Fazia 30 anos naquele dia e se sentia uma velha, apesar de sua bela aparência. E pôs-se a pensar no presente de aniversário que o marido lhe dera: uma bonita vitrola super-estereofônica tridimensional. "Não sei onde vamos parar com esses preços" — disse para si mesma, pois sabia que o marido, pelo plano Creditex, dera 2 bilhões de cruzeiros de entrada.

Ouviu o videofone tocar e logo depois sentiu a presença do mordomo invisível no quarto. A voz respeitosamente informou que era para ela. Mandou que o empregado ligasse a tomada para seu quarto e, enquanto sentia que ele se retirava, considerou que precisava chamar a atenção do mordomo para o bafo alcóolico que deixava no ar. Provavelmente dera outra vez para chupar drops de uísque durante as horas de trabalho.

Agora a voz familiar de sua amiga Mariazinha dizia «alô» e logo depois sua cara gorda aparecia no retângulo do videofone: —Querida— dizia ela —eu te videofonei para dar os parabéns pelo dia de hoje.

A outra agradeceu e ficaram a conversar sobre essas coisas que as mulheres vêm conversando há séculos sem o menor esmorecimento. De repente, a cara gorda se iluminou com um sorriso: —você sabe que eu descobri uma decoradora formidável e baratíssima?— E frisou: —Baratíssima!— E vendo o interesse da amiga, contou que mandara restaurar o radar da sala de jantar e que a decoradora fizera um trabalho que é um amor.

—Me dá o endereço— pediu a aniversariante.

Local X 120 HV, 985º andar.— E como a amiga não se lembrassse onde era o Local X 120, esclareceu: —Antiga Praça San Thiago Dantas.

Conversaram ainda sobre problemas domésticos e Mariazinha ficou sabendo que a amiga estava sem cozinheira. Mandara a antiga embora, porque dera para queimar as pílulas do jantar a ponto de tornar a refeição intragável. Tanto assim que iam aproveitar o aniversário para comer fora: —Vamos à pílula-dançante do Country. —Isso, naturalmente, se o marido chegasse em casa cedo, o que era improvável, pois o helicóptero dele estava na oficina e, na hora do rush, sabe como é, esses aviadores somem e não há um helicóptero de aluguel para servir as pessoas.

Mariazinha ainda conversou um pouquinho. Contou o escândalo da véspera, quando um deputado se desentendera com o Corbisier Neto e puxara uma pistola atômica para alvejar o político petebista. Felizmente a turma do deixa-disso impedira que o coitado fosse desintegrado no plenário. Em seguida Mariazinha se despediu.

Desligando o videofone, voltou à sua toalete mais animada um pouco pela conversa da outra. Mariazinha era uma mulherzinha decidida, que nunca perdia o bom-humor, apesar da tragédia de que fora vítima: o marido cometera «sexídio». Tomara um remédio para virar mulher.

E estava na sala a ler o romance de um escritor do século passado—um clássico novecentista—quando o marido chegou. Vinha esfalfado, com uma cara de quem fizera um esforço fora do comum.

—Já sei que não vamos à pílula-dançante— disse ela.

—De jeito nenhum, minha filha— respondeu o marido. —Imagine que o cérebro eletrônico do escritório enguiçou e eu passei o dia inteiro pensando sozinho.

A mulher suspirou de desânimo e murmurou chateada: —Com esse governo que anda aí, nada funciona direito no Brasil.

PONTE PRETA

De Rosamundo e os Outros

Expressões úteis

1. dar os parabéns por	…**dar os parabéns pelo** dia de hoje.
	…*congratulate* (you) *on* today's occasion.
2. ——de entrada	2 bilhões de cruzeiros **de entrada**.
	2 billion cruzeiros *as a down payment*.
3. dar para	…**dera para** queimar as pílulas do jantar.
	…*she had taken to* burning the dinner pills.

Perguntas sobre a leitura

1. Onde é que o menino vai brincar? Por que ele não pode ir mais longe?
2. Por que o menino tem que usar uma camisa de plástico?
3. Quantos anos tinha a mãe? Como é que se sentia?
4. Quanto custou a vitrola superesterofônica tridimensional?
5. Como se refere ao mordomo? E por quê?
6. Para que é que a Mariazinha videofona?

7. De que é que as mulheres conversam? E os homens? Qual é a atitude que o autor adota?
8. Quem não tem cozinheira? Por que não?
9. Onde se festejará o aniversário?
10. A que escândalo se refere Maria?
11. De que tragédia Mariazinha tinha sido vítima?
12. O que aconteceu ao marido da protagonista?
13. Qual é o tom da leitura? Justifique a sua resposta.
14. Você gosta de «chatear»?
15. Quais alguns outros «inventos» que haverá no ano 2000? Descreva um deles.
16. Como é que você festejaria um aniversário «ideal»?
17. Agrada-lhe a vida que se descreve nesta leitura?
18. Há similitudes entre a vida de hoje e a do Brasil, 2063?
19. Se você pudesse preservar só uma coisa de hoje em dia no ano 3000, qual seria?

A Casa ao Serviço da Tecnologia

Como é que a tecnologia servirá na casa do futuro? Complete a seguinte lista com suas próprias sugerências.

1. O ar condicionado pode ser acionado a quilômetros de distância pelo celular.
2. As cortinas fecham-se quando bate sol e o ar-condicionado entra em ação se o ambiente está quente.
3. As portas e as janelas...
4. Os eletrodomésticos...
5. O carro...
6. As luzes...
7. A televisão...
8. O exaustor da cozinha...
9.
10.

Leitura II
Carta ao prefeito

Senhor Prefeito do Distrito Federal—

Eu sou um desses estranhos animais que têm por habitat o Rio de Janeiro; ouvi-me, pois, com devido respeito.

Sou um monstro de resistência e um técnico em sobrevivência—pois o carioca é, antes de tudo, um forte. Se às vezes saio do Rio por algum tempo para descansar de seus perigos e desconfortos (certa vez inventei até ser correspondente de guerra, para ter um pouco de paz) a verdade é que sempre volto. Acostumei-me, assim, a viver perigosamente. Não sou covarde como esses equilibristas estrangeiros que passeiam sobre fios entre os edifícios. Vejo-os lá em cima, longe dos ônibus e lotações, atravessando a rua pelos ares e murmuro: eu quero ver é no chão.

Também não sou assustado como esse senhor deputado Tenório Cavalcanti, que mora em Caxias e vive armado; moro bem no paralelo 38, entre Ipanema e Copacabana, e às vezes, nas caladas da noite, percorro desarmado várias «boîtes» desta zona e permaneço horas dentro da penumbra entre cadeiras que esvoaçam e garrafas que se partem docemente na cabeça dos fiéis em torno. E estou vivo.

Ainda hoje tenho coragem bastante para tomar um ônibus ou mesmo um lotação e ir dentro dele até o centro da cidade. Vivo assim, dia a dia, noite a noite, isto que os historiadores do futuro, estupefatos, chamarão a Batalha do Rio de Janeiro. Já fiz mesmo várias viagens na Central. Eu sou um bravo, senhor.

Sei também que não me resta nenhum direito terreno; respiro o ar dos escapamentos abertos e me banho até no Leblon, considerado um dos mais lindos esgotos do mundo; aspiro o perfume da curva do Mourisco e a brisa da Lagoa e—sobrevivo. E compreendo que, embora vós administreis à maneira suíça, nós continuaremos a viver à maneira carioca.

Eu é que não me queixo: já me aconteceu escapar de morrer dentro de um táxi em uma tarde de inundação e ter o consolo de, chegando em casa, encontrar a torneira perfeitamente seca.

Prometestes, senhor, acabar em 30 dias com as inundações no Rio de Janeiro; todo o povo é testemunha desta promessa e de seu cumprimento: é que atacastes, senhor, o mal pela raiz, que são as chuvas. Parou de chover, medida excelente e digna de encômios.

Mas não é para dizer isso que vos escrevo. É para agradecer a providência que vossa administração tomou nestas últimas quatro noites, instalando uma esplêndida lua cheia em Copacabana. Não sei se a fizestes adquirir na

Suíça para nosso uso permanente, ou se é nacional. Talvez só possamos obter uma lua cheia definitiva reformando a Constituição e libertando Vargas.

Mas a verdade é que o luar sobre as ondas me consolou o peito. E eu andava muito precisando. Obrigado, senhor.

Rubem Braga

De *A Borboleta Amarela*

Perguntas

1. Quem é que escreve esta carta? Por que a escreve?
2. Por que o autor diz "sou um monstro de resistência e um técnico em sobrevivência"?
3. Você pensa que Rubem Braga vive perigosamente?
4. Com quem ele se compara?
5. O que é um lotação?
6. Segundo Braga, que acontece nas «boîtes»?
7. Como sabemos que ele está vivo?
8. O que é a Batalha do Rio de Janeiro?
9. Quais alguns dos perigos? O que quer dizer «viver à maneira carioca»?
10. Por que o Rio se inunda? O que indica isso?
11. O que é que o Senhor Prefeito instalou recentemente?
12. Qual é o tom desta carta? Justifique a sua resposta com exemplos.
13. Apesar desta carta, você gostaria de morar no Rio? Por quê?
14. Você esteve alguma vez numa inundação ou outro desastre?
15. Escreva uma resposta para a carta do Braga.

Você tem talento para o mundo profissional?

Responda às seguintes perguntas para descobrir as suas chances de atingir o sucesso profissional.

1. Em uma reunião de trabalho, você diz o que pensa? ___ a. sempre ___ b. frequentemente ___ c. às vezes ___ d. raramente ou nunca	5. Antes de realizar um trabalho complexo, prefere ter em mãos um cronograma de metas a ser cumprido? ___ a. sempre ___ b. frequentemente ___ c. às vezes ___ d. raramente ou nunca
2. Quando você é convocado para realizar uma tarefa que considera desnecessária, diz isso a quem lhe passou o trabalho? ___ a. sempre ___ b. frequentemente ___ c. às vezes ___ d. raramente ou nunca	6. Sabe descrever as virtudes e os defeitos das pessoas que trabalham com você? ___ a. sempre ___ b. frequentemente ___ c. às vezes ___ d. raramente ou nunca
3. Você costuma se oferecer para realizar trabalhos que considera espinhosos? ___ a. sempre ___ b. frequentemente ___ c. às vezes ___ d. raramente ou nunca	7. Você acha importante adquirir novos conhecimientos mesmo que não consiga enxergar um uso imediato para eles? ___ a. sempre ___ b. frequentemente ___ c. às vezes ___ d. raramente ou nunca
4. Quando você é encarregado de realizar um grande projeto, no lugar de resolvê-lo sozinho, costuma trocar idéias com os colegas por achar que outras opiniões melhoram o resultado final? ___ a. sempre ___ b. frequentemente ___ c. às vezes ___ d. raramente ou nunca	8. Você se atualiza sobre assuntos fora de sua área profissional? ___ a. sempre ___ b. frequentemente ___ c. às vezes ___ d. raramente ou nunca

9. Mesmo depois de uma fantástica semana de trabalho, você sai do escritório pensando no próximo projeto a realizar? ___ a. sempre ___ b. frequentemente ___ c. às vezes ___ d. raramente ou nunca	11. Quando viaja, preocupa-se em visitar museus e monumentos históricos e se informar sobre a cultura do país? ___ a. sempre ___ b. frequentemente ___ c. às vezes ___ d. raramente ou nunca
10. Você acha importante atuar em diversas áreas e em outras empresas? ___ a. sempre ___ b. frequentemente ___ c. às vezes ___ d. raramente ou nunca	12. Você é capaz de convencer seus colegas de suas idéias? ___ a. sempre ___ b. frequentemente ___ c. às vezes ___ d. raramente ou nunca

PONTUAÇÃO: Alternativas a ____ x 4 = ____ Alternativas b ____ x 3 = ____ Alternativas c ____ x 2 = ____ Alternativas d ____ x 1 = ____ TOTAL ____	AVALIAÇÃO: Acima de 37 pontos: Você é um profissional obstinado e está preparado para alcançar o topo na organização onde trabalha ou fazer sucesso com o próprio negócio. De 26 a 36 pontos: Você reúne qualidades que o mercado de trabalho aprecia, como iniciativa, lderan e criatividade. Voc6 precisa ser um pouco mais ousado na conduta profissional. De 17 a 25 pontos: Suas chances de crescer profissionalmente aumentarão se você superar o medo de se expor e falar mais o que pensa. Até 16 pontos: Você adota uma postura passiva demais. Se não mudar, não conseguirá deslanchar na carreira.

Temas para conversação ou redação

1. A televisão: argumentos em favor e argumentos contrários.
2. Os anúncios da televisão: a vida «cor-de-rosa»?
3. Um mês sem tevê e sem rádio.
4. As «delícias» da vida moderna.
5. Minha própria descrição do ano 2063.
6. As crianças do ano 3000.
7. O meu carro modelo 2050.
8. Escreva um anúncio comercial para a televisão.

ESCOLA ANTIGA: lousa, giz, aula discursiva, professor autoritário, lápis e borracha davam sono nos estudantes e não estimulavam ninguém a pensar e a aprender. Ir à aula era o pior momento do dia

ESCOLA MODERNA: desenvolvimento de projetos, estudos do meio, aulas participativas e muitos recursos audiovisuais estimulam a criatividade e o raciocínio. Com a internet, as enciclopédias foram para a prateleira

Apêndice

Ortografia da língua portuguesa

I. O alfabeto

a [a]	g [gê]	n [ene]	t [tê]
b [bê]	h [agá]	o [o]	u [u]
c [cê]	i [i]	p [pê]	v [vê]
d [dê]	j [jota]	q [quê]	x [xis]
e [e]	l [ele]	r [erre]	z [zê]
f [efe]	m [eme]	s [esse]	

II. Os sinais de pontuação

.	ponto	?	ponto de interrogação
,	vírgula	!	ponto de exclamação
;	ponto e vírgula	( )	parênteses
:	dois pontos	'	apóstrofo
—	travessão	"	aspas
-	traço de união (hífen)	*	asterisco

III. Os sinais de acentuação gráfica

´	acento agudo	(used on word final -em and -ens when stressed; used on open e and o, i, u, a when not followed by m or n)
`	acento grave	(used only to mark a contraction such as à 'to the')
^	acento circunflexo	(used on close e and o, a before m and n)
~	til	(used to make a true nasal vowel: lã, mão.
¨	trema	(used to make the |kw] sound of *qu* in Brazil only: tranqüilo)
,	cedilha	(conheço, maço)

IV. Regras da acentuação gráfica

A. No written accent mark is needed when the stress is on the next-to-last sylable of a word

   a. *if* the word ends in the vowel **-a, -e,** or **-o**

casa	parque	amigo
dona	grande	maço
caneta	classe	teto

   b. *if* the word ends in the consonant **-m** or **-s** not preceded by **-i-** or **-u-**

homem	falam	escreves
sondagem	aspas	amigas

If the word ends in the vowel **u, i** (or **-us, -is, -um, -im**), or any consonant other than **-m** or **-s,** the word must have a written accent mark if the stress is on the next-to-last syllable:

táxi	fácil	tênis
táxis	clímax	hífen
líder	lápis	bônus
Vênus		

B. No written accent mark is needed when the stress is on the last syllable of a word

   a. *if* it ends in the vowel **-u** or **-i** (or **-us, -is, -um, -im**)

hindu	abacaxi	funis
tatu	anis	jejum
Jesus	ali	asssim

   b. *if* it ends in a consonant other than **-m** or **-n**:

vertical	roubar	estupidez
fuzil	regular	ballet
audaz		

If the word ends in the vowel **-a, -e,** or **-o,** or the consonant **-m** or **-s,** the vowel must have a written accent mark if the stress is on the last syllable:

agá	vovô	português
guichê	também	cortês

C. A written accent mark is needed on all words stressed on a syllable other than the last or the next-to-last:

rápido	lâmpada	turístico

D. The _til_ is used to mark all nasal vowels which are not followed by **-m** or **-n**, both for nasality and stress:

irmã	lição	verões
irmão	pães	

If the stress does not fall on the true nasal vowel, a written accent mark is used on the stressed syllable:

órfão	órgão

E. One syllable words have a written accent mark:

a. if the word ends in **-es**

três	mês

b. if the quality of **-o-** or **-e-** needs to be expressed (´ for open vs. ˆ for close)

só	pé
dê	pê

c. if the word ends in **-a** and is not the preposition **a**, a contraction containing the preposition **a**, or an object pronoun (**ma, ta**)

lá	cá	má

d. the grave accent (`) is used _only_ for **à, às, àquele,** etc.

F. For double vowels **ee** and **oo**, the first one takes a written accent mark if it is the stressed vowel of the word:

vôo	perdôo	crêem
lêem		

(_Compreendem_ is stressed on the second **e**, therefore no written accent mark is needed.)

G. The following vowel combinations are diphthongs, i.e., the two-vowel combination counts as one syllable when counting syllables for stress placement. The first vowel of the group is pronounced as the "vowel" and the second vowel is pronunced as a glide, and no written accent mark is needed in writing. However, if the combination is not pronounced as a diphthong, i.e., the stress is on the second of the two vowels, a written accent mark is used in writing:

	Diphthong	_Written Accent to Show Absence of Diphthong_
ei	reino, falei	ateísmo
oi	coisa, dois	heroísmo
eu	deu, ateu	reúne
ou	roubo	
ai	pais, raiva, abaixo	país, saí, saída
au	pau, grau	saúde, gaúcho
iu	partiu	miúdo

A written accent mark is also placed on **ei, eu, oi,** if the **e, o** is open: **hotéis, céu, herói,** as opposed to **seu.**

a. Notice that the rules for written accent marks (A through F above) apply to words with a diphthong; you simply count the diphthong as a single syllable:

falei (word ends in **-i,** therefore the stress falls naturally on the last syllable, i.e., the diphthong.)

ateu, museu (words end in **-u**)

principais (word ends in **-is**)

b. Words ending in **-aiz** are naturally stressed on the **-i-**; however, the plural of these words must have a written accent mark:

raiz, raízes

c. The diphthong **ui** is stressed on the second vowel:

cuida, cuidado, Rui

d. The following vowel combinations *do not* form diphthongs in Portuguese, i.e., they are counted as two syllables:

io	vazio, violento, Mário, sério, secretário
ie	ciência, espécie
ue	cuecas, tênue
uo	quota, oblíquo, vácuo
ia	Maria, quantia, ânsia, história, sabiá, variável
ua	quando, lua, água, língua
oa	Lisboa, névoa
ea	cear, área, fêmea
eo	gêmeo, óleo

H. Some (very few) words take a written accent mark in order to distinguish them from other words that have the same spelling but a different meaning:

vem (*verb,* 'he comes')	vêm (*verb,* 'they come')
tem (*verb,* 'he has')	têm (*verb,* 'they have')
por (*preposition*)	pôr (*verb,* 'to put')
para (*preposition*)	pára (*verb,* 'he stops')
pode (*verb,* 'he can')	pôde (*verb,* 'he could')

The distinction between **pode** and **pôde** is not only in spelling, but also in pronunciation (**o** for open vowel, **ô** for close vowel).

Verb forms which derive from **vir** and **ter** also have a circumflex in the plural form: **convem/convêm, mantem/mantêm.**

V. Alternações ortográficas

The following spelling changes take place in verb forms in order to make writing correspond to pronunciation:

Infinitive ends in	Change	Forms	Examples
-car	c > qu before **e**	present. subj. **eu** preterit	**explique** **expliquei** (from **explicar**)
-gar	g > gu before **e**	pres. subj. **eu** preterit	**pague** **paguei** (from **pagar**)
-guir	gu > g before **a, o**	pres. subj. **eu** pres. indic.	**siga** **sigo** (from **seguir**)
-gir	g > j before **a, o**	pres. subj. **eu** pres. indic.	**dirija** **dirijo** (from **dirigir**)
-çar	ç > c before **e**	pres. subj. **eu** preterit	**comece** **comecei** (from **começar**)
-cer	c > ç before **a, o**	pres. subj. **eu** pres. indic.	**conheça** **conheço** (from **conhecer**)

Some of these spelling changes occur in diminutive forms:

c > qu before **i**   banco/banquinho, rico/riquinho, pouco/pouquinho
g > gu before **i**   amigo/amiguinho, cega/ceguinha, longo/longuinho
c > c before **i**   almoço/almocinho, taça/tacinha, abraço/abracinho

VI. Diferenças ortográficas entre Portugal e o Brasil

a. When **o** or **e** is followed by an **n** or **m** of a following syllable, the vowel is close in Brazilian but open in European Portuguese.

Antônio, crônica, cômodo, gênio, prêmio (Brazil)

António, crónica, cómodo, génio, prémio (Portugal)

b. When three vowels come together the stress falls on the first of the three vowels and the second is pronounced as a glide (pr**aia**, pent**eio**). If the initial vowel is **e**, it is always close in European Portuguese and therefore no accent mark is needed. However, in Brazilian Portuguese, the **e** may be open, in which case a ´ is needed:

ideia, assembleia (Portugal)
idéia, assembléia (Brazil)

c. In European Portuguese some consonants which are no longer pronounced have been kept in writing:

	Portugal	*Brazil*
c, p before **t**	aspecto, jacto	aspeto, jato
	adoptar, baptismo	adotar, batismo
c before **ç, c**	direcção, acção	direção, ação
	inspeccionar	inspecionar

Vocabulário

Vocabulary essential to the comprehension of all material in the text is included here. *Not* found are:

1. Words that appear in the *vocabulários temáticos*
2. Direct or close cognates with English
3. Words of predictable derivational morphology such as:

   a. Nouns derived from verbs by one of the following suffixes

-ção (as in Eng. *-tion*)	*abanação*	from *abanar* 'to fan, shake'
-mento (as in Eng. *-ment*)	*sepultamento*	from *sepultar* 'to bury'
-dor (as in Eng. *-or, -er*)	*nadador*	from *nadar* 'to swim'

   b. Adjectives derived from nouns or verbs by one of the following suffixes:

-oso (as in Eng. *-ous*)	*orgulhoso*	from *orgulho* 'pride'
-al (as in Eng. *-al*)	*semanal*	from *semana* 'week'
-vel (as in Eng. *-ble*)	*saudável*	from *saúde* 'health'

The following abbreviations are used:

f	feminine noun		*prep*	preposition
m	masculine noun		*conj*	conjunction
v	verb		*inter*	interjection
adj	adjective		*p p*	past participle
adv	adverb		*pl*	plural
n	noun			

a
abacaxi *(m)* pineapple
abaixar *(v)* to lower
abajur *(m)* lampshade
abanar *(v)* to fan, shake
abandono *(m)* abandonment, desertion
abater *(v)* to lower, depress, let down
abordar *(v)* to tackle, deal with
aborrecer *(v)* to bore, annoy
abranger *(v)* to encompass, encircle, include
acanhado *(adj)* bashful, shy, timid
acariciar *(v)* to caress
acaso *(m)* chance, hazard, accident
acepção *(f)* meaning, sense, interpretation
acertar *(v)* to be right, set (clock), balance (acc't)
aceso lit *(p p* acender)

achar *(v)* to find, think
—**graça** find funny
acolhedor *(adj)* welcoming
acomodar *(v)* to fit, adapt, adjust
aconselhar *(v)* to advise
acontecer *(v)* to happen
acordo *(m)* accordance, agreement
  estar de — com agree with
  de — com in accordance, agreement with
acorrentar *(v)* to chain
acorrer *(v)* to rush to
açougue *(m)* butcher's shop, meat market
acrescentar *(v)* to add
acudir *(v)* to assist, come to the aid of
adepto *(m)* follower, believer
adiantar *(v)* to advance, pay in advance
adiar *(v)* to postpone

adicionar (v) to add
adivinhar (v) to guess
admissão (f) admission
    curso de — preparatory grade for jr. high school admission (Braz.)
adotar (v) to adopt
aduzir (v) to lead or take to, adduce
advertir (v) to warn, caution
advogado (n) lawyer
afinal (adv) after all, finally
afora (adv) outside, out into, (prep) except, save, but, besides
    pelo mundo— all over the world
agarrar (v) to take, seize
agasalhar (v) to bundle up, dress warmly
agir (v) to act, behave
agradar (v) to please, satisfy, be pleasing
aguardar (v) to await, expect
agüentar (v) to tolerate, withstand
ainda (adv) still
    — que even if, although, even though
ajeitar (v) to arrange, fix up
ajudar (v) to aid, help
alaranjado (adj) orange colored
alardear (v) to flaunt, boast
alcançar (v) to reach, extend, get, obtain
alegar (v) to claim, allege, plead, assert, cite
alegrar-se (v) to rejoice, be delighted
alfabetização (f) instruction in reading and writing
algodão (m) cotton
alho (m) garlic
alimentar (v) to nourish
aliviar (v) to relieve, ease
alma (f) soul, spirit
almejar (v) to yearn, crave, desire, covet
alongar (v) to elongate, extend, lengthen
alourar (v) to turn brown
alpendre (m) porch, veranda, shed, lean-to
altura (f) height, elevation, time
aluguel (m) rent, rental
alvar (adj) stupid, doltish, dull
alvejar (v) to aim, take aim, hit
amarrar (v) to tie
amassar (v) to crush, squash
ambos (adj) both
ameaçar (v) to threaten
amizade (f) friendship
amolecer (v) to soften; to bother
amontoar (v) to pile up, accumulate
amotinar-se (v) to mutiny, rebel, revolt
andar (m) floor; (v) to walk, go

andor (m) litter for bearing religious images
anel (m) ring
angústia (f) anguish
animalejo (m) diminutive of **animal**: little animal (derogatory)
animar (v) to animate, activate, stimulate, cheer, enliven, hearten
ânimo (m) spirit, disposition, temperament
aniversariante (mf) person having or celebrating a birthday
ânsia (f) anxiety
ansioso (adj) anxious, apprehensive
antemão, de (adv) beforehand
antes (de) que (conj) before
antiderrapante (adj) antiskid, non-skid
antipatia (f) aversion, dislike, antipathy
apagar (v) to turn off
apaixonar-se (v) to fall in love, become infatuated
apalpar (v) to touch, feel
apanhar (v) to catch, grab
aparelho (m) appliance, device, instrument
apelidar (v) to nickname, dub
apelo (m) appeal, call, plea
apertar (v) to tighten
apesar de (prep) in spite of, despite
apetecer (v) to stimulate the appetite, be tempting
apetrechos (m) trappings, paraphernalia, equipment
apito (m) whistle
apoderar-se (v) to take possession, invade, seize control
apoiar (v) to support
apontar (v) to point
após (adv) after
aposento (m) room, dwelling, lodging
apostar (v) to bet
aproveitar (v) to profit by, benefit by, take advantage of
aproximar (v) to approximate
    —-se to approach, draw near
aquecedor (m) heater
aquecer (v) to heat, warm (up)
areia (f) sand
argola (f) metal ring, hoop, link
argumentar (v) to argue, dispute
argumento (m) argument, evidence
arma (f) weapon
armazenar (v) to store, accumulate
arquibancada (f) bleachers
arrancar (v) to pull, pick, yank, uproot, start (car)

arranhar *(v)* to scratch
arranjar *(v)* to arrange, solve, get
arrefecer *(v)* to cool, chill
arregalar *(v)* to open (one's eyes) wide
arrematar *(v)* to end, finish
arrepender-se *(v)* to regret, be sorry, repent
arriar *(v)* to lower, lay down
arrulhar *(v)* to coo, croon
arrumar *(v)* to fix up, arrange, clean (house)
áspero *(adj)* coarse, rough, rude, blunt
aspirar *(v)* to inhale
assaltante *(m)* assailant, attacker
assegurar *(v)* to insure, guarantee
assento *(m)* seat
asseveração *(f)* claim
assim que *(conj)* as soon as, so that
assinalar *(v)* to mark, designate
assinar *(v)* to sign
assinatura *(f)* signature
assistência *(f)* aid, relief
assistir *(v)* to attend, assist
assobiar *(v)* to whistle
assombrar *(v)* to awe, amaze, frighten, haunt
assumir *(v)* to take on, undertake, assume
assunto *(m)* matter, affair
assustar *(v)* to frighten, alarm, startle
astro *(m)* star
atapetar *(v)* to carpet
atemorizar *(v)* to frighten, scare, startle, awe, intimidate
atencioso *(adj)* thoughful, attentive, careful
atender *(v)* to listen (to); consider; answer (door, phone, etc.)
atento *(adj)* attentive, alert
atestar *(v)* to attest, certify, give evidence of
ateu *(m)* atheist
atingir *(v)* to attain, achieve, understand, touch upon
atirar *(v)* to throw
atrapalhar *(v)* to confuse, mix-up, upset, act haphazardly, cause confusion
atrasar *(v)* to delay
atravessar *(v)* to cross
atribuir *(v)* to attribute, assign, grant, confer
atrito *(adj)* attrite, worn down by friction
atual *(adj)* present, current
atualidade *(f)* the present, now
—s *(f pl)* news
atualizar *(v)* to modernize, bring up to date
atum *(m)* tuna

audaz *(adj)* audacious, daring
auditivo *(adj)* auditory, hearing
aumentar *(v)* to increase
auscultação *(f)* auscultation, act of listening *(medical)*
ausência *(f)* absence
auxiliar *(v)* to aid, help
avarento *(adj)* avaricious, greedy, stingy; *(m)* amiser
avariar *(v)* to damage, impair
—se to spoil, go bad, break down
ave *(f)* bird, fowl
avermelhar *(v)* to redden, blush
avesso *(adj)* averse, opposed, contrary
avizinhar *(v)* to draw closer, approach
azeitona *(f)* olive
azulado *(adj)* bluish

b

babá *(f)* nanny, nursemaid
bacharel *(mf)* law school graduate, Bachelor of Arts or Science
bafo *(m)* breeze, whiff, waft, exhalation
baga *(f)* bead (of perspiration), drop
bala *(f)* candy
balançar *(v)* see *balancear*
balancear *(v)* to swing, sway, waver, hesitate
balão *(m)* balloon
banca *(f)* newsstand
banda *(f)* band, strip
bandeira *(f)* flag
baque *(m)* thud, thump
barão *(m)* baron
barrar *(v)* to bar from, prevent
barriga *(f)* belly
barulho *(m)* noise
bastar *(v)* to suffice, be enough
batalha *(f)* battle
batedeira *(f)* mixer
bater *(v)* to beat, hit
— à máquina to type
batuque *(m)* any of several Afro-Brazilian dances; gatherings for playing and singing Afro-Brazilian songs
beatitude *(f)* blessedness, bliss, happiness
bêbedo *(adj)* drunk, intoxicated; *(m)* drunkard, drunk
bebericar *(v)* to sip
beça, à a lot, lots, a great deal *(Braz. slang)*
beijar *(v)* to kiss
beijoca *(f)* kiss, smack

beira-mar *(f)* seashore, coast
beliscar *(v)* to pinch, nip, nibble
bem *(adv)* well
  se — que *(conj)* even if, even though, although
benefício *(m)* benefit, advantage
berçário *(m)* nursery
berro *(m)* bellow, roar, shout, yell
besteira *(f)* nonsense, foolishness
bicar *(v)* to peck
bicha *(f)* line, queue (Port.)
bicharada *(f)* large group of animals, herd, flock *(rather derogatory)*
bicho *(m)* animal, beast
  — de estimação pet
bico *(m)* nipple
bilhete *(m)* slip, stub, ticket
boate *(f)* night-club, boîte
bobagem *(f)* nonsense, foolishness, silliness
bobo,-a *(n)* silly, dope, dummy
boca *(f)* mouth
  — da noite dusk, twilight
bocado *(m)* morsel
boi *(m)* ox, steer
boite *(f)* see *boate*
boião *(m)* pot, wide-mouthed jar
boliche *(m)* bowling
bolso *(m)* pocket
bombeiro *(m)* fireman, plumber
bondade *(f)* kindness, goodness
boneco, -a *(n)* doll, puppet
borboleta *(f)* butterfly
borbotar *(v)* to gush, spew, spout
borbulha *(f)* bubble
bordo *(m)* boarding
  passe de — boarding pass
  a — on board
borracha *(f)* rubber, eraser
borracheiro *(m)* tire repairman
borracho, -a *(n)* drunkard
borrachudo *(m)* buffalo gnat
bosque *(m)* woods, forest
botar *(v)* to throw, place
botoeira *(f)* buttonhole
braça *(f)* fathom; former linear measure (2.2 meters)
bracejar *(v)* to wave, move (arms)
braço *(m)* arm
breve *(adj)* brief
brigar *(v)* to fight, quarrel
brilhar *(v)* to shine, glow

brincadeira *(f)* joke
brincar *(v)* to play, romp
brindar *(v)* to toast, drink to
brinquedo *(m)* toy
brisa *(f)* breeze
broto *(m)* bud; teen-ager, especially sophisticated teen-ager (Braz. *slang*)
brusco *(adj)* brusque, abrupt, sudden
bruxa *(f)* witch
bruxuleante *(adj)* flickering, quivering, wavering
bulhufas, não entender — not understand at all
burrice *(f)* stupidity

C

cabelo *(m)* hair
cabeleireiro *(m)* hairdresser
caber *(v)* to fit
cabo *(m)* handle, cape, promontory
caçar *(v)* to hunt, chase
cacatua *(f)* cockatoo
cacete *(adj)* boring, tiresome
cadela *(f)* female dog
cadente *(adj)* falling, shooting (star)
cadinho *(m)* crucible, melting pot
calada *(f)* hush, stillness, quiet
calar *(v)* to silence, hush, quiet, be quiet, shut up
calçado *(m)* footwear
calcinhas *(f p)* panties
calda *(f)* syrup, sauce
caldo *(m)* broth, bouillon, consommé
calouro *(m)* novice, freshman, beginner
camada *(f)* layer
câmara *(f)* camera
  em — lenta in slow motion
camarada *(mf)* comrade, friend, chum, pal
cambiar *(v)* to change, convert, transform
câmbio *(m)* exchange, conversion of currency
caminhão *(m)* truck
camiseta *(f)* tee shirt, undershirt
campainha *(f)* bell, buzzer
campanha *(f)* campaign
campeão *(m)* champion
campeiro, -a *(n)* field hand, farm hand
campista *(mf)* native or inhabitant of Campos
canalizar *(v)* to channel
canastra *(f)* hamper, crate

caneca *(f)* mug
canela *(f)* shin, shinbone; cinnamon
canil *(m)* kennel
cansar *(v)* to tire
canto *(m)* corner
capa *(f)* cover, case
capacitar *(v)* to capacitate, enable, qualify
capim *(m)* grass
capricho *(m)* whim, fancy, caprice
cara *(f)* face, facial expression; *(m)* guy
  (Br. slang)
caracol *(m)* snail
caravela *(f)* caravel, type of ship
carecer de *(v)* to lack, want, be in need of
caridade *(f)* charity, benevolence, compassion, mercy, pity
carimbar *(v)* to stamp, seal
carinho *(m)* love, affection, tenderness, care, caress, concern
carioca *(adj/n)* of or pertaining to, or resident of the city of Rio de Janeiro
carregar *(v)* to carry
carteira *(f)* license, registration card; wallet; department (of bank); desk
casaco *(m)* coat, jacket
castiço *(adj)* of good lineage, well-bred, authentic, typical
castigo *(m)* punishment
casualidade *(f)* chance, hazard, accident
catarata *(f)* waterfall
cauda *(f)* tail
cauteloso *(adj)* cautious
cear *(v)* to eat dinner, sup
cebola *(f)* onion
cebolinha *(f)* shallot, green onion
cego *(adj)* blind
celibato *(m)* celibacy, bachelorhood
cenário *(m)* scenery, setting
centena *(f)* hundred
cerca *(f)* fence, wall, barrier
cerca de *(prep)* around, near
cercar *(v)* to surround, encircle, enclose
cérebro *(m)* brain
cereja *(f)* cherry
cerrar *(v)* to close, shut
cessão *(f)* cession, grant, assignment
cético *(adj)* skeptical
céu *(m)* sky
chá *(m)* tea
chácara *(f)* country place
chafariz *(m)* fountain

chaleira *(f)* tea kettle, pot
chantagem *(f)* blackmail, extortion
chapelinho *(m)* small hat
chateação *(f)* bother, bore, annoyance, 'drag', hassle
chatear *(v)* to bother, pester, annoy, bore
chato *(adj)* dull ,boring, annoying, bothering
chave *(f)* key
chavelho *(m)* horn
chefe *(m)* boss
chega! *(inter)* That's enough!
chegar *(v)* to arrive
— a to manage to
cheirar *(v)* to smell, sniff, inhale
chiado *(m)* screech, squeak, creak
chiclete *(m)* chewing gum
chupar *(v)* to suck; drink *(colloq.)*
cifra *(f)* sum, total
cinto *(m)* belt
cio *(m)* heat (animals)
cirurgia *(f)* surgery
clarão *(m)* glare, flash, gleam
coalhar *(v)* to clot, coagulate
coaxar *(v)* to croak
cobra *(f)* snake
cobre *(m)* copper, money
cobrir *(v)* to cover
coçar *(v)* to scratch
cochilar *(v)* to doze, snooze; be careless
cofre *(m)* safe, vault
coitado *(adj)* miserable, poor, unfortunate
colar *(m)* necklace
colar *(v)* to stick, fit, glue
colchão *(m)* mattress
colégio *(m)* school
cólera *(f)* wrath, ire
colher *(v)* to gather, pick, catch
colina *(f)* hill
colo *(m)* neck; lap
comichar *(v)* to itch
comício *(m)* rally, assembly
comitiva *(f)* retinue, entourage, party
comodidade *(f)* comfort
cômodo *(adj)* comfortable, convenient, easy
comover *(v)* to move, touch, affect
comparecer *(v)* to appear
compensação *(f)* payment, remuneration
comportamento *(m)* behavior
compra *(f)* purchase, buy
comprazer-se *(v)* to delight, gratify
comprido *(adj)* long

comprimento (m) length
comprometer (v) to compromise, jeopardize
comprovar (v) to prove, confirm, corroborate
conceito (m) concept, idea
concertado (adj) in agreement with
concordar (v) to agree, conciliate
condução (f) transportation
conferencista (mf) lecturer, speaker
conferir (v) to confer
confesso (adj) confessed, professed
confiança (f) confidence, trust, faith
confissão (f) confession, avowal, admission
conforme (prep) according to
conforto (m) comfort, consolation
confronto (m) confrontation
conhecer (v) to know, experience
conhecimento (m) knowledge
conjuntura (f) conjuncture, occasion, event, opportunity
consagrado (adj) celebrated, renowned
consciente (adj) conscious
conseguir (v) to obtain, get
conseguinte (adj) consecutive, consequent
conselho (m) advice, counsel
consentir (v) to accept, allow, permit, cede, grant, consent, agree
constar (v) to be clear, evident, certain
— **de** consist of
constrangido (adj) constrained, ill at ease, self-conscious
consultório (m) doctor's office; place for consultation
contanto que (conj) if, provided that
contar com (v) to count on or upon, depend on
contentar (v) to content
—**-se** to be contented, satisfied
conter (v) to contain, hold in/back
conterrâneo (m) countryman
conteúdo (m) content(s)
conto (m) story; 1000 cruzeiros in Brazil or 1000 escudos in Portugal
contrariar (v) to oppose, contradict
convidar (v) to invite
convite (m) invitation
convocar (v) to call, convoke, gather
copeira (f) serving maid
cor, de by heart, memorized
corante (m) dye, coloring
corda (f) rope, cord, string

cor-de-rosa (adj) pink
coroa (f) crown; old person (Br. _slang_)
correr (v) to run
— **perigo** to be in danger
corrida (f) running, race
corte (m) cut
cortês (adj) courteous, polite
cortiça (m) cork
cortina (f) curtain
coruja (f) owl
corvo (m) raven, crow
costas (f pl) back
costumar (v) to be accustomed to, be in the habit of
costumeiro (adj) customary, habitual
cotovelo (m) elbow
couve (f) kale
covarde (m) coward
cozer (v) to cook, bake, boil
cozinheiro, -a (n) cook, chef
creditar (v) to credit, chalk up
crença (f) belief, conviction
crepúsculo (m) twilight, dusk
crescer (v) to grow (up)
criar (v) to raise, bring up; create, found
crisol (m) melting-pot
cristão, -ã (n adj) Christian
cruz (f) cross
cruzeiro (m) Southern Cross (astr.); monetary unit of Brazil
cuidar (v) to think, imagine, take care of
culpar (v) to accuse, blame, incriminate
cume (m) peak, hilltop
cumprimento (m) greeting, salutation, compliment, performance, accomplishment, implementation
cumprir (v) to accomplish
curar (v) to cure, heal
cuspir (v) to spit
custo (m) cost; difficulty, pain, trouble, exertion

d
dama (m) lady
—**s** checkers
danar (v) to damage, injure, irritate; damn
—**-se** to become infuriated
dansata (f) dancing (colloq.)
dar (v) to give; strike
— **um jeito** make possible
débil (adj) weak, feeble

debruçar(-se) *(v)* to be inclined, lean
decair *(v)* to fall off, slip; decline
decepção *(f)* disappointment, disillusion
declamar *(v)* to declaim
decorrer *(v)* to elapse *(time)*, pass; happen
decretar *(v)* to decree, rule, determine
degelar *(v)* to defrost, thaw
degradar *(v)* to degrade, debase
degrau *(m)* stair, step
deitar-se *(v)* to go to bed
deliberação *(f)* deliberation, resolution, decision
deliciar *(v)* to delight, please
demorar *(v)* to delay
   —-**se** linger, drag behind
dentadura *(f)* denture
dente *(m)* tooth
denunciar *(v)* to denounce, inform, divulge
deparar-se *(v)* to come or run across
dependência *(f)* annex
depoimento *(m)* deposition, testimony
deprimir *(v)* to depress
derreter *(v)* to melt
derrubar *(v)* to knock over
desalmado *(adj)* cruel, merciless, ruthless, inhuman
desalojar *(v)* to dislodge
desamparar *(v)* to abandon, leave unprotected or defenseless
desarranjo *(m)* disturbance, disorder
descalço *(adj)* without shoes
descansar *(v)* to rest, relax, be at ease
descaroçado *(adj)* pitted, seeded
descarregar *(v)* to unload, empty
descer *(v)* to descend, climb down
descompor *(v)* to insult; injure
desconchavar *(v)* to disconnect; set at odds; behave foolishly
desconhecer *(v)* to be ignorant of, be unaware of
descortinar *(v)* to reveal, disclose, expose
descrença *(f)* disbelief, doubt, incredulity
descuidar *(v)* to be careless or neglectful, neglect, disregard, ignore
desculpa *(f)* excuse, apology
desenformar *(v)* to unmold
desenfreado *(adj)* rampant, uncontrolled
desengano *(m)* disillusionment, sincerity, frankness
desentender *(v)* to misunderstand
   —-**se** have a misunderstanding

desenvolver *(v)* to grow, develop
   —-**se** to grow, increase, be extended
desfile *(m)* parade
desgraça *(f)* misfortune, disaster, distress, misery
deslocar *(v)* to displace, move
desmaiar *(v)* to faint
desmanchar *(v)* to undo, spoil, disarrange, smash
desmontar *(v)* to dismantle; disorganize
despachar *(v)* to dispatch, expedite
despedaçar-se *(v)* to get broken
despedir *(v)* to dismiss, fire, send off
   —-**se de** to bid farewell to
despeitar *(v)* to irritate, anger, treat spitefully
despeito *(m)* sorrow, grief, spite
   a — de *(prep)* in spite of, despite
despertador *(m)* alarm clock
despertar *(v)* to awaken, wake (up)
despesa *(f)* expense, expenditure
desprezar *(v)* to despise, scorn, disdain, disregard
desprezo *(m)* disdain, scorn, contempt
destaque *(m)* note
destino *(m)* destination; fate, destiny
destrancar *(v)* to unbar, open
destruir *(v)* to destroy
desvario *(m)* madness
desventura *(f)* misfortune, unhappiness, misadventure
detalhar *(v)* to detail
deter *(v)* to detain, hold back
   —-**se** to linger
devagar *(adv)* slowly
devastar *(v)* to devastate
devido *(adj)* due, owed
   — a due to
devolver *(v)* to return (something)
devoto *(m)* devotee; churchgoer
diabrete *(m)* little devil, imp, goblin
diário *(adj)* daily; everyday
digno *(adj)* worthy, deserving
diluir *(v)* to dilute
dirigir-se (a) *(v)* to address somebody
discurso *(m)* speech, address, discourse
discussão *(f)* discussion, dispute
disfarçar *(v)* to disguise, conceal, masquerade
dispêndio *(m)* expenditure, expense
dispensar *(v)* to dispense, exempt, excuse, discharge, spare

disponível *(adj)* available, spare
disposto *(adj)* disposed, inclined, ready, apt
dissabor *(m)* distaste, vaxation, disgust
distrair *(v)* to distract, entertain
ditoso *(adj)* fortunate, blissful, happy
diurno *(adj)* daily, diurnal
divertido *(adj)* amusing, entertaining, pleasant, fun
dívida *(f)* debt, liability
divulgação *(f)* disclosure, divulgation
dobrar *(v)* to bend, turn
doce *(adj)* sweet
dócil *(adj)* meek, docile, obedient
doçura *(f)* sweetness, mildness, gentleness
doente *(adj)* ill, sick
doer *(v)* to hurt, ache
doido,-a *(n adj)* crazy, insane, nutty
donzela *(f)* damsel, maiden
dotar *(v)* to endow, allot
dote *(m)* dowry
dourado *(adj)* golden, gilt, gilded
doutrinar *(v)* to indoctrinate
duplo *(n adj)* double
durar *(v)* to last
duro *(adj)* hard

e

eis *(adv)* here is/are, this is/these are; behold
emagrecer *(v)* to slim down, lose weight
emanar *(v)* to emanate, originate
embalagem *(f)* package, wrapping
embalar *(v)* to wrap, package; trick, lure; lull to sleep
embaraço *(m)* embarrassment, awkwardness, hesitation
embarcar *(v)* to put on board, board
embebedar *(v)* to inebriate
　—se to become drunk
embevecer *(v)* to enrapture, enthrall
embicar *(v)* to head for, move toward
embora *(conj)* although, even though
embrulhar *(v)* to wrap up, pack up
embrutecer *(v)* to brutalize, cause to become stupid
emendar *(v)* to correct, amend
emocionante *(adj)* exciting, thrilling
empacho *(m)* overstuffing of stomach, overfilling; obstruction
empreendedor *(m)* entrepreneur
empreendimento *(m)* undertaking, enterprise, project, attempt

empregado, -a *(n)* employee, servant
emprego *(m)* job
empresa *(f)* enterprise, business, company
empréstimo *(m)* loan
encaixar *(v)* to fit, insert, fall into place, pack
encanecer *(v)* to turn grey (with age), age, mature
encantar *(v)* to enchant, charm, fascinate
encarar *(v)* to face, stare at, confront
encarregar *(v)* to entrust with, put in charge of
encerrar *(v)* to end, close, terminate
encher *(v)* to fill (up)
encômio *(m)* eulogy
encosto *(m)* back of chair
encrespar *(v)* to curl, frizz, wrinkle
　—se to get annoyed, irritated
enevoar *(v)* to fog, mist, cloud
enfeitar *(v)* to adorn, decorate
enfim *(adv)* finally, at last
　até que — at last
enfocar *(v)* to highlight
enfoque *(m)* view, focus, emphasis
enfrentar *(v)* to face, confront; stand up to, defy
engatilhar *(v)* to cock (a gun); prepare
engolir *(v)* to swallow
engraçado *(adj)* funny
engrenagem *(f)* gear, network
engulhento *(adj)* nauseating
enjeitar *(v)* to reject, disdain
enlouquecer *(v)* to madden; drive crazy, go crazy or insane
enquanto *(conj)* while
enrouquecer *(v)* to become hoarse
ensinar *(v)* to teach
entanto *(adv)* meanwhile
　no — meanwhile, however, nevertheless
entendedor,-a *(n adj)* intelligent; wise person
enternecer *(v)* to soften, mellow, touch, move, stir
enterrar *(v)* to bury
entreabrir *(v)* to open slightly, half-open (a door)
entregar *(v)* to deliver, turn in
entreolhar-se *(v)* to eye one another
entretanto *(adv)* meanwhile
　(conj) however, nevertheless
entusiasmar *(v)* to thrill, excite
　—se feel enthusiastic, excited, thrilled
enviar *(v)* to send, dispatch

envilecer *(v)* to debase, dishonor
envolver *(v)* to involve, entangle
　—-se to be involved in, get mixed up with
enxame *(m)* crowd, swarm, throng
epistolar *(adj)* epistolary, pertaining to a letter
erguer *(v)* to lift, raise
erro *(m)* error, mistake
escada *(f)* stairs, steps
escalfar *(v)* to poach
escapamento *(m)* escapement, exhaust
esclarecer *(v)* to enlighten, clarify, illuminate
escolar *(adj)* pertaining to school
escolha *(f)* choice
escombros *(m pl)* ruins, remains, debris
esconder *(v)* to hide
esconderijo *(m)* hiding place
escorregar *(v)* to slip, slide
escorrer *(v)* to drain, drip; droop, hang down
escovar *(v)* to brush
escritório *(m)* office, study
escrivaninha *(f)* desk, writing table
escurecer *(v)* to darken, dim
escuridão *(f)* darkness
esfalfar *(v)* to exhaust, fatigue, tire out
esfarrapado *(adj)* tattered, ragged, incoherent
　desculpa — a lame excuse
esgotar *(v)* to drain, empty, deplete
esgotado *(p p)* out of print, sold out
esgoto *(m)* drain, sewer
esguicho *(m)* spurt, squirt, jet
esmagar *(v)* to crush, squash, smash
esmalte *(m)* enamel
　— de unhas nail polish
esmorecimento *(m)* discouragement, faintness, weakness
espalhar *(v)* to scatter, spread, disclose
espantar *(v)* to astonish, frighten, amaze
esparso *(adj)* scattered, dispersed
espelho *(m)* mirror
espera *(f)* wait, delay
　sala de — waiting room
espesso *(adj)* thick, dense
espevitado *(adj)* lively, vivacious, saucy; impertinent
espreguiçar-se *(v)* to stretch one's limbs
esquecer *(v)* to forget
esquecimento *(m)* forgetfulness, obliviousness, omission
esquentar *(v)* to heat

esquina *(f)* (outside) corner
esquivar *(v)* to duck, dodge, evade
estável *(adj)* stable, steady
esticar *(v)* to stretch, extend
estimação *(f)* esteem
　animal/bicho de — pet
estimar *(v)* to esteem, prize, value
estômago *(m)* stomach
estourar *(v)* to burst, explode, blow up
estouvadão *(adj)* augmentative of *estouvado*: extremely clumsy, scatterbrained
estrada *(f)* road
estragar *(v)* to spoil, damage
estranhar *(v)* to find strange, odd, peculiar
estreito *(adj)* close, narrow
estrela *(f)* star
estribeira *(f)* stirrup
　perder as —s to lose control of oneself
esvoaçar *(v)* to flutter, flit
etapa *(f)* stage, degree
etiqueta *(f)* label, formality
evitar *(v)* to avoid
exclusão *(f)* exclusion, exception
exigência *(f)* requirement, need
exigente *(adj)* demanding
êxito *(m)* success
expectativa *(f)* expectation, anticipation, hope
expirar *(v)* to expire, die
expor *(v)* to expose, show, reveal
exquisitice *(f)* oddity, eccentricity
extasiado *(adj)* ecstatic, astounded
extorquir *(v)* to extort, extract
extrair *(v)* to extract
extraviar *(v)* to lose, misplace

f

face *(f)* face, cheek
　em — de in face of, in view of, by virtue of
faixa *(f)* band, strip, frequency band
falecer *(v)* to be lacking in; die, pass away
falhar *(v)* to fail, miss, fall through, fizzle out
falta *(f)* mistake; need, lack
falto *(adj)* wanting, lacking
faminto *(adj)* hungry, starving
fantasiado *(adj)* costumed, dressed-up
farejar *(v)* to sniff, smell
farinha *(f)* flour, meal
　— de mandioca manioc root meal

farolete *(m)* tail-light of a car
farto *(adj)* full, irked, tired, sated
fascinar *(v)* to fascinate
fastio *(m)* aversion, repugnance, boredom, tedium
faturar *(v)* to bill, invoice
fazenda *(f)* Braz. ranch
fé *(f)* faith, conviction
   dar — a to trust in
feérico *(adj)* marvelous, dazzling
feição *(f)* feature, form, aspect, character
feira *(f)* market
felicidade *(f)* happiness
felicitar *(v)* to congratulate, compliment
felpudo *(adj)* fluffy, downy, fuzzy
fêmea *(f)* female
fera *(f)* beast of prey
ferir *(v)* to wound, hurt
feroz *(adj)* fierce, ferocious, wild, savage
ferver *(v)* to boil
festejo *(m)* festivity, commemoration, celebration
fiado *(adj)* trustful, *(p p)* sell on credit
   conversa — idle chatter
fiar *(v)* to entrust to; vouch for; sell on credit
   —-se to trust, believe in, depend on
fibra *(f)* fiber, thread
ficha *(f)* check, slip, card, file, token
fiel *(adj)* faithful
figadal *(adj)* of or pertaining to the liver; strong, intense
fígado *(m)* liver
figurão *(m)* bigshot, bigwig
figurar *(v)* to figure, appear, have a part or role
fila *(f)* line, queue
filhote *(m)* young animal, cub
filial *(m)* branch store or office
filiar *(v)* to affiliate
final *(m)* end, finish, close
finar *(v)* to end, die
findo *(adj)* finished, ended, past
fingir *(v)* to pretend
fino *(adj)* fine, thin
fio *(m)* thread, cord, wire
firmar *(v)* to fix, make firm, establish, fasten
fita *(f)* row, ribbon, tape
fixar *(v)* to set, fix, rivet
flagrante *(m)* instant, moment
   em — in the act

florir *(v)* to embellish, adorn (with flowers)
flutuar *(v)* to float
focalizar *(v)* see *enfocar*
fogo *(m)* fire
fogueira *(f)* bonfire, fire, blaze
foguete *(m)* firecracker, skyrocket
folha *(f)* leaf, sheet (of paper)
fome *(f)* hunger
forma *(f)* mold
formar-se *(v)* to graduate
formiga *(f)* ant
formoso *(adj)* beautiful, handsome, delightful, perfect
formulário *(m)* form, questionnaire
fornecer *(v)* to supply, provide
forno *(m)* oven
foro *(m)* jurisdiction
forte *(adj)* strong, courageous; *(m)* brave person
fosco *(adj)* tarnished, dull, dim
foz *(f)* mouth of a river
fraco *(adj)* weak
frade *(m)* friar, monk
freguês, -a *(n)* client, customer
franquear *(v)* to enable, pass, cross
fraqueza *(f)* weakness, frailty, failing
frente *(f)* front
   na — ahead, in front
   para a —! Onward! Forward!
fresca *(f)* fresh air
friccionar *(v)* to rub, massage
frisar *(v)* to stress, emphasize; curl
fritar *(v)* to fry *(p p frito)*
frutificar *(v)* to bear fruit
fuga *(f)* flight, escape
   pôr-se em — to run away
fugaz *(adj)* fleeting
fugir *(v)* to flee, run away, escape
fundo *(m)* depth(s); back, bottom
fundos *(m pl)* funds
furar *(v)* to pierce, puncture, perforate
fuzil *(m)* rifle, gun

g
gabinete *(m)* study, den, office
gaguejar *(v)* to stutter, stammer, falter, hesitate, fumble
galã *(m)* romantic lead; lover
galinha *(f)* chicken, hen
ganja *(f)* conceit, presumption
garotada *(f)* group of children, kids

gasosa *(f)* soda water; *(adj)* with gas
gato *(m)* cat
gavião *(m)* hawk, falcon
geladeira *(f)* refrigerator
gelar *(v)* to freeze, chill, cool
gelo *(m)* ice
gêmeo *(m)* twin
genial *(adj)* talented, pertaining to genius; *(slang)* neat, nifty
geração *(f)* generation
gerente *(m)* manager
gesto *(m)* gesture
gole *(m)* gulp, sip
gozo *(m)* joy, delight
graça *(f)* grace, favor, charm, spirit, wit, joke, humor
  achar — see humor (in)
  de — for free
  —s a thanks to
gozado *(adj)* funny, odd
grama *(f)* grass
grana *(f)* 'dough', money, 'bread' *(Braz. slang)*
grão *(m)* grain, bean, kernel
grau *(m)* degree, step, grade
gravar *(v)* to (tape-) record
gravura *(f)* picture, illustration, print
grelha *(f)* grill
grilo *(m)* cricket; creak or squeak in a car *(Braz. slang)*; hassle *(Braz. slang)*
  viajar sem — travel troublefree
guarda *(m)* guardian, watchman
guarda-chuva *(m)* umbrella
guardar *(v)* to keep, guard, put away
guidão see *guidom*
guidom *(m)* handle bar
guerreiro *(m)* warrior

h
habituar *(v)* to accustom, habituate
hecatombe *(f)* hecatomb, great slaughter
hectare *(m)* hectare (10,000 square meters)
hidrófobo *(adj)* rabid
hortaliça *(f)* potherb
humilde *(adj)* humble

I
idioma *(m)* language
idiotizado *(adj)* turned into an idiot
idoso *(adj)* elderly, aged
ignorar *(v)* not to know, ignore, be unaware of

igualdade *(f)* equality
ilustre *(adj)* distinguished, illustrious
imediação *(f)* neighborhood, immediacy
imobiliário *(adj)* pertaining to real estate
imóvel *(adj)* immovable, motionless
império *(m)* arrogance, domination, power, empire
implacável *(adj)* implacable, relentless
importar *(v)* to import; matter, be of importance
importuno *(adj)* importunate, annoying
imprensa *(f)* press, journalism
imprescindível *(adj)* essential, indispensible, necessary
impressionar *(v)* to impress, affect
impresso *(m)* printed form
inadiável *(adj)* not postponable
incendiar *(v)* to set fire to; excite
incentivar *(v)* to encourage, motivate, stimulate
inchar *(v)* to swell, huff, blow, puff
incluir *(v)* to include
incrível *(adj)* incredible
indagar *(v)* to inquire, question
indecoroso *(adj)* indecorous, immodest
induzir *(v)* to induce, persuade, cause, prompt
inelutável *(adj)* inescapable
inerme *(adj)* defenseless, helpless
inesquecível *(adj)* unforgettable
infame *(adj)* infamous, dishonorable, damnable
infernal *(adj)* wonderful, marvelous *(Braz. slang)*
inferno *(m)* hell
informe *(m)* information
ingênuo *(adj)* naive, stupid; ingenuous
ingerir *(v)* to ingest, swallow
iniciar *(v)* to initiate, start
início *(m)* beginning, start
inimigo, -a *(n)* enemy
inoportuno *(adj)* inopportune, inconvenient
inovar *(v)* to innovate, change, renew
inquietante *(adj)* disturbing
inquieto *(adj)* restless, uneasy, agitated
insaciável *(adj)* insatiable
insanidade *(f)* insanity
inspecionar *(v)* to inspect
instalar *(v)* to install, set up
  —-se to be or become settled
instar *(v)* to urge, insist, press

instável *(adj)* unstable, unsteady
insustentável *(adj)* untenable, unsustainable
intato *(adj)* intact
inteirar *(v)* to complete
interino *(adj)* interim, temporary
interpelar *(v)* to question, challenge
interpretar *(v)* to interpret, perform (music, theatre)
intestino *(adj)* internal, intestine; *(m)* intestine
íntimo *(adj)* intimate
intitular *(v)* to title, name, call
intragável *(adj)* unpalatable
intrigar *(v)* to intrigue, arouse curiosity
inundar *(v)* to flood
   —se to become flooded
inútil *(adj)* useless
inveja *(f)* envy
invento *(m)* invention, device
investigador, -a *(n)* investigator, detective
irredutível *(adj)* not reducible
isca *(m)* strip of fried liver
isqueiro *(m)* cigarette lighter

J
já *(adv)* already, at once, ever
jacaré *(m)* alligator
jaculatória *(f)* short prayer
jamais *(adv)* never
jazer *(v)* to lie, rest; be buried
jeitoso *(adj)* skillful, appropriate, handsome
jejum *(m)* fast(ing)
jibóia *(f)* boa constrictor
joelho *(m)* knee
jogar *(v)* to play, throw, hurl
judeu,-dia *(n adj)* Jew, Jewish
juízo *(m)* judgmennt, decision, law court
julgar *(v)* to judge
juntar *(v)* to join, assemble
juramento *(m)* oath, vow
jurar *(v)* to swear, vow, promise
juro(s) *(m)* interest (financial)
jus *(m)* right, prerogative
   fazer — a to deserve, have a right to
juventude *(f)* youth, adolescence

l
lã *(f)* wool
lábio *(m)* lip
laçar *(v)* to bind, lace
lacrar *(v)* to seal

lagoa *(f)* lagoon
lágrima *(f)* tear (drop)
lama *(f)* mud
lambiscar *(v)* to snack, nibble, pick at food
lâmpada *(f)* lamp, bulb
lampejo *(m)* flash, sparkle; brilliant idea
lampião *(m)* street lamp
lançamento *(m)* launching, release
lance *(m)* predicament, climax, happening
lantejoula *(f)* spangle, sequin
lápide *(f)* tombstone
lar *(m)* home
larápio *(m)* pilferer, filcher, burglar
largar *(v)* to let go, abandon, cast aside
lata *(f)* can
latir *(v)* to bark
láurea *(f)* laurel, academic honor
lazer *(m)* leisure
leão,-oa *(m)* lion; (f = leoa)
legal *(adj)* neat, keen, o.k. *(Braz. slang)*
légua *(f)* league *(distance)*
lei *(f)* law
leitor, -a *(n)* reader
lembrar *(v)* to remember
lenço *(m)* handkerchief
lentejoula *(f)* see *lantejoula*
letra *(f)* installment payment; letter *(character)*
levantar *(v)* to lift, pick up
levar *(v)* to take, carry
leve *(adj)* light, simple, superficial
licença *(f)* permission
liceu *(m)* secondary or high school
lidar *(v)* to fight; work; cope, deal with
ligar *(v)* to connect, fasten
ligeiro *(adj)* light, quick, swift, slight
limpo *(adj)* clean
lingüiça *(f)* a kind of sausage
liqüidar *(v)* to liquidate, settle, close out
lixo *(m)* garbage, trash
localizar *(v)* to locate, situate
loção *(f)* lotion
locutor *(m)* announcer
lograr *(v)* to get, attain, succeed
loiro *(adj)* blond(e)
lona *(f)* canvas
lorpa *(adj)* stupid, imbecile, idiotic
lotação *(m)* small bus
loteamento *(m)* plot (of land)
louro *(m)* laurel, bay; see: *loiro*
   folha de — bay leaf

lua *(f)* moon
— **de mel** honeymoon
— **cheia** full moon
luar *(m)* moonlight, moonshine
lugarejo *(m)* village, hamlet
lula *(f)* squid
Lusíadas *(m pl)* epic poem of Portugal written by Luís de Camões, published in 1572
luta *(f)* fight
luto *(m)* mourning
luva *(f)* glove
luzidio *(adj)* sleek, clear, bright

m
maçã *(f)* apple
macaco *(m)* monkey; car jack
macho *(m)* male
machucar *(v)* to hurt, bruise
macio *(adj)* soft, smooth
macular *(v)* to stain, spot, blemish
madeira *(f)* wood
maduro *(adj)* ripe, mature
magoar *(v)* to hurt, wound, pain, grieve, woe
magro *(adj)* thin, skinny
maiô *(m)* bathing suit
mal *(m)* bad, evil, wrong
maluco *(m adj)* crazy
mamadeira *(f)* baby's bottle
mandamento *(m)* command(ment), order
mandioca *(f)* mandioc, cassava
mando *(m)* command, authority
maneira *(f)* manner, way
de — que *(conj)* so as to, so that, in order that
manípulo *(m)* handle, lever
manjedoura *(f)* manger
manobra *(f)* maneuver, manipulation, scheme
manso *(adj)* tame, docile, gentle, meek
maqui(l)agem *(f)* make-up, cosmetics
manutenção *(f)* maintenance, support, keeping
marasmo *(m)* profound apathy
marca *(f)* mark, brand, stamp, trademark
marcação *(f)* reservation
marcar *(v)* to mark, set (a time, date); dial (Port.)
martírio *(m)* martyrdom, torment, torture
mascar *(v)* to chew, ruminate
máscara *(f)* mask

mastigar *(v)* to chew, bite
matar *(v)* to kill
matéria *(f)* matter, substance, topic, subject
matriz *(adj)* originating, principal, main
mediante *(prep)* by means of, through
medida *(f)* measure
médio *(adj)* medium, middle
medir *(v)* to measure
medroso *(adj)* afraid, fearful, timid
meia-lua *(f)* half-moon, crescent
meias *(f pl)* socks
meigo *(adj)* affectionate, warm, tender, gentle, sweet
meio-fio *(m)* curb of sidewalk
mendigo *(m)* beggar, pauper
mensageiro, -a *(n)* messenger
mensal *(adj)* monthly
mente *(f)* mind
mentir *(v)* to lie (tell untruth)
merecer *(v)* to deserve, be worthy of
mergulhar *(v)* to dive
mesmo *(adj)* same, identical, self; *(adv)* even, really, indeed
— **que/se** *(conj)* even though, even if
metade *(f)* half
meter *(v)* to insert, put in stick in
—**se** to get into, plunge into
metragem *(f)* length in meters
metralhadora *(f)* machine gun
mexer *(v)* to mix, disturb, touch, stir
milagre *(m)* miracle
milhar *(m)* thousand
milho *(m)* corn
mil-réis *(m)* former Braz. and Ptg. monetary unit
mimo *(m)* caress, fondling
mingau *(m)* porridge, mush
minúcia *(f)* detail, trifle
minucioso *(adj)* minute, detailed
miradouro *(m)* belvedere, overlook
misericórdia *(f)* mercy, pity, compassion
missivista *(m f)* letter writer
mister *(m)* necessity
ser — to be imperative, necessary
misturar *(v)* to mix, blend, confuse, shuffle
mito *(m)* myth
módico *(adj)* small, insignificant, moderate
modinha *(f)* simple popular song
modo *(m)* way, manner, fashion
de — que so that, in order that

moita *(f)* thicket, bush
  estar/ficar na — keep quiet, clam up
  (Braz. slang)
mole *(adj)* soft, yielding, mild, gentle, tender
molhar *(v)* to wet, moisten, be or become
  wet
molho *(m)* gravy, sauce, salad dressing;
  bunch of something
  de — soaking, marinating
montar *(v)* to mount
morada *(f)* residence, home, domicile
morder *(v)* to bite
mordomo *(m)* butler
moreno, -a *(adj)* brunette, dark-complected
mosca *(f)* fly
mostrar *(v)* to show, display
motim *(m)* mutiny, row, tumult
movimentar *(v)* to move, set in motion,
  animate, liven
mudança *(f)* moving, change, shift
multidão *(f)* multitude
município *(m)* municipality, city
murcho *(adj)* wilted, faded; shrunken
muro *(m)* wall
musa *(f)* muse, inspiration
mútuo *(adj)* mutual, reciprocal

n

naco *(m)* chunk, hunk
namoro *(m)* courting, wooing, love affair
nariz *(m)* nose
narrar *(v)* to narrate
nascente *(m)* east (point of sunrise)
nascer *(v)* to be born
nascimento *(m)* birth
nato *(adj)* born
natureza *(f)* nature
navegar *(f)* sail, navigate
nebulosidade *(f)* cloudiness
negociar *(v)* to negotiate
negreiro *(adj)* of or pertaining to the slave
  trade
neve *(f)* snow
névoa *(f)* fog, haze, mist
nevoeiro *(m)* fog, mist
nevoento *(adj)* foggy, misty
niquelar *(v)* to nickel-plate
nis(s)ei *(adj)* nisei (descendent of Japanese
  immigrants)
nível *(m)* level; state, standard
nobre *(adj)* noble, grand, stately

nobreza *(f)* nobility, aristocracy
nojo *(m)* loathing, disgust, nausea
nono *(adj)* ninth
notável *(adj)* notable, noteworthy, outstand-
  ing, remarkable
notícia *(f)* notice, piece of news; *(pl)* news
noticiar *(v)* to notify, report
novato, -a- *(adj)* inexperienced; *(n)*
  beginner,
  novice
novo *(adj)* new, young
  de — again
núbil *(adj)* nubile, marriageable
nuvem *(f)* cloud

o

ó *(inter)* Oh! Hey!
obra *(f)* work, deed, opus
obrigar *(v)* to oblige, force
obstante *(adj)* obstructive, impeding
  não — notwithstanding, despite
obter *(v)* to obtain
ocioso *(adj)* idle, lazy, superfluous
ocultar *(v)* to conceal, hide
odiar *(v)* to hate
oferecimento *(f)* offer, offering
oferta *(m)* offer
oficializar *(v)* to make official, establish
oficina *(f)* workshop, factory, service station, garage
ofício *(m)* employment, profession
oitavo *(adj)* eighth
olhada *(f)* glance, once-over
onça *(f)* Braz. wildcat
onda *(f)* wave; fuss, commotion
opa *(f)* religious cape; exclamation of fright
  or admiration
operar *(v)* to operate
oposto *(adj)* opposite, contrary
oração *(f)* prayer; sentence, clause
oratório *(m)* chapel; oratory
orçamento *(m)* estimate,
  budget, calculation
orçar *(v)* to calculate, compute, estimate,
  budget
ordenado *(m)* salary, wages
orégão *(m)* oregano
orelha *(f)* ear
órfão *(m)*, **orfã** *(f)* orphan
orgulho *(m)* pride
originário *(adj)* native, originating

ornar *(v)* to ornament, decorate
oscilar *(v)* to hesitate, vacilate, oscilate
ostentar *(v)* to show off, display, flaunt
ostra *(f)* oyster
ovelha *(f)* sheep

p
padecer *(v)* to suffer
paetê *(f)* spangle, sequin
paio *(m)* thick pork sausage
palerma *(n adj)* stupid, foolish, dope
palestrar *(v)* to talk, speak, chat
palha *(f)* straw
pálio *(m)* canopy
palito *(m)* toothpick
pancada *(n)* blow; craze *(colloq. Braz.)*
    de — at one shot
panela *(f)* pan, pot
pantanal *(m)* swamp, lowlands
papagaio *(m)* parrot
papo *(m)* paunch, belly; craw
    bater — to chat
parlamentar *(v)* to discuss, confer
partida *(f)* game, match
partido *(m)* advantage; party, faction
partir *(v)* to depart, leave, split, separate
parto *(m)* delivery, childbirth
pascer *(v)* to pasture, graze
pasmo *(m)* awe, amazement, wonder
pássaro *(m)* bird
passatempo *(m)* pastime, recreation, hobby
passear *(v)* to stroll
passo *(m)* pace,step, footstep
pastar *(v)* to graze
pata *(f)* paw
patentear *(v)* to make clear, show, reveal
patrão ,-troa *(n)* boss
pau *(m)* wood, stick
paulista *(mf)* native of the state of São
    Paulo
paulistano, -a *(n)* native of the city of São
    Paulo
pavor *(m)* fear, fright, horror, dread
pecado *(m)* sin
peça *(f)* piece, part; play
peixe *(m)* fish
pelar *(v)* to strip, peel, skin
pele *(f)* skin, fur
pêlo *(m)* fur
pendurar *(v)* to hang, suspend
peneirar *(v)* to drizzle; sift

penoso *(adj)* painful, distressing
pensamento *(m)* thought, idea
pente *(m)* comb
penteado *(m)* hair-do, coiffure
penumbra *(f)* dusk, dimness, half-light
pêra *(f)* pear
perceber *(v)* to perceive, understand, detect,
    notice
percorrer *(v)* to traverse, travel, rove, go
    through
perda *(f)* loss, waste
perdição *(f)* perdition, downfall, ruin
perdigueiro *(n)* setter
    cachorro — bird dog
perdoar *(v)* to forgive
perfurar *(v)* to perforate
perigoso *(adj)* dangerous
periquito *(m)* parakeet
pérola *(f)* pearl
perturbar *(v)* to disturb
peru *(m)* turkey
pervinca *(f)* periwinkle, myrtle
pesar *(v)* to weigh
pesca *(f)* fishing
peso *(m)* weight, heaviness
pesquisa *(f)* research
petebista *(mf)* member of the former *Partido*
    Trabalhista Brasileiro
piada *(f)* joke
picada *(f)* nose-dive, peak
    É o fim da —! That's it!
picar *(v)* to chop, mince
piedade *(f)* pity, compassion
pilhar *(v)* to rob, loot, catch, detect
pílula *(f)* pill
pimenta *(f)* pepper
    — do reino black pepper
    — vermelha red pepper
pintar *(v)* to paint
pisar *(v)* to step (on)
piscadela *(f)* winking, blinking, twinkle
piscina *(f)* swimming pool
pista *(f)* track, trail, running
placar *(m)* scoreboard
plantão *(m)* shift, duty
plebeu,-beia *(n)* plebeian
plenário *(m)* plenary assembly or council
pleno *(adj)* full
pluma *(f)* feather
pobre *(adj)* poor, pitiful, miserable
podar *(v)* to trim, prune

poente _(m)_ west (setting sun), sunset
polainas _(f pl)_ spats
polidez _(f)_ courtesy, politeness
poltrona _(f)_ armchair
polvilhar _(v)_ to dust, sprinkle
pomada _(f)_ pomade, balm, ointment
pomar _(m)_ orchard
pombo _(m)_ dove, pigeon
ponta _(f)_ point, peak, tip, angle
ponte _(f)_ bridge
porejar _(v)_ to exude, ooze
portanto _(conj)_ therefore
portar-se _(v)_ to behave
portátil _(adj)_ portable
porteiro _(m)_ doorman
posta _(f)_ fish steak, slice
postar _(v)_ to post, station
posto _(m)_ position, place, post; gas station
povoado _(m)_ village, settlement
povoar _(v)_ to populate, crowd
praia _(f)_ beach
prata _(f)_ silver
prateleira _(f)_ shelf
praticante _(m f)_ apprentice, trainee
prazo _(m)_ term, span, given period of time
precário _(adj)_ precarious, uncertain
precipitado _(adj)_ hasty, sudden, abrupt
precisar _(v)_ to need
prédio _(m)_ building, house
predispor _(v)_ to predispose
preencher _(v)_ to fill in, fulfill
pregar _(v)_ to fasten, attach, stick, nail
preguiça _(f)_ laziness, idleness; sloth
prejudicar _(v)_ to damage, hurt, harm
prejuízo _(m)_ damage
prêmio _(m)_ prize
presépio _(m)_ stable, creche (Nativity scene)
preso _(adj)_ caught, held, imprisoned
pressão _(f)_ pressure
prestar _(v)_ to render, give, do
presunçoso _(adj)_ presumptuous
pretender _(v)_ to try, attempt, intend
previdência _(f)_ precaution, prudence, forethought
   — **social** social welfare
prezar _(v)_ to esteem, value, respect, prize
princípio _(m)_ beginning, start, principle
procedimento _(m)_ procedure
prognosticar _(v)_ to forecast, make a prognosis
privar _(v)_ to deprive of

pronto-socorro _(m)_ first-aid clinic
propício _(adj)_ auspicious, favorable
propor _(v)_ to propose
proporcionar _(v)_ to provide, supply
prosseguir _(v)_ to proceed
proteger _(v)_ to protect, defend, guard
prover _(v)_ to provide
providência _(m)_ provision, precaution
   tomar —**s** to take precaution, make arrangements, take action
provir _(v)_ to arise from
publicidade _(f)_ advertising
pudor _(m)_ decency, bashfulness
pulga _(f)_ flea
pular _(v)_ to jump, leap; to dance _(at Carnaval)_
pulso _(m)_ wrist
puma _(m)_ cougar
puxa! _(inter)_ Boy! Gee!
puxar _(v)_ to pull

q

quadra _(f)_ quatrain; block _(street)_; court _(sports)_
quadrante _(m)_ quadrant
quadro _(m)_ painting, picture; team
qual _(conj)_ like, as
qual _(interrog)_ which
quantia _(f)_ amount, sum, quantity
quarteirão _(m)_ block
quebrar _(v)_ to break
queimar _(v)_ to burn
queixar-se _(v)_ to complain, grumble, whine, gripe
questão _(f)_ question, subject, matter, affair
   fazer — **de** to insist on, make an issue or point of
químico _(adj)_ chemical; _(n)_ chemist
quintal _(m)_ back yard
quinto _(adj)_ fifth

r

rã _(f)_ frog
rabo _(m)_ tail
raça _(f)_ race, people
   de — thoroughbred, pedigree
raciocínio _(m)_ reasoning, argument(ation)
radioso _(adj)_ radiant
raiva _(f)_ anger, rage, wrath
raiz _(f)_ root
rajada _(f)_ burst _(of machine gun fire)_
ralhar _(v)_ to scold, reprimand, berate
raposa _(f)_ fox

rasgar (v) to tear, rip
rato (m) rat, mouse
realização (f) realization, achievement, affect, doings
rebaixamento (m) lowering, demotion, humiliation, abasement
rebater (v) to repel, parry, curb, fight
reboliço, rebul- (m) stir, tumult, uproar, confusion, mess; bustle, commotion
recear (v) to fear, dread, be apprehensive
receita (f) recipe
receptividade (f) responsiveness, receptivity
recibo (m) receipt
reclamação (f) claim, complaint
recobrar (v) to recover
recolher (v) to gather, pick
recôndito (adj) unknown, hidden
reconhecer (v) to recognize, acknowledge
recorrer (v) to retrace, go over again, investigate
  — **a** to resort to, fall back on, appeal to
recuperar (v) to recover
recurso (m) recourse, aid, assistance
  —**s** resources, means, funds
recusar (v) to refuse, reject, oppose, deny
redação (f) composition, editing
rede (f) net, network
rédea (f) reins, bridle, control, rule
redondeza (f) surroundings, environs; roundness
redondo (adj) round
reembolso (m) refund, reimbursement
referente (adj) regarding, concerning
refletir (v) to reflect
regador (m) watering can
regime (m) marital laws govening distribution of property; regime, administration; diet
registrar (v) to register, record
regra (f) rule, norm, model
regressar (v) to return (to a place)
reino (m) kingdom, realm
relatório (m) report, statement
relação (f) relation(ship), connection, association, list, table
relutar (v) to oppose, resist
remeter (v) to send, remit
removedor (m) cleaner, remover
renda (f) income, revenue, profit
rendimento (m) profit, yield, return
reparação (f) repair

reparar (v) to repair, notice, observe, remark
repelir (v) to repel, rebuff, fight off
repente (m) burst, suddenness
  de — all of a sudden
repicar (v) to chime, peal
réplica (f) answer, retort, reply
reportagem (f) reporting
requintado (adj) refined, polished, perfect
resgate (m) ransom
resmungar (v) to whine, growl
respeitante (adj) concerning, regarding
respirar (v) to breathe
responsabilizar (v) to entrust, charge, blame
  —**-se por** to answer for, take care of
restante (m) remainder, rest, balance; (adj)remaining, leftover
restar (v) to remain, be left over
restaurar (v) to restore, renew, renovate
restrito (adj) restricted, limited
resumo (m) summary, résumé
reta (f) straightaway
retirada (f) retreat
retirar (v) to retire, withdraw
  —**-se** to leave, quit, give up
retrato (m) portrait, picture
réveillon (French, n) New Year's Eve
revelar (v) to reveal, disclose
revendedor (m) dealer
rever (v) to examine, check, verify
revestir (v) to don, wear clothes
revigorante (adj) bracing, fortifying, reinvigorating
revirar (v) to turn inside out, twist
revisar (v) to review, check
revistar (v) to review, inspect, survey, search, ransack
rezar (v) to pray
rir(-se) (v) to laugh
riso (m) laughter, laugh
roda (f) group
rodar (v) to spin, whirl, rotate, turn
rodear (v) to surround, encircle
rodovia (f) highway
rogar (v) to beg, plead, implore
  fazer-se — to play hard to get
romaria (f) pilgrimage, excursion
romper (v) to break, tear, rip
rosto (m) face
roteiro (m) itinerary, route, guidebook, agenda
rotina (f) routine, habit

roubar (v) to rob, steal
ruga (f) wrinkle, crease, fold
ruído (m) noise, sound, clatter
ruivo, -a (n adj) redhead, auburn
ruminar (v) to ruminate, chew (cud)
rumo (m) direction
rumor (m) noise, sound, rustle; rumor
ruptura (f) rupture, break

s
saber (v) to know, comprehend, be aware of
sabiá (m) type of bird, thrush
sábio (n adj) wise, learned
sabor (m) flavor, taste
sacar (v) to take out, extract, draw; to understand (Braz. slang)
sacerdote (m) priest
sacudir (v) to shake
sadio (adj) healthy
sagrado (adj) sacred
saído (adj) salient; protruding forward; bold; meddlesome
saldo (m) balance, remainder
salsa (f) parsley
salto (m) jump, leap, bound, hop
salvar (v) to save, rescue
salva-vidas (m) lifesaver, life preserver, lifeguard, life jacket
salvo (adj) safe, saved, redeemed
samambaia (f) fern
sangrar (v) to bleed
são, sã (adj) healthy, sound
saudar (v) to greet, hail
saúde (f) health
secar (v) to dry (up)
século (m) century
seda (f) silk
seguido (adj) successive, continuous, running
segurança (f) safety, security
segurar (v) to hold, grip, secure
seguro (m) insurance
selva (f) jungle
se-mostradeiro (adj) show-off
senhoria (f) lordship, seigniory
sensato (adj) sensible
sensível (adj) sensitive
sentença (f) proverb, maxim, judgment
sentenciar (v) to make a decision, give an opinion
sentido (m) sense, direction

sentir (v) to feel, regret, sense
separar (v) to separate
sepultar (v) to bury, entomb
sepultura (f) grave
sequer (adv) even, so much as
série (f) series
sermão (m) sermon
serpentina (f) coiled paper streamer
sertão (m) backlands, bush
servo, -a (n) serf, servant
sétimo (adj) seventh
setor (m) sector, field, department, realm
sigla (f) monogram, initials
similitude (f) similarity, resemblance
simpático (adj) likeable, nice
sindicato (m) union, syndicate
singelo (adj) unadorned, sincere, single, ingenuous
sinistro (adj) ominous, sinister, threatening
sino (m) bell
sirigaita (f) flirt, coquette
soar (v) to sound, ring
sob (prep) below, beneath, under
soberbo (adj) superb, magnificent
sobrancelha (f) eyebrow
sobrar (v) to be left over
sobressalto (m) jumpiness, apprehension, anxiety, unease
sobretudo (m) overcoat
sobreviver (v) to survive
sócio,-a (n) member
soja (f) soy, soya, soybean
solicitar (v) to solicit, petition, seek, ask for
solicitude (f) care, concern; solicitude
solidão (f) solitude
solidariedade (f) solidarity, fellowship
solitário (adj) solitary, alone
soltar (v) to set free, detach, release, unleash
solteiro, -a (n adj) single person
sombra (f) shadow, shade
sondagem (f) sounding, probe, investigation, poll
soneca (f) nap
sonhar (v) to dream
sono (m) sleep
sorrir (v) to smile
sorriso (m) smile
sortido (adj) assorted
sorvete (m) ice cream
soslaio: de / em — askance, sideways, asquint
sossegado (adj) calm, quiet, sedate

súbito *(adj)* sudden
sublinhar *(v)* to underline, underscore
subscrever *(v)* to sign
suceder *(v)* to follow, happen, come to pass
  ser bem sucedido to succeed, be successful
sucuri *(f)* anaconda
sugar *(v)* to suck, bleed
sujo *(adj)* dirty, soiled
sumir *(v)* to vanish, disappear
suor *(m)* sweat
superpopulação *(f)* overpopulation
suplício *(m)* torture, anguish, agony
suposto *(adj)* supposed, presumed
surdescente *(adj)* deafening
surdina *(adnj)* mute
  em — softly, sweetly
surdo *(adj)* deaf
surpreender *(v)* to surprise
surpresa *(f)* surprise
suspeitar *(v)* to suspect
suspirar *(v)* to sigh

t
tagarelice *(f)* babble, chatter, gossip
talco *(m)* talcum powder
tamanduá *(m)* tropical anteater
tamanho *(m)* size; *(adj)* such, so
tamoio *(adj)* of or pertaining to the extinct Tamoio Indians; Tupian inhabitants of the modern area of Rio de Janeiro
tampa *(f)* top, lid, cover, cap
tapete *(m)* rug, carpet
tardio *(adj)* slow, tardy, late
tarefa *(f)* choice, task, assignment
tartamudear *(v)* to stutter, stammer; mutter, mumble
tato *(m)* tact
tatu *(m)* armadillo
tecido *(m)* fabric, cloth, textile
tédio *(m)* tedium, boredom, weariness
teimar *(v)* to be stubborn, obstinate; persist; insist
tejo *(m)* type of game, board for a game
tela *(f)* canvas, painting
telhado *(m)* roof
temer *(v)* to fear, dread, be afraid; revere, worship
temperar *(v)* to season, soften
tempero *(m)* seasoning, flavoring, spice
temporada *(f)* season, spell, period of time

tenaz *(adj)* tenacious, persistent
tentar *(v)* to try
tentativa *(f)* attempt
tênue *(adj)* tenuous, slender
terceiro *(adj)* third
terceto *(m)* triplet, tercet
terço *(m)* chaplet, prayer beads; one third
térmico *(adj)* thermal
terno *(adj)* tender, affectionate, gentle
terreiro *(m)* yard, backyard; cleared, flat land around house or farm
terremoto *(m)* earthquake
terreno *(m)* terrain, ground, land
testa *(f)* forehead
testar *(v)* to test, try, experiment
testemunha *(mf)* witness
testemunho *(m)* testimony, deposition
tigela *(f)* dish, bowl
tinta *(f)* ink
tirar *(v)* to take, remove, win, receive
tiritar *(v)* to shiver, tremble
titio, -a *(n)* diminutive of *tio, -a*
tocar *(v)* to ring, play an instrument
tocheiro *(m)* large candlestick or candleholder
todavia *(adv)* nevertheless, as yet; *(conj)* however, nevertheless, still, yet
tolo *(adj)* foolish, silly
tom *(m)* tone, key, style, manner, note
tomada *(f)* plug, outlet, socket
tombar *(v)* to cause to fall, fall, topple, tumble
tornar *(v)* to render, make, cause to be, change; return
  —-se to become, turn (into)
  — a *(+ infinitive)* to do *(something)* again
torneio *(m)* tournament
torneira *(f)* faucet, tap
torno: em — around, about
torre *(f)* tower
tosa(da) *(f)* shearing
tossida *(f)* cough *(to attract attention)*
tossir *(v)* to cough
tostão *(m)* one-tenth of an escudo *(Port.)*
traçado *(m)* sketch, draft, layout, diagram
traço *(m)* trace, line
trâmite *(m)* path, way
  —s channels, proper means or procedures
trancar *(v)* to lock
transar *(v)* to transact
transeunte *(m)* passer-by

transformar *(v)* to transform
—**-se em** to become, turn into
trás *(adv prep)* behind, after, back
de — from behind
trator *(m)* tractor
trave *(f)* beam, girder, crossbeam, rib
treinar *(v)* to train
trem *(m)* train
tremular *(v)* to flutter, quiver
trepidar *(v)* to vibrate, rattle, chatter
tristeza *(f)* sadness, sorrow
troca *(f)* exchange, trade
troco *(m)* change *(money)*
trono *(m)* throne
tropeçar *(v)* to trip, stumble
tropeiro: feijão— *(m)* black beans
truque *(m)* trick
túmulo *(m)* grave, tomb
tumulto *(m)* turmoil, agitation, uproar, hubbub
turíbulo *(m)* container for burning incense
turma *(f)* group, gang, folks

u

ultrapassar *(v)* to go beyond, surpass, get ahead of; pass *(another car)*
usuário *(m)* usurer, miser

v

vaca *(f)* cow
vacinar *(v)* to vaccinate
vagar *(v)* to roam, wander, drift
vago *(adj)* vague
vaguear *(v)* to roam, ramble, wander, daydream, loaf
vaidoso *(adj)* vain, conceited
vale *(m)* valley
valente *(adj)* valiant, brave, courageous
valer *(v)* to be worth
— a pena to be worth it
valioso *(adj)* valuable
vaquinha *(f)* pool, combination of funds
fazer uma — take up a collection
vara *(f)* rod, wand, stick, staff, pole
vazamento *(m)* leakage
vazio *(adj)* empty
vela *(f)* candle
velhacap *(f)* *velha capital* 'old capital', refers to Rio, formerly Brazil's capital
velhice *(f)* old age

velhote, -a *(n)* old person
vencedor *(m)* winner
venda *(f)* sale, selling
à — on sale
vento *(m)* wind, breeze
veranear *(v)* to spend the summer
verniz *(m)* varnish, veneer
véspera *(f)* eve
vestes *(f pl)* vestments, garments, clothes
vestíbulo *(m)* lobby
vexar *(v)* to vex, chagrin, annoy, harass
via *(f)* way, manner, mode
em três —s in triplicate
viajante *(n)* traveler
vidro *(m)* glass, pane
vil *(adj)* vile, base, despicable, worthless, contemptible
vincular *(v)* to tie, link, attach, bind
vinda *(f)* coming, arrival
vingar *(v)* to avenge, revenge; succeed, prosper
viralata *(m)* mutt, mongrel
virar *(v)* to turn (into), turn *(e.g., a car)*
viril *(adj)* manly, masculine, virile
víscera *(f)* visceral organ; *(f pl)* entrails, guts
vitrina *(f)* store window, showcase
vitrola *(f)* phonograph
viveiro *(m)* aquarium, aviary, (plant) nursery
vivido *(adj)* experienced (in life), wise, knowing
vizinhança *(f)* neighborhood
vizinho, -a *(n adj)* neighbor
voar *(v)* to fly
volúpia *(f)* voluptuousness, sensuality, pleasure
volver *(v)* to turn, return
voto *(m)* vote
voz *(f)* voice
V.S. *Vossa Senhoria* = 'your lordship or ladyship'

x

xampu *(m)* shampoo
xingar *(f)* curse, abuse, call names, swear
xixi *(m)* urine *(Braz. slang)*

z

zangar *(v)* to anger, irritate, annoy